DIETRICH SCHULZE-MARMELING (HRSG.)
»HOLT EUCH DAS SPIEL ZURÜCK«
FANS UND FUSSBALL

»HOLT EUCH DAS SPIEL ZURÜCK«

FANS UND FUSSBALL

**HERAUSGEGEBEN VON
DIETRICH SCHULZE-MARMELING**

MIT BEITRÄGEN VON:
BODO BERG / CHRISTOPH BIERMANN
FAN-PROJEKT BREMEN E.V.
BRUNO ENGELIN / HAGEN GLASBRENNER
VOLKER GOLL / HARDY GRÜNE
MARTIN KRAUSS / THOMAS LÖTZ / HENDRIK LÜTTMER
ANDREAS PFAHLSBERGER / CLAUDIA PÖHLAND
GÜNTHER ROHRBACHER-LIST
FLORIAN SCHNEIDER / MIKE TICHER
KATRIN WEBER-KLÜVER

VERLAG DIE WERKSTATT

CIP-Titelaufnahme der Deutschen Bibliothek:

„Holt Euch das Spiel zurück" : Fans und Fussball / hrsg. von
Dietrich Schulze-Marmeling. Mit Beitr. von Bodo Berg ... – 1.
Aufl. – Göttingen: Verl. Die Werkstatt, 1995
  ISBN 3-89533-118-X
NE: Schulze-Marmeling, Dietrich [Hrsg.]; Berg, Bodo

1   2   3   1997   1996   1995

Copyright © 1995 by Verlag Die Werkstatt,
D-37083 Göttingen, Lotzestr. 24à
Alle Rechte vorbehalten.
Gesamtherstellung: Verlag Die Werkstatt GmbH
Gedruckt auf 100% Recycling-Papier ohne optische Aufheller.
ISBN 3-89533-118-X

Inhalt

Vorwort 9

Dietrich Schulze-Marmeling
Vom Spieler zum Fan.
Kleine Geschichte der Fußballfans........................11

Volker Goll
Rassismus ist doof, stinkt und macht keinen Spaß.
Über die Schwierigkeiten, ein ganz normaler
Fußballfan zu sein...27

Christoph Biermann
Wieviel Zaun braucht der Fan?
Die Angst des DFB vor den Zuschauern....................45

Hendrik Lüttmer
Sitzen machen.
Von getarntem Kommerz und Kultur 57

Fanprojekt Bremen e.V.
Das Modell Ost-Kurve
oder: Sitzen ist für'n Arsch 73

Martin Krauß
Die Flachmänner in den Schalensitzen.....................89

Claudia Pöhland
Fußball – Fans – Frauen...................................103

Bruno Engelin
We wanted Wontorra, but we
just got Jörg 113

Hagen Glasbrenner / Florian Schneider
LöwenZahn beißt Leo
Der Fußball darf nicht dem Fernsehen gehören 123

Thomas Lötz
Immer die bessere Stadionzeitung 129

Bodo Berg
„Schalke unser" –
Unabhängige Fanarbeit „auf Schalke"......................141

Günther Rohrbacher-List
Die „Jusos" im 1. FC Kaiserslautern 153

Martin Krauß / Andreas Pfahlsberger
Vom Leiden der Hauptstadt-Fans
Eindrücke aus dem Hertha-geschädigten Berlin............169

Hardy Grüne
Fußballfans in der Provinz
Ein kleiner Hauch vom großen Fußball....................185

Katrin Weber-Klüver
Fanfreundschaften
Wenn Frankfurter mit Duisburgern mit St. Paulianern
mit Löwen mit Dortmundern mit Freiburgern 201

Mike Ticher
Heysel, Hillsborough und die Folgen
Die Fan-Bewegung in Großbritannien.................... 213

Dietrich Schulze-Marmeling
Fans, Spieler und Funktionäre
Vom Dribbeln in der schönen neuen Fußballwelt......... 225

Adressen von Fanprojekten und Fanzines 265

Zu den AutorInnen....................................... 269

FANS UND FUSSBALL

Vorwort

> *„Der Fußball ist ohne Fans überhaupt nichts. Die Fans sind das Lebenselexier des Spiels. Je eher die Leute dies verstehen, desto besser wird das Spiel."*
> *Jock Stein, schottische Trainerlegende*

Die Fan-Szene ist in Bewegung geraten. Aufgeweckt durch die rasante Kommerzialisierung des Fußballs, wurden viele sich ihrer Entmündigung durch Funktionäre, Sponsoren und Medienkonzerne bewußt. Sie haben aber auch begriffen, daß sie ein Machtfaktor sein können: Fans sind nicht einfach passive Zuschauer, sondern sie tragen selber ungeheuer viel zur Popularität dieses Spiels bei.

Fans wollen mitreden. In den letzten Jahren sind an vielen Orten unabhängige Projekte entstanden, die sich nun „anmaßen", Fußballpolitik zu diskutieren. Die Fußballoberen sind bei ihren Debatten nicht mehr länger unter sich.

Der vorliegende Band versammelt Beiträge zu den Kernthemen dieser neuen Fan-Bewegung: Kommerzialisierung, Stadionmodernisierung mit Versitzplatzung, die Rolle des Fernsehens, die „Sicherheitspolitik" in den Stadien, Rassismus auf den Rängen und den Funktionärsetagen und anderes mehr. Bei den AutorInnen handelt es sich um kritische JournalistInnen und Fanzine-MacherInnen.

Wie soll man diese neue Bewegung charakterisieren? Daß sie mit den „Hools" nichts zu tun hat, versteht sich von selbst. Aber auch von einem großen Teil der „Kutten" trennt sie so einiges, insbesondere in kultureller Hinsicht. Und mit den „Normalos", die sich auf der Tribüne ihren Hintern plattsitzen, hat sie ohnehin nichts zu tun. Zweifelsohne verfügt sie über einen relativ starken intellektuellen Strang, ohne aber die Bodenhaftung zu verlieren oder in eine Sozialarbeiter-Mentalität zu verfallen.

Es geht hier um leidenschaftliche Fans, aber eben welche, die sich nicht nur über den eigenen Verein und die gerade erlebten 90 Minuten ihre Gedanken machen, sondern über das Spiel an sich und seine generelle Entwicklung nachdenken. Fußball ist für sie mehr als ein spannender Kick von 22 Kurzbehosten. Fußball ist für sie ein soziales und kulturelles Ereignis von allerhöchstem Stellenwert.

Was will die neue Fan-Bewegung? Sie will, daß das Spiel ein für alle soziale Schichten erschwingliches „Volksspiel" bleibt. Sie will, daß die Vereine endlich begreifen, daß die Fans ihr wertvollstes Kapital sind, das Anspruch auf Mitsprache hat. Sie will, daß der Fußball zu einer demokratischen Angelegenheit wird, dessen Schicksal nicht eine kleine Clique von Funktionären und Sponsoren diktiert. Sie will, daß der kommerziellen Manipulation klare Grenzen gesetzt werden. Sie will, daß jeder sich im Stadion zu Hause fühlen kann, ob alt oder jung, ob Mann oder Frau, ob schwarz oder weiß. Sie will Emotionen auf den Rängen, aber nicht die Entmenschlichung des sportlichen Gegners. Sie will, daß das Spiel als Beitrag zur Völkerverständigung dient und nicht als Ersatzkrieg. Sie will, daß der Besuch des Stadions wieder zu einem Erlebnis wird, das sich unverfälscht und unbeschwert genießen läßt – vom Zittern um das eigene Team abgesehen.

Die englische Fan-Bewegung, die der deutschen auf diesem Weg schon ein Stück vorausgeeilt ist, prägte das treffende Motto: „Reclaim the Game!" – „Holt Euch das Spiel zurück!". Diesem Ziel näherzukommen, soll auch das vorliegende Buch beitragen.

Der Herausgeber, im April 1995

Dietrich Schulze-Marmeling

Vom Spieler zum Fan
Kleine Geschichte der Fußballfans

Am Anfang war nur der Ball. Als das runde Leder rollen lernte, gab es auf den Zuschauerrängen keine bengalischen Feuer, keine Fahnenschwenker, keine Trommler, keine Vereinshymnen und keine Haßgesänge. Es gab überhaupt keine Fans, nicht einmal Zuschauerränge. Denn zur Zeit des Volksfußballs, als man noch keine fest definierten Regeln oder Spielfelder kannte, existierte noch keine Trennung in Spieler und Zuschauer. Komplette Dörfer traten gegeneinander an, die Zahl der Spieler und das Spielfeld waren unbegrenzt. Erst mit dem Niedergang des Volksfußballs und dem Entstehen der modernen Fußball-Varianten Soccer und Rugby, d.h. der Verregelung des Spiels, wurde die „passive Teilnahme" am Spiel möglich. Wobei die ersten Zuschauermassen Anfeindungen ausgesetzt waren, die man auch heute bisweilen noch hört. Nur zuzuschauen, anstatt selbst den Körper zu ertüchtigen, galt bei vielen Kritikern des Spiels als verpönt. Zumal sich diese Zuschauer meist sehr emotional gebärdeten.

Die ersten Zuschauer waren Vereinsmitglieder, die allerdings selbst nicht spielten, weil sie zu alt oder nicht qualifiziert genug waren, sowie die Gönner des Klubs. Aufgrund der nunmehr verbindlichen Begrenzung der Spielerzahl waren zwar Spieler und Zuschauer nicht mehr identisch, wohl aber noch die Zuschauer und der Verein. Die Zuschauer übten auf die Vereinspolitik einen starken Einfluß aus. Diese Phase war wohl die demokratischste in der Geschichte der Vereine.

Obwohl der Fußball in England das erste organisierte und regelmäßig angebotene proletarische Zuschauervergnügen war, bestanden die Zuschauermassen zunächst zu einem nicht unerheblichen Teil aus Mittelschichtlern. Des weiteren strömten viele Frauen in die Stadien. Preston North End, Englands erster Liga-Meister und Gewinner des „double" aus Meisterschaft und Pokal, mußte sich 1885 von seiner „Ladies Free"-Politik verabschieden, als bei einem Spiel ca. 2.000 Frauen um Einlaß begehrten. Es ist anzunehmen, daß die Mehrzahl der Frauen in den Stadien aus der Mittelschicht kam. Als die Zuschauermassen weiter wuchsen, die Atmosphäre in den Stadien immer gespannter wurde und die Ausschreitungen sich häuften, nahm der Frauenanteil bei den Zuschauern wieder ab.

■ Kommerzialisierung

Erste Tendenzen der Kommerzialisierung erfuhr der Fußball bereits, bevor er zum Zuschauersport avancierte, der die Massen mobilisierte. Als erste Berufssparte profitierten die Gastwirte von dem Spiel. Ihre Gasthäuser fungierten als „Umkleidekabinen" und Treffpunkt für Spieler, Fans und Funktionäre. Je mehr Menschen sich den Klubs anhängten, desto mehr durstige Kehlen galt es zu versorgen. Die Kommerzialisierung des Fußballs ist somit so alt wie seine ersten Klubs.

Aber der enorme Zuschauerzuspruch forcierte den Kommerzialisierungsprozeß. Je mehr Fans durch die Stadiontore strömten, desto weniger Einfluß übten diese auf die Vereinspolitik aus. Dies klingt zunächst paradox. Aber die Masse der Fans hatte mit dem unmittelbaren Vereinsleben nichts zu tun. Außerdem wurden nun die Vorstände von lokalen Geschäftsleuten geführt, vornehmlich von Gastwirten, Brauereibesitzern und Bauunternehmern, die mit dem Fußball ihre Umsätze steigerten. Was die Administration des Fußballs anbelangt, so war er nie ein „proletarisches Phänomen". Selbst die klassischen „Arbeitervereine" wurden in der Regel nicht von Arbeitern geführt.

Die Zuschauer wurden mehr und mehr zu zahlenden Konsumenten degradiert. Da ihre Teams jedoch von ihrer lautstarken Unterstützung profitierten, waren sie faktisch stets mehr als nur Konsumenten, ohne daß sie deshalb als Teil des Spiels anerkannt wurden.

Die Bedingungen für die Entwicklung des Fußballs zum Zuschauersport entsprachen denen seiner sozialen Ausbreitung. Die Verkürzung der Arbeitszeit bedeutete mehr Freizeit. Andererseits nahm ein Fußballspiel weit weniger Zeit in Anspruch als eine Cricketveranstaltung. Außerdem war der Fußball ein leicht verständliches und „demokratisches" Spiel. „Demokratisch" in dem Sinne, daß er „billig" war. Es bedurfte keiner teuren Ausrüstung, um Fußball zu spielen.

Die rasante Entwicklung des öffentlichen Transportsystems auf der britischen Insel machte bald auch den Besuch von Auswärtsspielen möglich. Viele der Stadien in England und Schottland liegen nicht von ungefähr in unmittelbarer Nähe zu einer Bahnlinie. Der Fußball entwickelte sich zu einer Industrie, die sich nicht mehr nur auf das Stadion beschränkte. Es entstanden Fußballzeitschriften, und die Produzenten von Glimmstengeln legten den Päckchen Fußballbildchen bei. Das meiste Geld wurde jedoch mit Fußballwetten umgesetzt. Diese hatten zur Folge, daß sich nun auch die Frauen der Arbeiter dafür zu interessieren begannen, wie es um die Chancen Arsenals oder Manchester Uniteds bestellt war. Die Fußball-Community erfuhr so eine beträchtliche Ausbreitung, ähnlich der, die später durch das Fernsehen bewirkt wurde. Der Fußball entwickelte sich zu einer „national industry".

■ Die Stadien

Mit der Entwicklung des Fußballs zum lukrativen Zuschauersport veränderten sich auch die Plätze. Die ersten baulichen Maßnahmen galten in Deutschland in der Regel nicht der Verbesserung des Komforts, sondern dem Kassieren von Eintrittsgeldern. Deshalb wurden um die Plätze herum Zäune und Mauern errichtet. Es folgten die ersten Tribünen, deren Kapazität gering ausfiel. Sie blieben zunächst den Vereinsmitgliedern, den Gönnern und der lokalen Prominenz vorbehalten. Das gemeine Volk versammelte sich auf der Gegengeraden, die unüberdacht war und nur aus Stehplätzen bestand. Heute sind diese in den meisten Erstligastadien weitgehend versitzplatzt. Zum Ausbau der Kurven, die zunächst nicht mehr als aufgeschüttete Sandwälle ohne Stufen waren, kam es erst später.

Die Kurven beherbergten die preiswertesten Plätze, weshalb sich hier viele Menschen aus den Unterschichten und junge Leute versammelten, die eine eigene „Kurven-Kultur" begründeten. Dies bedingte die Entwicklung eines „kulturellen Arguments" für die Kurve, das heute vielleicht bedeutender denn je ist. Viele Menschen ziehen die Kurve der Geraden und dem Sitzplatz nicht allein aus finanziellen Erwägungen vor, sondern auch, weil dort die „wahren" Fans stehen und erheblich mehr Stimmung herrscht.

In der ersten Saison der englischen Football League (1888/89) betrug der Zuschauerschnitt 4.600. 1913/14 waren es bereits im Schnitt 23.100, die die Stadiontore passierten. 120.081 Zuschauer besuchten 1913 das Cup-Finale zwischen Aston Villa und West Bromwich Albion.

In Deutschland verlief die Entwicklung langsamer. Das erste Endspiel um die Deutsche Meisterschaft wurde 1903 in Hamburg von nur 1.200 Menschen verfolgt. Der Durchbruch zum Zuschauersport erfolgte erst nach dem 1. Weltkrieg. 1920 sahen 35.000 das Finale in Frankfurt, zwei Jahre später in Berlin waren es gar 58.000.

Wenngleich die Kommerzialisierung – siehe das Engagement der Wirte – bereits vor der Entwicklung zum Zuschauersport begann, überlebte der Fußball als Profisport in der Regel nur dort, wo eine industrielle Arbeiterschaft existierte und sich am Spiel – als Spieler, vor allem aber auch als Zuschauer – beteiligte. Trotz des „verbesserten" gesellschaftlichen Images des Fußballs hat sich hieran bis heute nichts geändert. Das Unternehmen Profiliga wird in den USA nicht zuletzt dadurch gehemmt, daß sich die weiße amerikanische Arbeiterschaft für das Spiel nicht sonderlich interessiert und andere Disziplinen vorzieht. Zwar kicken z.Zt. über 15 Mio. Jugendliche in den USA, aber zu einem Zuschauersport entwickelt sich Soccer dort trotzdem nicht. Zu einem Profisport kann Soccer aber nur avancieren, wenn Zuschauer in die Stadien strömen.

Fußballfans einst (1923 im Londoner Wembley-Stadion)

Fußballfans heute (bei Rot-Weiß Essen)

■ Boom, Krise und Gewalt

Seinen größten Zuschauerboom erlebte der Fußball in den Nachkriegsjahren und frühen 50ern. Dieser manifestierte sich nicht nur in den oberen Klassen, sondern auch und gerade in den unteren Regionen des Ligenwesens bzw. den „Derby-Ligen". Hier liegt auch der entscheidende Unterschied zu heute.

Der seither zu verzeichnende Rückgang hatte zwei Ursachen:
▶ Während der Fußball damals – zumal in proletarischen Regionen – auf dem Freizeit- und Unterhaltungssektor wenig Konkurrenz kannte, sieht dies heute völlig anders aus.
▶ Das Fernsehen hat den potentiellen Fußballkonsumenten gewissermaßen verwöhnt. Früher war Fußball schlicht und einfach nur das Ereignis, dem man selbst beiwohnte. Das konnte ein Endspiel um die Deutsche Meisterschaft sein oder aber auch ein Derby in der 5. Liga. Mit dem Fernsehen wurde dies anders. Die Qualitätsunterschiede zwischen dem hoch- und dem unterklassigen Fußball waren nicht mehr zu kaschieren. Erst das Fernsehen ermöglichte den permanenten Vergleich. Wer dienstags via TV Borussia Dortmund und donnerstags Bayer Leverkusen im UEFA-Cup sieht, dazwischen mittwochs die Champions League konsumiert, um sich schließlich freitags und samstags einer von „ran" aufbereiteten 1. Bundesliga zu widmen, bekommt Probleme, wenn er sonntags zum lokalen Kreisligisten geht.

Der Einbruch des Fernsehens in die Welt der Fans bewirkte in den 60ern einen weiteren Kommerzialisierungsschub. Denn dank des Fernsehens erreichte der Fußball ein immer größeres Publikum, das natürlich auch weitere Sponsoren anlockte. Die Endspiele der Weltturniere in England (1966) und Mexiko (1970) wurden bereits von ca. 400 Millionen Zuschauern verfolgt. 1990 sollen es gar fast zwei Milliarden Menschen gewesen sein, die beim Endspiel via Fernbedienung dabei waren. Selbst der Papst mußte vor dem großen Interesse kapitulieren und verlegte seine wöchentliche Ansprache.

Auch für die Fans bedeutete das immer stärkere Engagement der Fernsehanstalten eine Revolution. So löste die bundesweite TV-Berieselung u.a. lokale und regionale Bindungen auf. Keiner weiß dies so gut wie der FC Bayern. Seine große bundesweite

Fan-Gemeinde, die sich während der 70er zu formieren begann und deren Ursprung die Übertragung von Europapokalspielen war, wäre ohne das Fernsehen undenkbar. Plötzlich konnte man fanatischer Fan eines Vereins sein, ohne dessen Spielen direkt beizuwohnen. Nicht wenige Fans der Bayern haben das Team noch niemals „live" im heimischen Stadion erlebt.

Außerdem trug das Fernsehen zur Verbreiterung der gesellschaftlichen Akzeptanz des Spiels bei und mobilisierte auf diese Weise neue Fans. Die Aufbereitung des Spiels durch das Fernsehen präsentierte dieses als „klassenloses" Ereignis. Gefördert wurde dieser Prozeß aber auch durch den universellen Charakter des Spiels, der alle sozialen Schranken ignorierte.

Mitte der 70er gerieten der Fußball und seine Fans in eine gewisse Krise. Die Politik der Verbände und Vereine konnte mit der ökonomischen Entwicklung des Spiels kaum noch Schritt halten. In der Bundesrepublik war hierfür der Bundesligaskandal symptomatisch. Auf dem Spielfeld dominierte bald ein Fußball, der nur noch auf das Resultat zu schielen schien und von vielen Fans als unattraktiv empfunden wurde. (Ob in diesen Jahren tatsächlich durchgängig schlechter gespielt wurde als in den Dekaden zuvor, muß allerdings bezweifelt werden.) Bald kursierte das böse Wort vom „Angestelltenfußball", der mit der Leidenschaft und Loyalität auf den Rängen nichts mehr zu tun habe. Gleichzeitig wuchs aber auch die soziale Distanz zwischen den Spielern und ihren Fans. Die Zeiten, wo das Idol noch um die Ecke wohnte und zum gleichen sozialen Milieu zählte, gehörten mehr und mehr der Vergangenheit an. Zwischen den Fans in den Kurven und den Stars auf dem Rasen war eine Kluft entstanden, die ständig größer wurde.

Auf den Rängen, wo sich das Publikum verändert hatte (die Familienväter blieben dem Fußball nun fern, um sich anderen Beschäftigungen zu widmen), kam es immer wieder zu Ausschreitungen. Die krisenhafte Entwicklung des Fußballs und seiner Administration schuf ein Vakuum, in dem sich die Gewalt ausbreitete. Die Medien griffen begierig zu. Die Fußballfans in den Fan-Blocks und -Kurven wurden kollektiv als gröhlende und gewalttätige Masse porträtiert. Der Journalist Eamonn McCann schrieb viele Jahre später nach der Katastrophe im Sheffielder Stadion „Hillsborough": „Fußballfans werden entmenschlicht, in einer Weise, die der Entmenschlichung bestimmter nationaler und rassischer Gruppen durch die Medien ähnlich ist: auf daß ihre Behandlung als Menschen zweiter Klasse als 'gerechtfertigt' erscheint."

Gewalt auf den Rängen ist nicht selten auch ein Krisensymptom, ein Hinweis darauf, daß mit der Administration des Fußballs etwas nicht stimmt. Aktuelles Beispiel hierfür ist Italien. Die Serie A, vor wenigen Jahren noch in den höchsten Tönen gepriesen, liegt faktisch am Boden. Astronomische Gehälter und Ablösesummen haben zu einer gewissen Entfremdung zwischen Zuschauern und Akteuren geführt. Eine Reihe von Klubs wurde von eitlen Präsidenten in den Ruin getrieben, Spiele wurden verschoben, und Spieler konsumierten Drogen. Somit hat es seine Berechtigung, wenn in Italien nicht nur ein Neuanfang auf den Rängen, sondern auch in den Führungsetagen und auf dem Spielfeld gefordert wird. Derartige Krisen ereignen sich offensichtlich periodisch. Ihr Ablauf gestaltet sich oft wie folgt, wobei deutlich wird, daß wir es gleich mit zwei Krisenvarianten zu tun haben. Zunächst kann die Administration des Spiels mit seiner ökonomischen Entwicklung nicht mehr Schritt halten, weshalb es zu einer strukturellen und personellen Erneuerung kommt. Es folgt eine Phase des Booms, der Fußball hat sich den neuen Herausforderungen erfolgreich angepaßt, und auch die Konsumenten sind recht zufrieden. Bis der Boom von einer neuen Krise unterbrochen wird. Diesmal hat sich der Fußball zu stark von seiner ursprünglichen Identität entfernt, ist deshalb gewissermaßen in eine Sinnkrise geraten. Seine Kommerzialisierung wurde überdreht und ist in Mißwirtschaft übergegangen. Auf den Rängen manifestiert sich das Unbehagen gegenüber der exzessiven Kommerzialisierung, der Vernachlässigung der Fans sowie der Entfremdung zwischen ihnen und den Spielern/Offiziellen u.a. in Gewalt.

In den 80ern sorgten der Fußball und seine Fans vor allem durch Katastrophen für Schlagzeilen. Im Mittelpunkt standen dabei einmal mehr die Fans von der britischen Insel. Im Mai 1985 verbrannten im englischen Bradford 57 Zuschauer bei lebendigem Leibe, als eine veraltete Holztribüne, unter der Müll gelagert war, durch eine weggeworfene Zigarettenkippe in Flammen aufging. Nur 18 Tage später ereignete sich in Brüssel die sogenannte „Heysel-Katastrophe". Vor dem Finale im Europacup der Landesmeister wurden bei Ausschreitungen von Liverpool-Fans 38 Menschen (zumeist Anhänger von Juventus Turin) getötet, als eine Tribünenwand in der baufälligen Arena zusammenbrach.

■ Hillsborough und die Folgen

Die größte Katastrophe geschah allerdings 1989 im Sheffielder Hillsborough-Stadion. Beim Halbfinale im FA-Cup zwischen dem FC Liverpool und Nottingham Forest wurden 96 Fans der „Reds" auf einer überfüllten Tribüne zu Tode gequetscht und getrampelt. Insbesondere Hillsborough war symptomatisch für die administrative Krise des Fußballs. Die überfüllte Tribüne war die Folge miserabler Organisation. Der Fluchtweg aufs Spielfeld wurde durch hohe Zäune versperrt, die man errichtet hatte, um „Fan-Invasionen" zu verhindern. Über die Sicherheit der Fans hatten die Sicherheitsfanatiker hingegen nicht einen einzigen Gedanken verschwendet. Verletzte mußten auf abmontierten Werbebanden wegtransportiert werden, da es im Stadion an Bahren mangelte. Der Fußball hatte eine rasante Kommerzialisierung erfahren, die den Verbänden und Klubs ständig neue Geldquellen erschloß. Aber die Masse der Kunden eines Fußballspiels hatte man darüber glatt vergessen.

Mit Hillsborough rückte der Fußball in England in das Zentrum der politischen Debatte. Die Neustrukturierung des Fußballs und die Modernisierung der verrotteten Stadien wurde nun zu einer nationalen Angelegenheit. Aber Hillsborough wurde auch zu einem Symbol für eine neue, kritische Fan-Kultur, die sich bereits nach Heysel zu formieren begann. Der Fanforscher Rogan Taylor über Heysel und die Folgen: „Ich habe die Tragödie im Fernsehen gesehen und am Ende gedacht: Was bedeutet das? Nicht, wer war das? Wie konnte das passieren? Sondern, was bedeutet das? Das zeigt, daß Fußballfans vom Spiel entfremdet sind. Sie haben keine Mitsprache. Sie sind von allem abgeschnitten. Sie bezahlen nur noch." Wenige Wochen später gründeten Taylor und andere Fans die „Football Supporters Association", eine Art Fan-Gewerkschaft.

Unmittelbar nach der Hillsborough-Katastrophe hatten die Boulevardmedien die Fans aufs übelste beleidigt und beschimpft, wie es ihnen als populär erschien. Doch die Stories der „SUN" konnten schnell widerlegt werden.

Mit Hillsborough erfuhr die öffentliche Wahrnehmung von Fans eine gewisse Verschiebung. Fans wurden nun plötzlich nicht mehr nur als Täter, sondern auch als Opfer betrachtet. Opfer einer Politik, die zwar irrsinnige Beträge in Spielerkäufe und den Bau von Logen für Sponsoren und VIPs investierte (bereits 1986 verfügten 34 britische Profiklubs über private Logen in ihren Stadien!), sich um den Komfort und die Sicherheit des gemeinen Fans indes einen Dreck kümmerte. Und so manchem mag nach Hillsborough auch gedämmert haben, daß das nicht zu leugnende schlechte Benehmen von Fans auch etwas mit der Art ihrer Behandlung zu tun hatte. Menschliches Verhalten wird auch durch die Umgebung geprägt. Wer auf verrotteten Stehterrassen wie Tiere in Käfige eingesperrt wird, von den Funktionären mißachtet und von den Sicherheitskräften nur mit allergrößtem Mißtrauen betrachtet, vergißt zuweilen die Formen eines zivilisierten Umgangs miteinander.

Hillsborough stand aber nicht nur für die Vernachlässigung der Fans. Die anschließende Trauer der Fans und Bürger Liverpools erinnerte auch an etwas, was durch die krisenhafte Entwicklung und abgehobene Kommerzialisierung weitgehend in Vergessenheit geraten war. Symptomatisch hierfür waren die Worte von Kenny Dalglish, des damaligen Trainers der Liverpooler: „Ich realisierte plötzlich, was ich während meiner Jahre als Spieler und Trainer stets unterschätzt hatte: die Bedeutung des Klubs für die Menschen. Dies war ein Fehler gewesen. Ich hatte niemals richtig verstanden, welche Rolle wir in ihrem Leben spielen."

Auf Hillsborough folgte die umfassendste Modernisierung in der Geschichte des englischen Fußballs. Die Stadien wurden zu modernen Arenen umgebaut und versitzplatzt. An die Stelle der alten „First Division" trat die Premier League, verbunden mit einem höchst lukrativen TV-Deal. Neue Sponsoren engagierten sich und verstärkt wurden ausländische Stars angeworben. Die Zuschauerzahlen stiegen. Innerhalb Englands schnellten die Ablösesummen in astronomische Höhen. Aber auch die Fans blieben alles andere als untätig. Es entstanden weitere Fanzines und unabhängige Fan-Initiativen (Independent Supporters Clubs), in einigen Vereinen verfügen Fans heute über ein größeres Mitspracherecht und sitzen sogar in der Vorstandsetage.

Niemand tat so viel für das beschädigte Image des Fußballs wie die Fan-Initiativen. Als Beispiel hierfür sei nur deren Engagement gegen den Rassismus genannt. In einer Reihe von Stadien gehörten rassistische Schlachtrufe zum Standardrepertoire, ohne daß sich die Funktionäre rührten. Mal wollte man den scheinbar „unpolitischen" Charakter des Fußballs bewahren und verleugnete das Problem deshalb schlichtweg; mal wollte man einen Teil des eigenen Anhangs nicht verprellen. Die Zeche zahlten die farbigen Spieler und die ethnischen Minderheiten. Letztere blieben dem Spiel fern. Ohne das Engagement der Fans wäre die grassierende Seuche, die das Image des Fußballs nicht weniger beschmutzte als die Gewalt, wohl niemals thematisiert worden.

Trotz eines Booms gibt es aber mittlerweile erste Anzeichen einer neuen Krise. Es spricht einiges dafür, daß die kommerzielle Schraube überdreht wurde. Die Labour-Abgeordnete Kate Hoey bemerkt „Raffgier und Abstaubermentalität zu Lasten der einfachen Fans. Die Armen und ihre Kinder können sich gar keine Karten mehr leisten. Ihre Plätze hat der gutsituierte Mittelstand eingenommen." Nach Jahren der Ruhe kommt es wieder zu Zuschauerausschreitungen. Und auch die Rassisten haben wieder Oberwasser bekommen.

■ Die neue Fan-Bewegung in Deutschland

Auch in der Bundesrepublik hinterließ Hillsborough seine Spuren. Die Katastrophe und die ihr folgende Diskussion dürfte die Entwicklung der hiesigen neuen Fan-Bewegung nicht unwesentlich beeinflußt haben.

Es begann auf St. Pauli, was nicht unbedingt verwunderlich war. Die soziale und politische Struktur des Hamburger Stadtteils und der Charakter des Vereins, Antipode zum großen „elitären" HSV, bedeuteten, daß hier die Chance bestand, ein überdurchschnittlich großes kritisches Fan-Potential zu mobilisieren. Der Aufstieg des FC St. Pauli in die 1. Bundesliga (1988) tat ein übriges. Er verlieh der Politik der Fans vom Millerntor zudem eine Ausstrahlungskraft, die bald weit über Hamburg und den Norden der Republik hinausreichte. Dabei dürfte das Image vom „anderen Klub" mit den „linken Fans" zumindest zeitweise der Vermarktung des Klubs durchaus förderlich gewesen sein. (Interessant ist hierbei, daß der FC St. Pauli nach seinem ersten Aufstieg in die Erstklassigkeit, der sich 1977 ereignete, in den Medien bei weitem nicht so viel Aufmerksamkeit erregte wie nach dem Aufstieg von 1988. Der Unterschied zwischen 1977 und 1988 geht eindeutig auf das Konto der Fans.) Jedenfalls stilisierte plötzlich selbst die offizielle Vereinszeitung das Spiel gegen den FC Bayern zweideutig zum „Klassenkampf" hoch. St. Pauli wurde für viele Fans, die sich mit ihrer kritischen Einstellung beim eigenen Klub ziemlich isoliert fühlten, zum „Zweitverein". An vielen Orten versuchten Fans, das „Modell St. Pauli" zu imitieren.

Ausgangspunkt der neuen Fanbewegung war auf St. Pauli der Widerstand gegen Pläne für ein neues Stadion, das einen erheblichen Eingriff in die Struktur des Stadtteils bedeutet hätte und den Bedürfnissen der Fans widersprach. Es folgten Kampagnen gegen den Rassismus, der auch in den deutschen Stadien während der 80er zu einem Problem geworden war.

St. Pauli wurde zum Symbol und Vorbild. St. Pauli bewies, daß es durchaus möglich war, sich im existierenden Fußballsystem einen Platz und Artikulationsmöglichkeiten zu erobern. Daß die Mannschaft vom Millerntor zuweilen echt grausig kickte (mit Netzer hatte das alles nun wirklich nichts zu tun), war dabei völlig unerheblich. Entscheidend war vielmehr, daß sich hier die Fans ein Stück des Spiels zurückerobert hatten. Mit dem „Millerntor Roar" erschien bald ein Fanzine, das mit der Zeit eine gewisse Professionalität und einen relativ hohen Verbreitungsgrad entwickelte. Auch in dieser Hinsicht agierten die St.-Pauli-Fans als Avantgarde.

Eine gesonderte Erörterung wäre sicherlich die Frage wert, was einige linke Aktivisten dazu veranlaßte, nun plötzlich mitzumengen. Bis dahin hatte die Linke eher den Eindruck einer gewissen Fußballfeindlichkeit erweckt, vor allem den Profifußball betreffend. Sofern sich aktive Linke überhaupt für den Fußball interessierten, hatten sie sich damit begnügt, der „Netzer-Elf" von 1972 nachzuweinen. Das Gros ihrer Kader konnte sich aber ohnehin nicht für den Fußball erwärmen, der lediglich als „Opium für das Volk" betrachtet wurde. Daß sich mit den linksgrünen Funktionären Ebermann und Trampert zwei Leitfiguren öffentlich zum FC St. Pauli bekannten, mag ebenso eine Rolle gespielt haben wie die medienwirksame Anwesenheit von Teilen der autonomen Hafenstraßenszene am Millerntor. Die Krise der Linken tat ein übriges, den Fußballfans unter ihrem Rest zu erlauben, mit gutem Gewissen in die Stadien zu pilgern.

Längst ist die neue Fan-Bewegung nicht mehr nur ein auf St. Pauli beschränktes Phänomen, sondern an vielen Orten zu Hause. Für ihr Entstehen gibt es zwei Gründe:

▶ Die revolutionären Veränderungen, die der Fußball in den letzten Jahren erfahren hat, angetrieben von einem neuen Kommerzialisierungsschub, haben bei einem Teil der Fans die Befürchtung ausgelöst, das geliebte Spiel könnte einem nun vollends aus den Händen gleiten.

▶ Gleichzeitig hat die Entwicklung hin zu „italienischen Verhältnissen", d.h. zu größerer gesellschaftlicher Anerkennung bewirkt, daß der Fußball als ein gesamtgesellschaftliches Phänomen diskutiert wird. Von dem größeren Medieninteresse haben deshalb auch die „kritischen Geister" profitiert.

Was ist „neu" an der „neuen" Fanbewegung? Fans beschäftigen sich nicht mehr länger vorwiegend mit sozialarbeiterischen Themen, die sie auf eine „Problemgruppe" reduzieren. Sie beharren auf ihrer Unabhängigkeit und verstehen sich nicht mehr nur als Konsumenten. Stattdessen mischen sie sich ein. Fans diskutieren, wie „ihr" Stadion auszusehen hat, die Organisation des Spiels verbessert werden kann, aber auch über allgemeinpolitische Themen wie beispielsweise „Rassismus". Dabei machen sie auch vor „Nestbeschmutzung" nicht halt, sowohl den Verein als auch sich selbst – d.h. die Fans – betreffend.

Die Zeiten, wo die Fußballoberen unter sich waren, scheinen endgültig vorbei zu sein. Es gibt kaum ein Thema, bei dem sich

Fans nicht zu Wort melden und die Funktionäre nerven. In der Auseinandersetzung mit den Offiziellen haben sie ein erstaunliches taktisches Geschick entwickelt. Offene Konfrontation und punktuelle Kooperation treiben ein Wechselspiel.

Mit dem „Bündnis Antifaschistischer Fußball-Faninitiativen/-clubs" (B.A.F.F.) hat sich die „neue" Fanbewegung mittlerweile einen Dachverband gegeben. Ende Juli 1994 veranstaltete B.A.F.F. in Düsseldorf einen ersten bundesweiten Fan-Kongreß, bei dem über 150 Fanaktivisten von 26 Vereinen der Bundesliga und der Regionalligen anwesend waren. Diskutiert wurde u.a. über Anti-Rassismus, „Versitzplatzung", Kommerzialisierung und DFB-„Sicherheitspolitik". Im November demonstrierten ca. 250 Fans unter dem Motto „Sitzen ist für den Arsch" vor der Frankfurter DFB-Zentrale. Aufgerufen hatten diverse Fanklubs und B.A.F.F. Die Fans forderten den DFB auf, „seine Macht in der UEFA geltend zu machen und sich für den Erhalt der Stehplätze einzusetzen".

Der Fußball hat in den letzten Jahren eine rasante Entwicklung erfahren. Die Stadien sind mit Logen ausgestattet worden, und ihre Stehplatzkapazitäten wurden reduziert. Sponsoren sind an die Stelle von klassischen Mäzenen getreten, und längst sind auch die „besseren Adressen" der Wirtschaft – Autokonzerne wie Mercedes und Opel, Computerfirmen, Versicherungen – mit von der Partie. Die Medienkonzerne sind im Begriff, vom indirekten zum direkten Organisator aufzusteigen.

Aber auch das Publikum hat sich in den letzten Jahren und im Zuge des Booms, den der Bundesligafußball seit einigen Jahren erfährt, verändert: In die Stadien strömen immer mehr „Gelegenheitsfans", zumal bei den Top-Klubs mit ihrer Ansammlung von Stars.

Wenn der Fußball bei diesen rasanten Veränderungen seine ursprüngliche Faszination erhalten und seinen Authentizität bewahren soll, so ist die Einmischung der Fans gefordert. „Reclaim the game" – „Holt Euch das Spiel zurück", dieser in England kreierte Slogan bringt die Zielrichtung dieser Einmischung auf den Punkt: Der Fußball gehört nicht Warsteiner, nicht Möllemann und nicht Beckmann. Er gehört – neben den Spielern – einzig und allein den Fans.

Effenberg, Cantona und wir

Als Stefan Effenberg während der WM in den USA das böse Fingerchen in Richtung der deutschen Fans streckte, sahen die Fußballoffiziellen Anstand und Moral im höchsten Maße gefährdet. Der DFB, namentlich sein Präsident Pater Braun, gerierte sich als oberster Sittenwächter der Nation. Hingegen verlor man kein Wort über die Vorgeschichte, die primitiven und erniedrigenden Beschimpfungen, die sich der Spieler von einigen „Kegelklubgesichtern" unter den Fans hatte anhören müssen. Von ihrem Niveau her lagen diese keineswegs oberhalb der Effenberg-Geste.

Der Spieler verkaufte seine Story später an die Sport-BILD. Daß die BILD-Zeitung unmittelbar nach dem Zwischenfall in den USA gegen „Effe" den deutschen Spießermob mobilisiert hatte, störte die beiden Vertragspartner offensichtlich nicht. So verdient man gleich zweimal.

Im Januar 1995 erregte der Fall des Spielers Eric Cantona international Aufsehen. Cantona, französischer Stürmerstar des englischen Meisters Manchester United, war nach einem Platzverweis einem gegnerischen Fan mit dem Fuß ins Gesicht gesprungen und hatte ihm einige Faustschläge verpaßt.

Wenig später stellte sich heraus, daß Cantona von seinem Opfer in rassistischer Weise beschimpft worden war. Bei dem Fan handelte es sich um einen aktenkundigen Sympathisanten der faschistischen BNP, der bereits eine Vorstrafe wegen Köperverletzung auf seinem Konto hatte. Ironischerweise war es allein Cantonas Attacke zu „verdanken", daß der Mann anschließend mit einem Stadionverbot belegt wurde. Die Ordner, die in reichlicher Zahl um den Täter herumstanden, waren nämlich nicht eingeschritten, obwohl in englischen Stadien rassistische Beschimpfungen seit einiger Zeit untersagt sind. Wer solche tätigt, ist, so die Vorschrift, des Stadions zu verweisen. Aber gewöhnlich kommen Ordner und Polizisten diesbezüglich ihrer Pflicht nicht nach. →

Auch im Falle Cantonas schwangen sich die Offiziellen zu Wächtern über Anstand und Moral auf. Mit ihnen auch die Boulevardpresse. In einem dieser Blätter darf sich regelmäßig Vinnie Jones auslassen, der größte Hooligan des englischen Profifußballs. Das entsprechende Organ („News of the World") pflegt Jones' geistlose Holzereien als „ungeschminkt" und „freimütig" zu preisen. Die bittere Wahrheit ist, daß Effenberg, Cantona und auch Jones exakt die Spieler sind, die die Boulevardmedien und die privaten Fernsehanstalten wollen. Denn mit solchen Spielern lassen sich noch immer die besten Schlagzeilen produzieren. Erst wenn sie überziehen, geht man zu ihnen auf Distanz.

Es geht nicht darum, das Verhalten eines Stefan Effenbergs oder eines Eric Cantonas zu entschuldigen. Speziell Cantonas Hang zum tätlichen Ausrasten ist weithin bekannt. Und wie will man von den Zuschauern erwarten, daß sie jeglicher Gewalt entsagen, wenn sie diese von ihren Idolen auch noch vorexerziert bekommen. Dies gilt vor allem für die Prügeleien, die im englischen Fußball immer wieder zwischen den Spielern der Mannschaften ausbrechen. Aber Effenberg und Cantona sind keine übleren Typen als die Leute, die sie verbal attackieren, die normalerweise nicht einmal zu den „Hools" zählen, sondern nicht selten – so jedenfalls im Falle Effenbergs – sogenannte „rechtschaffende Bürger" sind.

So gerne wir es auch hätten: Die Zuschauerränge werden nicht ausschließlich von Unschuldslämmern bevölkert. Jeder Fan weiß, was während eines Fußballspiels so alles gerufen wird. Das sind mitnichten nur originelle Dinge. Da werden Spieler auf übelste Weise erniedrigt, beleidigt, entmenschlicht. Eine fortschrittliche Fan-Politik hat sich deshalb nicht nur dem Rassismus in den Stadien zu widmen. Sie muß das gesamte chauvinistische und diskriminierende Standardrepertoire – von „schwule Sau" bis „Tod dem S-04" – bekämpfen. Was dann noch übrig bleibt, reicht allemal für einen unterhaltsamen Samstagnachmittag.

Volker Goll

Rassismus ist doof, stinkt und macht keinen Spaß

Über die Schwierigkeiten, ein ganz normaler Fußballfan zu sein

■ **Ein ganz normaler Fußballabend**

Voll gespannter Vorfreude beschleunigst du deine Schritte, um die vom Stimmengewirr erfüllte Arena schneller zu erreichen. Vor dem Eingang siehst du zwei Gruppen, die, nicht gerade freundlich gesinnt, sich über Polizeiketten hinweg als „Asylanten, Asylanten" oder wahlweise als „Kickers-Kanaken" beschimpfen.

Das fängt ja gut an... Die Warteschlange bei „Block 2, Stehplatz" und die penible Eingangskontrolle endlich überwunden, heißt es sich erneut anstellen: Zum Erstehen eines „Kaltgetränkes". Im Block mit den Freunden beim ersten Bier fachsimpelnd, nervt das Geblöke brunftiger Männerhorden: „Ausziehen, Ausziehen" schreien sie, als zwei Rot-Kreuz-Helferinnen an der Kurve vorbeilaufen. Kurz darauf schallt dem sich aufwärmenden Torwart des Gastvereines ein „Andi K. ist homosexuell" entgegen – du fängst an, dich zu schämen. Es folgen das monotone „Was steht an jeder Ecke – Eintracht verrecke!" und „Tod und Haß der SGE". Die Antwort läßt nicht lange auf sich warten: „Wir wollen keine Kickerschweine", oder: „Schwuler, schwuler OFC".

Kein „Warm-Singen" im Fanblock, kein hämisch-ironisches Messen mit dem gegnerischen Mob: Ausschließlich Haßtiraden sind zu hören, die allesamt in der gewünschten Vernichtung des Gegners gipfeln. Wirklich ernst können die es doch eigentlich nicht meinen, sonst stünde ja unser Klub bald ohne Sparringspartner da.

Doch da, endlich der Anpfiff! Man schreit sich gemeinsam die Stimmen wund, klatscht sich die Hände rauh, plötzlich werden Hunderte der Unseren zu einer Meute geifernder Brüllaffen, kreischen „Uh, uh, uh", um den afrikanischen Stürmer des Gegners zu irritieren und zu demütigen. Minuten später fällt wie zur Strafe das 0:1. Anstatt jetzt die eigene Mannschaft erst recht anzufeuern, machen ein paar Deppen keinen Hehl aus ihrer kollektiven Vergewaltigungsphantasie: „Rudi, wir haben deine Frau gefickt!", rufen sie in Richtung des gegnerischen Stürmers. Als dann zu allem Überfluß auch der Schiri noch mit einer weiteren Fehlentscheidung auf sich aufmerksam macht, wird er mit „Jude, Jude"-Rufen bedacht. Allerspätestens dann fragst du dich, was du hier tust, der Appetit auf die gewohnt-geliebte Stadionwurst in der Halbzeitpause ist dir vergangen, zum Anfeuern „deiner" Mannschaft inmitten von Hunderten von Schwachköpfen bist du auch nicht mehr fähig. Selbst wenn das Lokalderby Offenbacher Kickers gegen Eintracht Frankfurt, aufgrund der aktuellen Ligarealität, nicht auf dem Spielplan steht, sind solche Szenarien in den hiesigen Fußballarenen leider keine Seltenheit.

■ Die ewigen Verlierer

> *„So wie noch vor zehn Jahren ist das in Offenbach nicht mehr. Man muß heute nur die Schrecksekunde beim Einlaufen überwinden."*
> (Seppl Pirrung,
> Ex-Nationalspieler des 1. FC Kaiserslautern, 1977)

Der Offenbacher Fußball hat, wie die am Fuße des Bieberer Bergs gelegene Stadt, eine lange Geschichte des Auf- und Abstiegs. Die Offenbacher Kickers 1901 e.V. sind ein bekannter Traditionsverein, auf dessen Rängen ganze Generationen in euphorischer Unterstützung ihrer Mannschaft groß wurden. Dazu gehören kantige Spielertypen wie das Fußball-Denkmal Hermann Nuber, geniale Torjäger wie Erwin Kostedde oder Dieter Müller, dessen tägliche Rotweinration zur Trainingsvorbereitung gehörte, und zahlreiche andere für Furore sorgende Persönlichkeiten. Der OFC gehört unbestreitbar auf die Bestenliste der Kultvereine. Im Stadion mit dem maroden Charme eines guten alten englischen „Grounds" kann man auch bei einem Besuch an spielfreien Tagen die Kulisse förmlich nachrauschen hören. Der Fan-Block, in Höhe der Mittellinie bestens postiert, befindet sich unter einer überdachten Stehtribüne. Diese wurde 1954 errichtet und gilt als eine der ersten ihrer Art. Die bisweilen spielentscheidende Bedeutung ihres „12. Mannes" wußten die Offenbacher Verantwortlichen schon sehr früh zu schätzen. Aufgrund der guten Akustik machen 4.000 Zuschauer Lärm für 40.000, und so wurde schon manchem Wald- und Wiesenverein der Regionalliga erstmal ein gehöriger Schreck eingejagt, wenn sie umnebelt von bengalischem Rauch im Höllenlärm der 3.750 zahlenden Zuschauer den Platz betraten.

Auf dem Bieberer Berg kann bisweilen eine richtige Hysterie ausbrechen. Geprägt von dem Makel des Losers, aber auch von dem des Betrogenen, führt sich das Publikum mitunter auf, als hätte es die ganz Welt gegen sich. Mehrmaliger deutscher Vizemeister, der dubiose Beschiß bei Gründung der Bundesliga, die Verwicklung in den größten Bestechungsskandal der Liga und die zweimalige Zwangsverbannung ins Amateurlager durch den ungeliebten Deutschen Fußballbund (DFB) tragen ein übriges dazu bei. Nur logisch also, daß der Aufkleber „DFB – Nein Danke" mit zerbrochenem DFB-Symbol zu einem in Offenbach gern erworbenen Mitbringsel geworden ist. Hier hadert man seit eh und je mit dem Schicksal, dem Deutschen Fußballbund und der Frankfurter Eintracht. Das ewige Zweite-Sein und eben nicht die „Macht am Main", wie es dennoch trotzig verkündet wird, liefert die Begründung für manch wildes Um-sich-schlagen. Die Stimmung auf den Rängen ist immer extrem, fanatische Begeisterung wechselt mit abgrundtiefem Haß. Man lebt von den Negativabgrenzungen. Der Tag kann nur wirklich gelungen sein, wenn bei einem Sieg der Kickers auch gleichzeitig die Frankfurter Eintracht verliert.

Nicht nur fußballerisch lebt Offenbach im Schatten von Frankfurt. In sozialer Sicht ist die Stadt katastrophal verschuldet, muß sich Geld vom Land leihen, um den zahlreichen Sozialhilfeberechtigten ihr Minimum zukommen zu lassen. Das typische Verhalten von „Immer-Geschlagenen", den realen Verlierern im ökonomischen Prozeß, bricht sich Bahn: Nicht gegen die „Richtigen" wird zum Schlag ausgeholt, sondern die sozial noch Schwächeren werden zum Feind erklärt und auf jeden Fall zuallererst der/die Fremde/n. Rassistische Beleidigungen gehören zum normalen Verhaltens-Repertoire.

■ Vom „anfeuern" zum „abfackeln" ist es mitunter nicht sehr weit

Beim Spiel des Frankfurter Sportvereins, FSV, im November 1991 wurde der schwarze Spieler Etebu mit ohrenbetäubenden „Affengeräuschen" bedacht, der Tormann Winkler mußte sich permanente Diskriminierungen und Beschimpfungen von den nur wenige Meter hinter ihm stehenden Besuchern gefallen lassen. Diese Vorkommnisse bewegte eine Handvoll Offenbacher Anhänger zum Verfassen eines „Offenen Briefes": „Begeistertes Anfeuern der eigenen Mannschaft und auch gellende Pfiffe für unfaire Gegner gehören zur prickelnden Atmosphäre des Bieberer Berges. Das Publikum des OFC war noch nie das 'braveste' – und das ist auch okay so!", stellten die Verfasser fest. Jedoch wandten sie sich gegen „das primitive und rassistische Verhalten von (leider) zahlreichen 'Fans'. (...) Man stelle sich vor", so der Brief weiter, „daß Rudi Völler vom italienischen oder Toni Schumacher vom türkischen Publikum mit Schäferhundgebell empfangen würden – undenkbar, aber bei uns ist ähnliches möglich. Hinzu kommt: Viele von denen, die heute 'schwarze Niggersau' brüllen, haben oder hätten Erwin Kostedde angehimmelt (...) Es ist nur ein kleiner Schritt von der Diffamierung Menschen anderer Länder bis hin zum Brandflaschenwurf in ein Ausländerwohnheim. Wir wissen, daß es nicht wenige sind, die bei solchen Zuständen die Lust verlieren, den Bieberer Berg zu besuchen (...)."

Es folgten Beispiele aus Erfurt, Dortmund und Hamburg, wo von Vereinsseite aus auf rassistische Ausschreitungen reagiert wurde. Der Brief endete mit einer Entschuldigung beim Frankfurter Sportverein und einer Aufforderung an den Offenbacher

Vereinsvorstand den Brief zu veröffentlichen und zu handeln: „Auch Sie sollten sich dafür einsetzen, daß wir alle weiter Spaß nicht nur am Spiel, sondern auch an der Atmosphäre am Bieberer Berg haben können. Begeisterung und Kampfgeist müssen keine Zwillingsbrüder von Dummheit und Rassismus sein."

Vereinsverantwortliche und die Redaktion der Stadionzeitschrift „Kickers Magazin" hüllten sich in tiefes Schweigen. Dafür wurde der Brief immerhin von der örtlichen „Offenbach-Post" in großen Teilen und komplett von der „Frankfurter Allgemeinen Zeitung" (FAZ) abgedruckt. Ein Journalist des Frankfurter Stadtmagazins „AZ" hakte bei OFC-(Ex) Präsident Rocker nach. Dieser erklärte, daß er die ultralauten rassistischen Rufe und Sprechchöre „wegen der großen Spannnung des Matches einfach nicht gehört" habe. Handlungsbedarf sah er keinen.

Man darf getrost davon ausgehen, daß, selbst wenn er oder andere Vorstandsmitglieder Kritisches im Sinn gehabt hätten, sie es nie und nimmer öffentlich sagen würden. Der Vorstand würde sich nicht mit einem vermuteten Großteil des Publikums anlegen! Bis heute gab es von Vereinsseite aus keine einzige auch noch so windelweiche Erklärung oder Aktivität gegen Ausländerfeindlichkeit. Mit viel Wohlwollen könnte man höchstens die Verpflichtung von Dinaldo Adigo und Emanuelle Nwanegbo, zwei Spielern aus Benin und Nigeria, für eine Art Ersatzhandlung in diese Richtung deuten. Seitdem ist ein Schiedsrichter, der gegen „unsere Schwarzen" pfeift, ein „Rassist". Doch spielt etwa Adigo einen Fehlpaß, „...muß der Bimbo ausgewechselt werden." Das ist der rassistische Normalzustand in einem Verein, in dem sich unter den ersten elf inzwischen sieben Spieler mit so „urdeutschen" Namen wie: Babicic, Stipic, Todericiu, Nwanegbo, Aleksic, Koutsoliakos und Adigo befinden. Irgendjemandem scheint diese Tatsache zumindest aufgefallen zu sein. In der Stadionzeitung vom August '94 war zu lesen, daß der rumänische Torwart Marius Todericiu ab sofort die ausländischen Spieler im Spielerrat vertritt.

■ „Judenpack wird schon gebrüllt, seit es die Frankfurter Eintracht gibt"

Eine allseits beliebte Schmähung am Bieberer Berg ist die Bezeichnung „Jude" – gerufen oder verwendet nicht nur von bestimmten Kreisen im Fan-Block, sondern quer durchs Stadion-Publikum, vorwiegend für verhaßte Vereine und Anhänger oder Schiedsrichter und im ganz speziellen für die Frankfurter Eintracht. Beim Spiel im April 1993 bei Rot-Weiß Frankfurt wurde es sogar der Polizei zu bunt, und so wollte sie ein paar Anhänger des OFC wegen antisemitischer Äußerungen festnehmen. Es kam zu Handgreiflichkeiten, nach denen sich Jürgen Bittdorf, seines Zeichens (Ex)-Vizepräsident der Kickers, zu Wort meldete. Er nahm die Fans in Schutz: „Antisemitische Äußerungen habe es nicht gegeben, und Judenpack werde schon gebrüllt, seit es die Frankfurter Eintracht gebe". So zitiert nach der eher konservativen Offenbach-Post vom 30.4.93, die in einem Kommentar dazu schrieb: „Das war voll daneben und beweist nicht nur Unsensibilität, sondern auch ein fragwürdiges Verhältnis zum rechtsradikalen Sprachgebrauch. Wenn dieser schlimme Begriff aus dem Nazivokabular nicht antisemitisch ist, welcher ist es dann?" Und mit dem abschließenden Satz: „Manche Fußball-Funktionäre halten die Sportplatz-Tribüne offensichtlich für einen rechts- und anstandsfreien Raum, in dem Entgleisungen selbst der übelsten Art hinzunehmen sind", bewertete der Kommentator der Offenbach-Post das Verhalten Bittdorfs, dem Besitzer eines großen Offenbacher VW-Autohauses.

Ein alter Frankfurter Vereinsbeschäftigter meinte, daß die „Jude, Jude"-Rufe noch aus den Vorkriegszeiten kämen, als, wie so oft, die Offenbacher neidisch nach Frankfurt hinüber blickten und wegen des Erfolges der dortigen Eintracht wohl insgeheim vermuteten, daß das Bankhaus der Rothschilds den Frankfurter Spielern illegal die eine oder andere Mark zukommen ließ. Im Bereich des Fußballs klappt offenbar die Weitergabe der Ressentiments von Generation zu Generation recht gut. Zu einfach wäre es, machte man heutzutage allein die seit 1985 existierende berühmt-berüchtigte Offenbacher „Anti-Sozial-Front" für rechtsradikales Gehabe verantwortlich. In ihrem „ASF-Zine" von 1989 ist im Zusammenhang mit einem Artikel über die Hool-Schlägereien rund um das Spiel Wales-Deutschland bezeichnenderweise folgendes zu lesen: „Wie einst die SA, kämpfen heute Hooligans, Skinheads und Nationalisten. Ob beim Fight gegen Hools der anderen Mannschaft oder aus Haß gegen die Kanaken oder für die Ziele der Bewegung, Gewalt macht immer Spaß." Trotz dieser mehr als klaren Aussage bezeichnen sie sich selbst als „unpolitisch". Als Begründung dienen ihnen diverse Schlägereien mit Skin-Heads. Ähnlich traten ihre Frankfurter 'Kollegen' der „Adlerfront" auf, die bei einer Podiumsdiskussion zu „Gewalt in den Stadien" abwechselnd „Ausländer Raus" und „Hoch die internationale Solidarität" anstimmten. Im Unterschied zu den Frankfurtern, die auf sonstige „positive Präsentation" verzichten, geben sich die Offenbacher „ASFler" aber gerne mal wie ein biederer Fanklub, indem sie sich für ein Elfmeterschießen in der Halbzeitpause einladen, oder zu irgendeinem Anlaß im Stadionmagazin erwähnen lassen. Auf jeden Fall sind sie auch heute noch zur Stelle, wenn es darum geht, als „bundesligatauglicher Hoolmob" aufzutreten. Neun Jahre nach Gründung der „Sozials" ist die Einordnung nicht mehr so einfach. Nach eigenem Bekunden gibt es inzwischen einen „linken" und „rechten" Flügel.

Für die ausländerfeindliche Grundstimmung sorgen mindestens im gleichen Maße die „Kuttenfans" und andere Stadionbesucher. Der bierselige Rassismus sitzt tief in den Köpfen, angeregt und aufgefrischt von vielen Stammtischgesprächen. Und es ist zu vage, auf die fortschreitenden, durch kontinuierlichen Alkoholkonsum erzeugten Zerfallsprozesse im Gehirn der Betroffenen zu hoffen. Atmosphärische Änderungen sind vielleicht durch die vermehrt auftretenden, nicht mehr rein deutschen Jugendgangs zu erwarten. Auf die „Deutschland"-Rufe während eines Spieles in der „Nach-WM-Zeit" reagierte ein Teil des Fanblockes mit „Ausland". Einigen Anti-Sozial-Frontlern paßte das überhaupt nicht, und sie brachten die so Rufenden mit „was seid ihr denn für Kanakenfreunde", für dieses Mal noch zum Verstummen.

■ St. Pauli ist anders

Daß es auch anders geht, ein Kultverein eine gänzlich andere Entwicklung nehmen kann, erleben wir seit einigen Jahren bei St. Pauli. Der 1910 gegründete Fußballklub St. Pauli ist ähnlich wie die Offenbacher Kickers in der Stadt bzw. dem Stadtteil sehr verwurzelt, vor allem bei Menschen, die nicht gerade zu den Besser-Verdienenden gehören. Man erwartet „ehrlichen" Fußball. Über Spieler-Generationen hinweg ist das Spiel zumeist von großem Kampfgeist geprägt. Honoriert und erwartet wird dies von einem Publikum, welches auch in schlechten Zeiten für große Kulissen sorgt. Dazu gehört selbstverständlich der große potente Konkurrent in der Nähe, in Hamburg der HSV oder in Offenbach die Eintracht. Diese Merkmale treffen auf mehrere Fußballvereine zu, setzten aber nicht automatisch ähnliche Prozesse in Gang. Hamburger Kids, die ihre Liebe zum St. Pauli entdecken und neben dem Mannschaftsfoto der Paulis ganz selbstverständlich auch einen „Gegen-Rechts"-Sticker hängen haben, sind sicher nicht repräsentativ für die breite Fanszenerie.

Natürlich ist auch in Hamburg nicht alles Gold was glänzt, erinnert sei nur an die „Schlindwein-Affäre", als gleichnamiger Mannschaftskapitän seinen Spielerkollegen Manzi mit „schwarze Sau" beschimpfte. Der Vorfall zog eine ziemlich unbefriedigende Auseinandersetzung im gesamten Verein und Umfeld nach sich. Unterm Strich aber bleibt festzustellen, daß die Äußerungen und Aktionen eines Großteils der Fans dazu beitrugen, dem ohnehin schon anhaftenden „Underdog"-Image noch das eines „linken" Klubs hinzuzufügen. Die Klubführung ließ sich auf das antirassistische Anliegen ihrer Fans ein, und änderte die Stadionordnung. So ist unter anderem der Vertrieb und Verkauf von neonazistischen oder nationalistischen Symbolen, Fahnen oder Aufnähern auf dem Stadiongelände untersagt. Mit ihren für Fußballanhänger ungewöhnlich klaren politischen Ansichten und einer dementsprechenden Praxis sorgten die „Millerntor-Aktiven" dafür, daß man spätestens seit Beginn der 90er Jahre nicht mehr einfach davon ausgehen kann, daß sich in deutschen Stadien hauptsächlich rechte Schläger und Deppen treffen und dort ungehindert die Verhältnisse bestimmen.

■ Die „besseren Fans"

Angesichts der Machtverhältnisse in deutschen Fankurven wäre es keine Überraschung gewesen, wenn die St. Pauli-Fans wegen ihres linken Rufs alsbald von der Bildfläche geprügelt worden wären. Mit dem Aufbau des Feindbildes der „linken Zecken, die mit Fußball nix am Hut haben", vermochten es rechte Hools und Fans jedoch nicht, eine schlagkräftige Gegenbewegung zu schaffen. Körperliche Angriffe und verbale Hetze gegen den St.-Pauli-Anhang in einigen ostdeutschen sowie einigen wenigen westdeutschen Spielorten fanden bei den meisten Fußballanhängern keine Unterstützung. Die „Zecken on Tour", so die Aufschrift eines weit verbreiteten T-Shirts des St.-Pauli-Fanladens, erwiesen sich schlicht und ergreifend als die „besseren Fans". Besser zu sein, meint in diesem Zusammenhang, den Verein und vorrangig die Mannschaft phantasievoll, dauerhaft und stimmgewaltig bei all ihren Spielen zu unterstützen. Eigenschaften, die ein jeder, der von sich selber behauptet, ein „echter Fan" zu sein, gerade dann zu schätzen weiß, wenn es mal nicht so toll läuft.

„Harte Zeiten" erlebt zu haben, bei ausbleibendem Erfolg oder wegen des absehbaren Abstiegs des Lieblingsvereins, gehören zur „Fanwerdung" unbedingt dazu. Wer dann trotz schwindender Zuschauerzahlen dabei bleibt, gewinnt seine Fan-Identität durch verstärkte Anstrengungen. Mit dem dazu notwendigen Galgenhumor wird jetzt erst recht angefeuert. Geradezu gehaßt werden all die opportunistischen „Schön-Wetter-Besucher", die sich nun im Stadion nicht mehr blicken lassen. Die Fans von St. Pauli stehen für trotzigen Durchhaltewillen in düsteren Zeiten. Sie nehmen in der beinahe schon mystifizierenden Berichterstattung der Sportmedien bisweilen mehr Raum ein als das Spiel der Elf auf dem Platz. Spielt St. Pauli auswärts, sehen und hören die heimischen Anhänger einen gut gefüllten und vor allem stimmgewaltigen Gästeblock, auch wenn die Jungs vom Kiez hintenliegen. Deswegen empfinden die meisten Fußballanhänger zumindest Respekt, was die Supporter-Leistung derer vom Millerntor angeht. Und das, obwohl sie die demonstrativ zur Schau getragene antifaschistische Einstellung eines Großteils des St. Pauli-Anhanges nicht einfach nachvollziehen oder gar teilen können.

Das Anwachsen einer zahlenmäßig bemerkbaren Fanszene in Hamburg mit antifaschistischem Habitus und Symbolen hinterließ bundesweite Spuren. Der St.-Pauli-Kult boomte, die Auswärtsspiele waren das Mekka all derer, die sich bei ihrem Verein hoffnungslos in der Minderzahl sahen. Das Fanzine „Millerntor-Roar" erreichte bundesweite Verbreitung und Bedeutung. Inzwischen gibt es am Millerntor mindestens drei gute und lesenswerte Fanzines, und bei anderen Vereinen schießen sie wie Pilze aus dem Boden. Wer dachte, daß die Zeit des geschriebenen Wortes dem Ende zu geht, dem sei zur Stimmungsaufhellung ein Stadionbesuch in Hamburg, Köln, Düsseldorf, Schalke, Frankfurt, Wuppertal, Bad Doberan, Hanau, München (1860), Bochum, Bremen und Gladbach empfohlen (seit November '94 auch in Offenbach!). Bis dato erscheinen dort äußerst lesenswerte Zeitungen – Fanzines, Magazine von Fans, für Fans. Papierne Boten einer Entwicklung nach dem Motto: „Weg von St. Pauli – hin zum eigenen lokalen Verein", um dort etwas zu bewegen. Zudem verbindet diese Fanzines allesamt ein antirassistischer Grundkonsens. Die FanzinemacherInnen und ihre Leserschaft kennen sich zumeist untereinander. Reger Austausch und gegenseitige Besprechungen der jeweils neuesten Nummer sind die Regel.

Selber ein Fanzine herauszugeben, scheint die beste Art und Weise zu sein, den eigenen Verein kennenzulernen. Beim Schreiben, Recherchieren, Verteilen oder Verkaufen erleben die meisten Fanzineautoren, daß sich mehr Leute im Stadion aufhalten, die die eigenen Ansichten teilen oder gar unterstützen, als vorher angenommen.

■ Fans gegen Rechts – B.A.F.F.

Neben den verschiedenen Fanzinezirkeln und Fußballaktivisten existiert seit August 1993 ein überregionaler Zusammenschluß, nämlich „B.A.F.F." – das Bündnis mit dem schönsten Kürzel, aber umständlichsten Namen: „Bündnis antifaschistischer Fußball-Faninitiativen und -Fanclubs". Von Fans aus 15 Orten gegründet, mit dem Anspruch, offensiv in den Stadien gegen Rassisten vorzugehen und sich darüberhinaus für Faninteressen stark zu machen. Bei B.A.F.F. sind sich die AktivistInnen auch einig in

Aktion von St. Pauli-Fans gegen den Rassismus

ihrer Art, den Fußball zu betrachten und zu erleben. Sie teilen wie Millionen anderer Fußballbegeisterter dieser Erde die Leidenschaft für die „schönste Nebensache der Welt". Man will das Wesen des Fußballs erhalten, sowohl gegen die zunehmende Kommerzialisierung im Interesse der gewichtigen Sponsoren als auch gegen die Vermarktungsstrategien der Fernsehsender. Auf der Suche nach letzten Oasen offensiven Angriffsfußballs, rebellischen Spielertypen und authentischen Vereinen reisen manche Fußball-Aktivisten durch halb Europa (und weiter...). Der Besuch landesüblicher Stadien, von Spielen oder Geschäftsstellen und Fanshops steht dabei im Mittelpunkt, ist aber gleichzeitig nur Schlüssel des Verständnisses für Land und Leute. Diesbezügliche Reiseberichte, sogenannte „Ground-Hopper"-Reportagen, finden sich natürlich in diversen Fanzines oder werden durch Mund-zu-Mund-Propaganda weiter verbreitet.

B.A.F.F. ist eher ein Kommunikationszusammenhang als eine fest strukturierte Organisation mit klaren Zielen. Man will und kann Hilfestellung geben für Leute, die bei ihrem jeweiligen Verein etwas unternehmen wollen, wie etwa zum Thema Rassismus. Kontakte zu Presse und anderen Fans können vermittelt werden, genauso wie einfache Tips und Tricks zur Erstellung eines Fanzines.

Im Sommer 1994 veranstaltete B.A.F.F. in Düsseldorf einen dreitägigen Fankongreß unter dem Motto „Reclaime the Game – Wir holen uns das Spiel zurück". Neben den sachbezogenen Vergnügungen – wie Fußballschauen, Singen und Wetten, Tauschen von Fanzines, T-Shirts und Aufklebern – setzte sich unter den über 150 Fans von rund dreißig Erst-, Zweit-, und Regionalligaklubs eine regelrechte Kongreßstimmung durch. Gespannt wurde den in- und ausländischen Referenten gelauscht, um dann hochmotiviert in den vier Arbeitsgruppen zu den Themen Rassismus, Versitzplatzung, Fanprojekte und Kommerzialisierung mitzuarbeiten.

In der Arbeitsgruppe „Versitzplatzung" wurde überlegt, was man der drohenden Zerstörung der Fankultur durch die Abschaffung der Stehränge entgegensetzen könne. Die Abrichtung des Zuschauers auf die einengende Sicht eines 40 mal 50 Zentimeter großen Bildausschnitts des zukünftig täglich live gesendeten Fußballspiels geht einher mit der Einschränkung der Bewegungsfreiheit in den Stadien. Ein klares Votum für die jahrzehntelang gewachsene Stehplatzkultur, die einem Sportplatzbesucher eben nicht nur die vier Nachbarn eines Sitzplatzes zuweist (links, rechts, vorne und hinten), wurde selbstverständlich auch von den anderen AGs unterstützt. Zudem stellte man dort wieder einmal fest, daß erst die Zuschauer dieses Spiel zum kulturellen und für manche auch zum finanziellen Ereignis machen. Daher könne es nicht angehen, daß ohne Befragung der Fans immer absurdere, vom Fernsehen diktierte Anstoßzeiten festgelegt würden. Außerdem sei es nicht einzusehen, daß die Vereine den Verkauf von Fanartikeln komplett unter ihre Fittiche nähmen und durch Lizensierung verhinderten, daß Fans auch weiterhin ihre Artikel verkaufen könnten. Waren sie es doch, die mit selbstgenähten Fahnen, Mützen und Schals, mit eigens entworfenen Aufklebern und Stickern wesentlich zum Entstehen des ganzen Fankults beitrugen, an dem sich andere jetzt dumm und dämlich verdienen.

Eine andere Diskussion, aber wesentlich kontroverser, drehte sich um die Frage, auf welche Weise von B.A.F.F. aus mit einem antirassistischen Forderungskatalog an die Vereine herangetreten werden könne. Angestrebt wird, daß diese sich verpflichten, rassistische Äußerungen und Handgreiflichkeiten zu unterbinden. In der zeitweilig sehr hitzig geführten Debatte ging es um die Frage, ob darüber hinaus auch die Ahndung der allgegenwärtigen Frauenfeindlichkeit bei den Vereinen und „in den eigenen Köpfen" – so eine AG-Teilnehmerin – durchsetzbar wäre.

Zumindest Bundesberti bekam schon mal sein Fett weg. Der von ihm geäußerte Kommentar anläßlich der nationalistischen Ausschreitungen beim Länderspiel der Deutschen in Österreich: „Haß gehört nicht ins Stadion. Die Leute sollen ihre Emotionen zu Hause in den Wohnzimmern bei ihren Frauen ausleben", wurde einhellig verurteilt. In den nachfolgenden Pressestimmen zum Kongreß wurde dieser Stellungnahme mit Überschriften wie: „Schelte für Bundesberti" („Westdeutsche Zeitung") oder „Fußballfans rügen Frauenfeind Vogts" ein großer Stellenwert eingeräumt.

Andere wie die „Stuttgarter Zeitung" titelten mit Überschriften wie: „Die Fußballfans wollen sich das Spiel zurückholen" oder „Die Fans werden offensiv" (Pirmasenser Zeitung). Der Berichterstatter der Süddeutschen Zeitung, Peter Unfried, bewertete in seinem Artikel: „Kongreß der Fußballfans – Eigentumsfrage gestellt", die Zusammenkunft folgendermaßen: „Genau das scheint das Neue zu sein: Die Fans warten nicht mehr gottergeben auf Verbesserungen. (...) Von 'Reclaim the game, Wir holen uns das Spiel zurück', wie der Kongreß überschrieben war, kann zwar keine Rede sein, aber aus dem Stadium romantischen Theoretisierens scheint man 'raus. 'Wir sind auch der Fußball', dies zu akzeptieren, will man die Entscheidungsträger in Klubs und Verbänden zur Not auch zwingen."

So ist es! In der nächsten Zeit wird nun überlegt werden, wie man mit dem steigenden Bedürfnis nach bundesweiter Vernetzung umgeht, und dies mit der Aktivität vor Ort, die eindeutige Priorität besitzt, verknüpft.

■ Länderspiel an Hitlers Geburtstag

Ein Beleg dafür, daß mit starken Initiativen vor Ort und bundesweit gut organisierten und über das ganze Land verteilten Leuten einiges erreicht werden kann, ist die Absage des für den 20.4.94 angesetzten Länderspiels Deutschland gegen England. Am 20.4. jährt sich der Geburtstag Adolf Hitlers. In der Vergangenheit war es an diesem Feiertag der Neo-Nazis häufig zu massiven Ausschreitungen und Übergriffen u.a. auf Ausländer gekommen. Ähnliches war zu einem solch geschichtsträchtigen Match wie Deutschland-England zu befürchten, zumal von Seiten der deutschen und britischen Hooligans sowie diverser rechter Gruppen mit unmißverständlichen Parolen mobilisiert wurde.

Nach den ursprünglichen Planungen des DFB sollte am 20.4.94 ein A-Länderspiel im Hamburger Volksparkstadion und am Vorabend ein B-Länderspiel am Millerntor stattfinden. Proteste der rührigen St.-Pauli-Fans, etwa die Aktion „Rote Karte dem Länderspiel" mit 7.000 hochgehaltenen roten Karten beim Heimspiel gegen Wolfsburg, und eine angekündigte Großdemonstration bewegten die Hamburger Verantwortlichen zum Handeln. Zuerst sagte der FC St. Pauli das B-Länderspiel – wegen „Parkplatzproblemen" – und daraufhin der Hamburger Senat – aus „Sicherheitsbedenken" – das A-Länderspiel ab. Wer nun meinte, der DFB würde zur Vernunft kommen, wurde eines Besseren belehrt. Schützenhilfe erhielten die Hardliner aus der Otto-Fleck-Schneise von verschiedenen Politikern (CDU, SPD, Grüne) sowie Ignatz Bubis (Vors. d. Zentralrat d. Juden). Diese wollten „vor der rechten Terror-Androhung nicht kapitulieren" und unterstützten den DFB bei seiner fieberhaften Suche nach einem neuen Austragungsort. Fündig wurde man in Berlin, wo sich politisch und sportlich Verantwortliche nach der gescheiterten Olympiabewerbung regelrecht aufdrängten. Senator Jürgen Kleemann, Berliner Sportsenator für Schule, Berufsbildung und Sport, erklärte die „bedingungslose Bereitschaft" zur Durchführung dieser generalstabsmäßig geplanten Fußballveranstaltung. Mit dem Berliner Olympiastadion erwischte man das größte zu treffende Fettnäpfchen. Jenes Stadion hieß früher „Deutsches Stadion" und wurde von den nationalsozialistischen Machthabern ab 1931 für die dort geplante Olympiade in Rekordzeit auf 86.000 Plätze erweitert. Am 1.7.36 eröffnete Adolf Hitler die Olympischen Spiele im Berliner Olympiastadion, in dem auf seinen Wunsch hin als Zeichen der Stärke hauptsächlich Naturstein verwendet worden war.

Doch auch die Länderspielgegner, Aktivisten aus Kreisen des B.A.F.F.-Zusammenschlusses, St.-Pauli-Fans, Berliner vom Fanladen „Anstoss" und einige wache Journalisten aus den Sportredaktionen namhafter Tageszeitungen blieben nicht untätig. Sie erhielten von Franz Beckenbauer Schützenhilfe, der die Absage des Spiels vernünftig fand, da kein Fußballspiel es wert sei, Verletzte oder gar Tote zu riskieren. Ein Bündnis „Kein Länderspiel am 20. April" wurde unter ideenreicher „Leitung" der linken Fußballszene Berlins ins Leben gerufen. Die Länderspielorganisatoren wurden sogar an ihren geheimsten Versammlungsorten aufgespürt und mit dem Protest konfrontiert. Plakate, Aufrufe, Kleber wurden massenweise verteilt, eine Aktionswoche mit abschließender Großdemonstration, bei der man weit mehr als 10.000 TeilnehmerInnen erwartete, war in Vorbereitung. Der Buttersäure-Anschlag einer „autonomen Gruppe" auf das Haus des Berliner Fußballverbandes brachte den Protest gegen das Länderspiel noch mal groß in die Schlagzeilen. Die Sicherheitsbehörden meldeten ihre Bedenken an, daß es anläßlich eines Fußball-Länderspiels zu einer bislang vorher nie dagewesenen Konfrontation zwischen Rechten und Antifaschisten kommen könnte.

Bundesweit wurden Fax- und Telefonapparate in Bewegung gesetzt, um den englischen Fußballverband, die dortige Spielergewerkschaft und viele andere in Großbritannien über den Widerstand und die befürchteten Ereignisse zu informieren. Am 6.4.94 sagte die englische Football Association (F.A.) endlich das Spiel ab. Vorausgegangen war eine ausführliche Berichterstattung und Diskussion in der britischen Presse. Es herrschte große Angst vor einer erneuten Ruf-Schädigung, falls wieder einmal Fernseh-Bilder von massiven Ausschreitungen unter „englischer Beteiligung" um die Welt gehen sollten. Schon vor der Absage hatten einige Klubs erklärt, ihre Spieler nicht für die Nationalmannschaft bereit zu stellen. Außerdem mehrten sich in England die Hinweise auf eine rege Reiseplanung britischer Faschisten. „Zugleich witterte die F.A. Ungemach auf der deutschen Seite. 'Tief unter der ruhigen Oberfläche', warnte der Evening Standard, 'sind dunkle Kräfte in Gange – die dunklen Kräfte des Neonazismus sammeln sich, verschwören sich für den großen Tag'. Auch die Warnungen deutscher Oppositonsgruppen und Gewerkschafter verhallten in London nicht ungehört." (Frankfurter Rundschau 7.4.94)

■ „Kann man ersetzen nicht! OFC Fans gegen Rechts"

Daß Proteste, Ein- und Ansprüche nicht ungehört verhallen, ist eine der wichtigsten Erfahrungen im Zusammenhang mit dem zunehmenden Engagement von Fußballfans.

Über das Bekenntnis „Fans gegen Rechts" hinaus scheint eine Bewegung für das „Wohl des Spiels" oder wie es der Slogan der englischen Spielergewerkschaft formuliert: „For the good of the game" in Gang zu kommen. Selbstbewußte Fans melden sich zu Wort und fordern die Vereine auf, sich nicht wie ein wildgewordenes Unternehmenskonsortium zu gebärden, sondern sich auch ihrer sozialen Verpflichtung und gemeinnützigen Aufgaben zu erinnern.

„Für das Wohl des Spiels" bedeutet natürlich auch, gegen die brüllenden Dummköpfe vorzugehen, die mit ihren destruktiven und vom tödlichen Ernst gezeichneten, rassistischen und sexistischen „Beiträgen" die gesamte Atmosphäre des Fußballspiels zerstören. Der Widerstand dagegen muß aus den Fan-Kurven selber kommen, was in Ansätzen auch schon geschieht. Voraussetzung für eine erfolgreiche „Tribünenpolitik" ist ein verändertes Verständnis von Fußball und Fankultur: Das Spiel als fröhliche Party! Schon weichen in verschiedenen Stadien die erbitterten Haßgesänge spöttischen Rufen und Liedern. Eine spielerisch-karnevalistische Stimmung bleibt den „rechten" Fans mit ihren festgefahrenen Negativabgrenzungen zunehmend unerschlossen. Die neuen Fanzines tragen mit den darin angeschnittenen Themen zu einer notwendigen Diskussion um den Charakter des Fußballs bei: Sind der Fußball und seine Begleitumstände ausschließlich aggressiv, erfolgsorientiert und tragen zur Übersättigung und Verdummung der Menschen bei? Oder kann auf dem Fußballplatz so etwas wie Lust am Feiern, leidenschaftliche Begeisterung und Kommunikation stattfinden?

Für diejenigen, die letzteres mit Ja beantworten, bleibt trotzdem der oft schier unauflösbare Widerspruch, Fan von einem Scheiß-Verein zu sein: Einerseits der geliebte Ort Stadion, wo bisweilen eine atemberaubende Stimmung aufkommt, und wo man seit Jahren Freunde und Bekannte trifft. Andererseits: machthungrige Klubpräsidenten und arrogante Vereinsverantwortliche, die sich wie kleine Herrscher aufführen und mehr durch ihre Finanzskandale als durch vernünftige Arbeit glänzen. Hinzu kommt ein Teil der Fans, die eher berüchtigt als berühmt sind, weil sie am lautesten irgendwelchen haßerfüllten Schwachsinn brüllen.

„Kann man ersetzen nicht! OFC Fans gegen Rechts" – lautet eine gesprühte Inschrift am Aufgang zum Fanblock, dem Block 2, am Bieberer Berg. Hintergrund dieser Parole war die heftige Auseinandersetzung um die Zukunft des altehrwürdigen Kickers-Stadions, dessen Besitzer die hochverschuldete Stadt Offenbach war. Auf die Pläne einer Neunutzung für lukrativere Zwecke als die Spiele des OFC bzw. die Abrißerwägungen seitens der Stadt wurde von Fans und Gönnern der Kickers mit einer groß angelegten Kampagne reagiert. Im Rahmen der Aktion: „Rettet den Bieberer Berg" prangten eines Tages mehrere Sprüche an den Wänden des Stadions. Einer lautete: „Politiker kann man ersetzten – Den Bieberer Berg nicht", unterschrieben mit „OFC-Fans gegen Rechts". Als dann die Stadt im Januar 1992 beschloß, den Kickers das Stadion auf eigene Verantwortung in Erbpacht zu überlassen, wurden auch die Spuren des Protestes getilgt. Der oder die verantwortlichen Übermaler überpinselten allerdings nur Teile der Inschrift, und so legt die dadurch neu entstandene Parole Zeugnis davon ab, daß auch dort, wo man es kaum vermutet, „Verbündete" sitzen!

Plakat zum Fan-Kongreß der B.A.F.F., 1994

Christoph Biermann

Wieviel Zaun braucht der Fan?

Die Angst des DFB vor den Zuschauern

Die Atmosphäre im Stadion würde gereizt sein, das war allen Verantwortlichen des 1. FC Kaiserslautern klar, äußerst gereizt sogar. Mit 3:1 hatten die „Roten Teufel" im Oktober 1992 das Hinspiel im UEFA-Pokal auf dem Betzenberg gewonnen, und bei Sheffield Wednesday war man schlecht auf den Gegner zu sprechen: Einen Elfmeter hätten sie herausgeschunden, und Marco Haber theatralisch einen Platzverweis provoziert. Aber, und das sollte wie eine Drohung klingen, man würde sich in Sheffield wiedersehen.

Als Klaus Fuchs, der Geschäftsführer des 1. FC Kaiserslautern, das Kartenkontingent für das Rückspiel bestellte, durfte er wählen: „Ich wollte natürlich Plätze direkt hinter dem Tor haben, möglichst nah am Spielfeld. Damit die Mannschaft die Unterstützung ihrer Fans spürt. Als ich aber hörte, daß dort keine Zäune wären, habe ich einen Block ausgesucht, von dem aus man das Spielfeld nicht erreichen kann." Seine Entscheidung war ganz automatisch gefallen: Fans brauchen Zäune.

Am Tag des Spiels im Hillsborough-Stadion verkündete Trevor Francis, der Trainer von Sheffield Wednesday: „Wir müssen sie in einem Meer von Lärm ersäufen!" Also heizten in Hillsborough gleich zwei Stadionsprecher die Fans an, entsprechend war die Atmosphäre. Marco Haber wurde bei jedem Ballkontakt ausgebuht, die Zuschauer schüttelten ihre Fäuste und machten den gewünschten Lärm. Allein, die Lauterer gingen nicht darin unter, sondern verteidigten ihren Vorsprung aus dem Hinspiel. Doch auch nach dem Spiel stürzte kein Anhänger der Heimmannschaft über das kleine Mäuerchen, um seine Enttäuschung an Marco Haber, anderen Spielern oder dem Schiedsrichter abzureagieren. Das Spielfeld blieb tabu.

Für den Vereinspräsidenten des 1. FC Kaiserslautern, Norbert Thines, war das ein „Aha-Erlebnis" und für Klaus Fuchs ein weiterer Anstoß zu einem „Umdenkungsprozeß". Noch wichtiger für die Revision ihrer Ansichten zur Sicherheit in den Stadien waren die Ereignisse beim letzten Heimspiel der Saison 1990/91. Im vorentscheidenden Spiel um die Deutsche Meisterschaft gegen Mönchengladbach lag die Mannschaft kurz vor Schluß mit 2:3 zurück und brauchte unbedingt den Ausgleichstreffer, um sich vorzeitig den Titel zu sichern. „Ich bin immer noch froh, daß wir dieses Tor damals nicht geschossen haben, denn dann hätte es Tote gegeben", sagt Fuchs heute. „Die Zuschauer waren so unglaublich aufgeladen, daß beim Ausgleichstor alle in Richtung Spielfeld gestürzt wären. Und dann wäre der Zaun zur Falle geworden."

Es war jenes Hillsborough-Stadion in Sheffield, wo im April 1989 auf blutige Weise bewiesen worden war, daß Zäune eine trügerische Sicherheit bieten. 95 Fans des FC Liverpool wurden in einem überfüllten Block des Stadions erdrückt, und das nicht etwa in Folge von Hooligan-Gewalt, sondern durch Organisationsfehler der Polizei und einen Zaun, der die Flucht aus dem tödlichen Gedränge aufs Spielfeld verhinderte. „Man hat uns wie Tiere behandelt", resümierte ein Fan hinterher, und noch fünf Jahre später leiden in Liverpool Menschen unter den Folgen der Katastrophe. Auch psychisch, wie ein Vater, dessen Tochter neben ihm erstickte, ohne daß er helfen konnte.

Auch andere große Katastrophen des englischen Fußballs stehen im Zusammenhang mit dem Vorhandensein oder der Abwesenheit von Zäunen um das Spielfeld. Wahrscheinlich wäre die Zahl der Opfer beim Europapokalfinale 1985 im Brüsseler Heysel-Stadion wesentlich geringer gewesen, hätten die Anhänger von Juventus Turin vor den Schlägern aus Liverpool aufs Spielfeld fliehen können. So starben 39 Menschen. Daß im Stadion von Bradford City vor der Haupttribüne, die im gleichen Jahr in

Flammen aufging, keine Zäune standen, hat viele Menschenleben gerettet. Wahrscheinlich hätte es sonst Hunderte von Toten gegeben, als die vollbesetzte Holztribüne Feuer fing. So aber konnten sich viele Zuschauer aufs Spielfeld retten.

Während diese Erfahrungen in England dazu führten, daß nur noch wenige Spielfelder eingezäunt sind, veränderte sich die Sicherheitsphilosophie in Deutschland kaum. Dabei hatte der Deutsche Fußball sogar schon eher Bekanntschaft mit den Nachteilen solcher Spielfeldumfassungen gemacht. Der 9. Juni 1979 sollte für den Hamburger SV eigentlich ein Tag ungetrübter Freude sein. Schon am Wochenende zuvor hatte sich die Mannschaft mit einem Sieg in Bielefeld nach 19 Jahren erstmals wieder die Deutsche Meisterschaft gesichert. Das letzte Spiel gegen Bayern München war nur noch Vorspiel zur Meisterschaftsfeier. Am Ende dieser Feier zählte man aber 62 zum Teil schwer verletzte Fans – Opfer eines Mißverständnisses. In der Woche vor dem Spiel hatte HSV-Manager Günter Netzer ihnen über die Zeitungen nämlich gesagt: „Ihr habt den Titel mitgewonnen." Allerdings hatte er nicht gemeint, daß die Fans bei der Feier auch hautnah dabeizusein hätten. Aber die Fans wollten ihren Idolen an diesem Tag besonders nah sein und begannen, den Zaun vor ihrem Block E herunterzureißen. Dabei verfingen sie sich im Gedränge vor dem Gitter, stürzten übereinander, drückten und quetschten sich, wurden ohnmächtig und brachen sich Arme und Beine. Über die Verletzten hinweg gelangten viertausend Zuschauer auf den Platz, schoben die Ordner beiseite, die feierliche Übergabe der Meisterschale ging im Gedränge fast unter.

In der nachfolgenden Diskussion wurde das Verhalten der Fans fast durchgehend als Vandalismus interpretiert. Das moralische Anrecht der Fans auf Teilnahme an etwas, das ihnen irgendwie auch mitgehörte, verstand kaum jemand. Eine Ausnahme war der Artikel von Christian Schultz-Gerstein im „Spiegel": „Wie mit einer dumpfen Ahnung, Betrügern aufgesessen und lediglich ausgenutzt worden zu sein, stürmten die Betrogenen aus Block E durch den zerschnittenen Zaun und nahmen alles in Besitz, was ihnen ja schließlich mitgehörte und woran sie gerade noch soviel Anteil haben sollten wie an unerreichbaren Schaufensterauslagen." Das Nachdenken über die Entfremdung zwischen Spielern und Klubs auf der einen und Fans auf der anderen Seite wurde aber ersetzt durch Ordnungspolitik. Fortan sollten die Zäune nicht etwa durchlässiger (zumindest symbolisch) werden, sondern sie wurden fester verschweißt.

In dieser Linie liegen auch die vom DFB am 19. April 1991 verabschiedeten „Richtlinien zur Verbesserung der Sicherheit bei Bundesligaspielen". Dort wurde nicht nur die Forderung nach Sitzplatzstadien aufgestellt, die nach dem damaligen Stand der Überlegungen eine höhere Sicherheit versprachen, sondern auch genaue Vorschriften für die „Spielfeldumfriedung" festgelegt. In §7, Absatz 1 heißt es: „Das Spielfeld ist mit einem mindestens 2,20 m hohen und durch Abweiser abgeschlossenen Zaun oder einer ähnlichen Absperrung (z.B: Trennwände aus nicht brennbarem Verbund-Sicherheitsglas) vom Zuschauerbereich abzugrenzen." Diese Regelung wurde für die Vereine zu jenem Zeitpunkt verbindlich und ist es noch. Das einzige Zugeständnis an die Sicherheit der Zuschauer, vor allem nach den englischen Erfahrungen, war der Einbau von Fluchttoren in die Zäunwände.

Damit waren die Ergebnisse eines „restriktiven Prozesses", so Klaus Fuchs, in Fragen der Sicherheit im Stadion festgeschrieben. Im Laufe der Jahre hatten sich die Stadien schon zu „Hochsicherheitstrakten" entwickelt, wie der Geschäftsführer des 1. FC Kaiserslautern sagt. Die Zäune, seit Mitte der 70er Jahre ein erklärtes Muß für Profiklubs, waren nur ein Teil dieser Entwicklung. Auch die Polizei rüstetete ihr Arsenal an Überwachungs- und Kontrollmöglichkeiten kontinuierlich auf. Mit dem Ergebnis, daß es sogar einigen Machern beim DFB zuviel wurde. Wolfgang Holzhäuser, Mitarbeiter der 'Direktion Liga' beim DFB, die für die Verwaltung der Profiklubs verantwortlich ist, und Mitglied der Sicherheitskommission, fühlte sich bei einer Stadionbesichtigung, „angesichts dieser Arien von Zäunen, daran erinnert, wie ich mir früher KZs vorgestellt habe".

Neben dem Sicherheitsrisiko, das die Zäune für die Zuschauer darstellen, und der Sichtbehinderung haben sie aber auch noch eine ungemein symbolische Qualität. Klar und deutlich trennen sie zwischen der Welt der Spieler, Vereine und Funktionäre und

der Welt der Fans. Die Gitter mit Stacheldraht oder Spitzen auf ihrer Krone machen die Entfremdung zwischen beiden Welten sichtbar. Und: sie definieren die Zuschauer als Problem. Und daran hat sich von Hamburg 1979 bis heute nichts geändert.

Die Fußballfans in den Kurven sind aus der Perspektive der VIP-Tribünen und der Schreibtische von Fußballfunktionären ein weitgehend als störend empfundenes Element. So sehr auch die Stimmung auf jenen (noch billigen) Plätzen belobigt wird, so spürt man doch das Unbehagen über das vermeintlich wüste Durcheinander in den Fan-Blöcken. Die eruptiven Zuneigungs- oder Abneigungsbezeugungen der Fans sind vielen Funktionären nicht geheuer. Diese Reservate der Wildheit möchte man besser eingezäunt wissen. Und als wäre es der Distanz noch nicht genug, wurde den Spielern mit Beginn der Spielzeit 1992/93 auch noch verboten, bei einem Torerfolg in die Kurve zu laufen, um sich, vielleicht sogar auf dem Zaun stehend, von den Fans feiern zu lassen.

Wie akzeptiert diese Entfremdung zu sein scheint, zeigt sich auch daran, wie lange es dauerte, bis überhaupt einmal jemand auf die Idee kam, das Vorhandensein von Zäunen öffentlich zu thematisieren. Auch die Fußballfans selber hatten offensichtlich die Logik akzeptiert, daß sie und ihre Emotionen nur durch strikte Regelungen, Verbote und Hindernisse zu kontrollieren seien. So war es nicht etwa die Fan-Basis, sondern ein Teil des Fußball-Establishments, der das Thema formulierte.

Am 23. August 1993 deutete sich erstmals ein möglicher Umdenkungsprozeß an. Die Erfahrungen der Vereinsführung des 1. FC Kaiserslautern im eigenen Stadion und in Sheffield ließ sie einen Vorstoß beim DFB wagen. In einem Brief an Egidius Braun, den Präsidenten des Deutschen Fußball-Bundes, schlug Vereinsvorsitzender Norbert Thines ein „Pilot-Projekt 'Fans brauchen keine Zäune'" vor. Darin unterbreitete er den Vorschlag, vor einem ausgewählten Block der Fan-Kurve im Fritz-Walter-Stadion den Zaun herunterzunehmen. Der Vorschlag war sehr zurückhaltend formuliert und sah die Zusatzbedingungen vor, daß Karten für diesen Block nur im Abonnement zu haben sein sollten und die Kampagne von umfangreicher Öffentlichkeitsarbeit begleitet würde. Das Ziel war es, „gemeinsam einen Weg zu finden, der die Stadien wieder menschenwürdiger macht".

Völlig unabhängig davon und dort sogar von den Fans initiiert, formierte sich in Bochum zögerlich eine Opposition gegen ein Zuviel an Zäunen. Als die Anhänger des VfL Bochum Ende November 1992 zum Spiel ihrer Mannschaft gegen Dresden ins Ruhrstadion kamen, trauten sie ihren Augen nicht. „Auf einmal war der Zaun fünf Meter nach hinten versetzt. Warum, das hat uns niemand gesagt", sagt Uli Börnke vom VfL-Fanrat. Die Stadt hatte angeblich Sicherheitsvorgaben des DFB erfüllt, so genau war das aber nicht mehr zu klären. Durch die Versetzung des Zauns und weil gleichzeitig die Blöcke mit Zäunen abgeteilt worden waren, konnten sich die Zuschauer am Fuß der Kurve nicht mehr frei bewegen. Als es dadurch bei einem Bundesligaspiel und beim Länderspiel gegen Ghana zu gefährlichem Gedränge kam, organisierte sich der Protest. Axel Treffner von der „Zaun AG", einer Initiative von VfL-Fans, machte aus persönlicher Betroffenheit mit: „Seit der Zaun so nah herangerückt ist, ist die Stimmung gereizter geworden. In einer Halbzeitpause gab es solch ein Gedränge, daß jemand, der an mir vorbei wollte, plötzlich ausgerastet ist. Dann gab es einen kurzen Kopfstoß, und mein Nasenbein war gebrochen." Die Forderung der Fans war klar: „Der Zaun muß weg!" T-Shirts mit dem Slogan wurden gemacht, Flugblätter gedruckt, 2.500 Unterschriften gesammelt, auch Trainer, Spieler und der Vorstand unterschrieben. Doch dann merkte man auf einmal, daß die Forderung vielleicht doch nicht so ganz klar war. In Diskussionen stellte sich heraus, daß zunächst eigentlich gemeint war: „Der Zaun muß an die alte Stelle zurück."

Längst ist nämlich eine Generation von Fußballplatzbesuchern herangewachsen, für die der Zaun ein elementarer Bestandteil eines Stadions ist. Oder wie Uli Börnke, der noch Fußball ohne Zäune kennengelernt hat, sagt: „Für die ist das, als wollte man die Eckfahnen abschaffen." Die Zäune, die Möglichkeit kurz auf sie zu springen, daran zu rütteln oder sie einfach nur dazu zu benutzen, dort Fahnen und Transparente aufzuhängen, waren für viele jüngere Fans fester Bestandteil ihrer Stadionrituale, auf die sie nicht verzichten wollten. In Kaiserslautern meldeten sich überdies Fans, die ihre Zäune unbedingt behalten wollten, weil sie sich dadurch geschützt fühlten.

Selbst beim FC St. Pauli, dessen Anhänger bereits seit Jahren notorisch fortschrittlich und politisch aufmerksam sind, löste die Aussicht auf neue Freiheiten eher schwache Begeisterung aus. Für den Vizepräsidenten Christian Hinzpeter, einen Rechtsanwalt, der eine Karriere vom Fan zum Geschäftsführer hinter sich hat, war „das mit den Zäunen ein altes Steckenpferd". Deswegen hatte er schon vor einigen Jahren beim DFB und immer wieder bei den eigenen Fans vorgefühlt. Aber „bei uns wurde das sehr kontrovers diskutiert", sagt Sven Brux vom St. Pauli-Fan-Laden. „Ich kenn' einige Leute, die ohne Zaun wahrscheinlich nicht mehr zu stoppen wären, wenn da irgendwelche Faschos im Gästeblock den Affen machen".

Bei zwei öffentlichen Treffen, auf denen die Frage „Zäune weg?" diskutiert wurde, gab es auch Anhänger verwegener Konspirationstheorien. Sollte der FC St. Pauli nicht in eine Falle gelockt werden? Wenn einige Fans doch auf den Platz stürmten, könnte der DFB den vermeintlich unbequemen Klub vielleicht sogar vom Spielbetrieb ausschließen. Beim zweiten Treffen am 3. März 1994 kam die deutlichste Opposition vom Vertreter der Spieler. Bernd Hollerbach sprach sich, so berichtete das Fanzine „Übersteiger", eindeutig für den Erhalt der Zäune aus.

Erstaunlich bei den Diskussionen, die an den verschiedenen Orten über ein mögliches „Zaun weg" stattfanden, war vor allem, daß von Seiten der Vereine und den Städten, die in den meisten Fällen Inhaber der Stadien sind, die Offenheit in dieser Frage mitunter größer war als bei den Fans selber. In Bochum wurden unter dem Slogan „Bochums Fans brauchen keine Zäune" zunächst mit sehr viel Schwung Fortschritte erzielt. Im Rahmen der Bundeskonferenz der Fan-Projekte in Bochum am 3. November 1993 wurde das Thema erstmals öffentlich mit Vertretern von Verein, Polizei und Stadtverwaltung diskutiert. In der Nachfolge machte sich besonders der Oberbürgermeister der Stadt sehr deutlich für eine Abschaffung des Zauns vor der Osttribüne im Ruhrstadion stark. Er kündigte sogar an, den DFB zu verklagen, wenn durch den Zaun, etwa im Fall einer Panik, Personen geschädigt würden. Positive Rückmeldungen gab es auch von der Polizei und von den Spielern. In der Rückrunde der Saison 1993/94 hielten Fan-Projekt und „Zaun AG" das Thema auf Bitten des Vereins-Vorstands zunächst etwas im Hintergrund. Man wollte nicht durch zu großen publizistischen Wirbel Hoffnungen wecken, die vielleicht nicht einzulösen wären. Außerdem war bereits ein Teilerfolg erzielt worden. Auf zehn Metern Länge waren die

Blockunterteilungen wieder herausgenommen worden, und auch die Rücksetzung des Zauns an die alte Stelle wurde immer wahrscheinlicher. Das große Thema, die Zäune ganz abzubauen, interessierte danach zunächst nur noch eine Minderheit der Fans.

Ähnliche Erfahrungen berichteten auf einem Treffen in Kaiserslautern am 25. April 1994 auch Fanvertreter aus Frankfurt. Während Verein und Stadt mit der Idee sympathisieren, stieß eine Unterschriftenaktion bei Fans auf geringe Resonanz. Auch in Karlsruhe gab es kein Interesse der Fans an einer Abschaffung des Zauns vor ihrem Block. Ein Modell, wie vor der neuen Haupttribüne im Wildpark-Stadion, nämlich den Zaun nur 1,20 hoch anzulegen, lehnten die Fans ab.

Auch bei den Managern und Funktionären stießen die Vorschläge aus Kaiserslautern und Bochum erst einmal auf wenig Interesse. Reiner Calmund, der Manager von Bayer Leverkusen, nutzte die Gelegenheit gleich, seine ungeliebten Lauterer Kollegen zu ärgern, und fragte sich laut, warum es denn gerade Kaiserslautern sein müsse, wo doch das Publikum besonders aufgepeitscht sei. Damit gab er den Ton vor. Viele Funktionäre (und Fans) wollten nicht einsehen, warum gerade im Hexenkessel Fritz-Walter-Stadion die Umzäunung durchlässig werden sollte. Trotzdem standen der Ligaausschuß des DFB, seine Sicherheitskommission und schließlich der Vorstand des Verbands vor der Aufgabe, sich mit den immer wieder revidierten Vorschlägen des 1. FC Kaiserslautern auseinanderzusetzen, zumal mit Wolfgang Holzhäuser ein wichtiger Funktionär vorsichtig auf die Kaiserslauterer Linie einschwenkte. Vor allem aber die Reaktion des DFB-Präsident Egidius Braun legte eine sorgfältige Auseinandersetzung mit dem Thema nahe. „Sie haben es wieder einmal geschafft, mich zu beeindrucken", schrieb Braun an den Präsidenten des 1. FC Kaiserslautern und lobte weiter, „Der Club und seine Mitglieder, Sie an der Spitze haben Ihre Verantwortlichkeit erkannt."

Aber was tun mit dem Zaun? Sollten wirklich Pilot-Projekte eingerichtet werden? Wenn ja, wo sollte das sein? War Kaiserslautern nicht ein zu heißes Pflaster? Sollte es dann Bochum sein oder St.Pauli? Oder sogar Frankfurt oder Bayern München, die ebenfalls Interesse signalisiert hatten? Und in welchem Bereich des Stadions sollte die Käfighaltung der Fans ausgesetzt werden? Im Frühjahr 1994 präzisierte der Vorstand des 1. FC Kaiserslautern seine Idee nochmals. Vor den Stehplätzen der Heimfans, jedoch gegenüber der eigentlichen Fankurve, so war der Vorschlag, wollte man es auf einem Stück von 25 Meter Länge ohne Zäune versuchen. Der Vorschlag des 1. FC Kaiserslautern stieß bei einer erneuten Vorstellung vor den Vereinspräsidenten der Profiklubs im Rahmen des Pokalfinales am 14. Mai 1994 durchaus auf Zustimmung. Besonders mit Gerhard Meyer-Vorfelder fand man einen wichtigen Fürsprecher. Trotzdem wurde ein Pilot-Projekt am Betzenberg für die Spielzeit 1994/95 zunächst abgelehnt, um für die Zukunft den Versuch eventuell mit einer größeren Zahl von Klubs auf eine breitere Basis zu stellen.

Die nahende Weltmeisterschaft versorgte die Zaun-Gegner nochmals mit neuem Rückenwind. Die FIFA wollte nämlich bei den Spielen gänzlich auf Zäune verzichten, um den Fußball auf dem erhofften neuen Fußballmarkt USA mit einem freundlichen Image zu präsentieren. Ganz gelang das aber nicht. Obwohl es in keiner der großen amerikanischen Sportarten Zäune in den Stadien gibt, entschlossen sich in drei Städten die Organisationskomitees, beeinflußt von „Sicherheitsberatern" aus Europa, trotzdem, welche aufzubauen.

Einige Vorfälle in den Bundesligen am Saisonende 1993/94 versorgten dann beide Parteien mit neuen Argumenten. Wie wenig Zäune zur Sicherung des Spiels nützlich sind und wieviel wichtiger ein direktes Einwirken auf das Publikum ist, bewies einmal wieder der 1. FC Kaiserslautern. So wurden am vorletzten Spieltag vor dem Spiel gegen Borussia Dortmund 40.000 Flugblätter verteilt, und mit diesen gleichlautend forderten Mannschaftskapitän Andreas Brehme und Präsident Norbert Thines via Stadion-Lautsprecher die Fans im ausverkauften Stadion auf, auch im Falle eines Erfolges nicht den Platz zu stürmen, um den Saisonausklang am Betzenberg zu feiern. Der Einsatz lohnte sich, alle blieben auf ihren Plätzen.

Dagegen kam es beim letzten Heimspiel des Bundesligaaufsteigers VfL Bochum gegen den FC Homburg im Ruhrstadion fast zu einem Spielabbruch. Nachdem bereits Hunderte von Fans über den Zaun geklettert waren, unterbrach Schiedsrichter Striegl fünf Minuten vor Schluß die Partie. Erst nach massiver Intervention des Vereinspräsidenten über den Stadionlautsprecher konnte die Partie zu Ende gespielt werden. Eine Woche später, beim Saisonausklang Essen gegen Hannover, gab es nach Spielschluß Ausschreitungen von Hooligans aus Hannover auf dem Rasen. Die Zäune waren geöffnet worden, um die Zuschauer auf dem Platz feiern zu lassen.

Die Beispiele zeigen, daß der Fortschritt der freien Sicht nur möglich ist, wenn die Fans auch symbolische Grenzen akzeptieren. „Und daran muß man eben arbeiten. Das Ganze ist doch keine reine Absperrungsfrage, das geht viel tiefer. Wir wollen die Leute wieder für ihr Verhalten verantwortlich machen", sagt Klaus Fuchs. Und das gilt auch für die „gewaltbereiten" Fans. Die ungehinderte Sicht aufs Spielfeld wäre eine Belohnung für gewaltloses Verhalten.

Norbert Thines, früher Diozesansekretär beim Kolpingwerk, der sich gerne als „Herz-Jesu-Marxist" titulieren läßt, webt das sogar in ein größeres Konzept ein: „In das Vakuum, das Parteien, Kirchen und Gewerkschaften hinterlassen haben, können wegen ihrer Popularität teilweise die Fußballvereine stoßen und gesellschaftspolitische Aufgaben übernehmen."

So weitreichend sind die Überlegungen der meisten anderen Vereinspräsidenten und Klubmanager sicherlich nicht, und die Mitglieder der Sicherheitskommission des DFB ziehen sich sowieso auf pragmatische Positionen zurück. Ihr Vorsitzender Wilhelm Hennes verkündete nach der Rückkehr von der WM aus den USA: „In dieser Frage wird es weder einen Schnellschuß geben, noch Alleingänge oder 'Pilot-Projekte'. Auch die Erfahrungen der WM sind nicht einfach auf die Bundesliga zu übertragen." Aber er stritt nicht ab, daß die Ära der Zäune wohl irgendwann vorbei sein wird. Im Hinblick auf die Saison 1995/96 könnte man sich vielleicht von den vorgeschriebenen 2,20 Metern Mindesthöhe für Spielfeldumfassungen verabschieden. Für DFB-Ligasekretär Wolfgang Holzhäuser gerät dadurch eine „schönere Absperrung" in Sicht. Eine neue Mindesthöhe von 1,50

Meter würde erwogen. Manchmal kommt der Fortschritt eben zentimeterweise.

Interessant ist das Zaunthema für die Chefetage des DFB aber noch aus einem ganz anderen Grund. Die häßlichen Metallgitter passen nicht mehr ins Bild des sich modernisierenden Profifußballs. Wie will man ein neues, zahlungskräftiges Mittelklasse-Publikum, das nicht bereit ist, seine Freizeit an einem Ort zu verbringen, der wie ein Gefängnis aussieht, ins Stadion locken? Von daher könnte der Antrieb, Sicherheit weniger häßlich zu machen, bei den Machern des DFB größer sein als an der Fan-Basis. Damit könnte sich die Diskussion um die Zäune allerdings noch gegen ein erklärtes Interesse der Fans wenden. Denn allzu gerne würden Leute wie der DFB-Sicherheitsbeauftragte Wilhelm Hennes die Reduzierung der Zäune mit einer weiteren Reduzierung von Stehplätzen kombinieren. Die Formel hieße dann etwa: Wir wollen auch keine schäbigen Zäune mehr, aber um die Sicherheit zu gewährleisten, müssen eben alle sitzen. Die WM in den USA und das Beispiel England, wo ab der Saison 1994/95 in den Stadien der ersten und zweiten Liga nur noch gesessen wird, liefern dafür die Vorlagen. Die Regelungen von FIFA und UEFA für Länderspiele und internationale Pokalspiele tun ein übriges. Aus diesem Grund wurde bei diversen Treffen von Fanbeauftragten, beim Düsseldorfer Fan-Kongreß im Juli 1994 und bei diversen Zusammenkünften der B.A.F.F. (Bündnis antifaschistischer Fußball Fan-Club und Faninitiativen) klar, daß das „Zaunthema" gegenüber der Sicherung der Stehplatzbereiche in den Kurven deutlich zurückgestellt werden sollte. Kleine Erfolge wie der teilweise Rückbau des Zauns in Bochum im Februar 1995 oder die stillschweigende Nicht-Einzäunung der neuen Haupttribüne in Kaiserslautern wurden nur noch am Rande wahrgenommen.

Eins hat sich aber während der ganzen Diskussion nicht geändert: Fußballfans werden von Seiten des DFB noch immer und vornehmlich als Problem definiert. Sicherheit bedeutet immer: Sicherheit vor den Fans.

Hendrik Lüttmer

Sitzen machen
Von getarntem Kommerz und Kultur

Die WM war vorbei, und alle hatten sie gesehen – im Sitzen. Sitzend vor dem heimischen Fernseher, sitzend in der Kneipe und vor allem sitzend in den Stadien. Die FIFA war glücklich, die UEFA war glücklich, viel Frohsinn und wenig Gewalt, glückliche Funktionäre und glückliche Fans. Der Werbefeldzug Pro-Sitzplatz war ein umfassender Erfolg, die Stadien waren voll und die Stimmung „prächtig". Die WM als Maßstab für das Stadion der Zukunft? Für die Fans noch grausige Utopie, für die Funktionäre schon baldige Realität.

Der Begriff Sitzplatzstadion gehört nun schon seit Jahren als Negativmoment zum festen Repertoire derjenigen, die den Fußball nicht nur als Spiel, sondern als kulturelles Ereignis begreifen, ein Ereignis, welches nicht von Zuschauern begleitet, sondern von ihnen mitbestimmt, wenn nicht gar dominiert wird. Auch die WM in den USA wurde von den Fans mitdominiert, doch ihre Rolle hat sich hier erstmals deutlich sichtbar gewandelt. Nicht ihre stimmgewaltige Unterstützung, sondern die Grüße an die Daheimgebliebenen waren Anlaß dafür, daß die Kameraleute ganz nach dem Vorbild des Seitenwechsels beim Tennis einen Schwenk durch einzelne Zuschauerreihen machten, damit auch ein jeder einmal in das Zentrum der Weltöffentlichkeit gelangen konnte.

Wer erinnert sich nicht gern an El Condor, den wohl bekanntesten Fan der WM '90, doch von der Einblendung seiner „Flüge" über die Brüstungen wußte er wohl wenig, ganz im Gegensatz zu den Argentiniern, Mexikanern, Italienern etc., die per stadioneigener Videoleinwand genauestens darüber informiert waren, wer wann und wo eingeblendet wurde und sich voller „todesverachtenden" Übermuts über die Brüstungen hing, Kopf und Körper folgten der Kamera in blindem Automatismus, die Hand wurde zum Gruß erhoben, und auch die letzte Faser des Körpers schien von Enthusiasmus und Fröhlichkeit erfüllt zu sein. Der Fan als Medienspektakel, als Pausenclown zwischen Abseitspfiff und Freistoß.

Die werte Leserschaft wird anmerken, daß es so schlimm doch gar nicht gewesen sei, daß das Grauen vor der WM in den USA viel größer war als das spätere Resultat, und doch, trotz des Dankes an die Stimmgewalt der Iren und der Mexikaner, an die Blaskapelle der Holländer und die Sambatrommeln der Brasilianer, den aufmerksamen TV-Konsumenten wird nicht entgangen sein, daß die Zukunft, dem System dieser WM folgend, einige Neuerungen bringen wird. Der aufbrausenden Stimmungen nach einer Spielszene folgte in schöner Regelmäßigkeit ein Moment der gespannten Ruhe und dann ein allgemeines Geraune. Die Videoleinwand tat ihren Dienst, und unmittelbar nach der Aufregung um eine Spielszene schienen alle gebannt den Fernsehbildern zu folgen, die Konserve folgt der Frischnahrung und die gesunde Distanz der spontanen Gefühlsregung. Denn siehe da, der Schuß war aus anderem Blickwinkel doch drei Meter am Tor vorbeigeflogen und die angebliche Blutgrätsche traf erst den Ball. Eben noch die Hände vor das Gesicht geschlagen, dem Unmut verbal die Freiheit geschenkt, schon darf man sich ob der prompten Klärung seines Irrtums wieder darniedersetzen, die spontanen Emotionen kühlen ab, die Diskussion mit dem Nachbarn erübrigt sich, denn die Macht des wiederholten Bildes entzieht ihr jede Grundlage. Und als ob man dem Zuschauer dann doch noch einen Rest seiner subjektiven Spielbetrachtung belassen möchte, oder als ob man Angst hat, die so kontrollierten Emotionen könnten kontraproduktiv werden, wird entschieden, daß in bestimmten Fällen (z.B. krasse Fehlentscheidungen) keine Wiederholung der Szene gestattet wird, um keine zu großen Emotionen zu wecken.

■ Sicherheit zuerst – Das Denken der Funktionäre

Da ist sie nun, die Menge der Zukunft, den Blick abwechselnd zum Spielfeld und zur Leinwand gerichtet, dem gebannten Blick zum Rasen und der Subjektivität beraubt, isoliert in die Schale des Sitzes gezwängt, durch Musik zum Klatschen animiert, um dann ab und an voller „Inbrunst" aufzuspringen und die Arme hochzuwerfen. Den Worten eines deutschen TV-Reporters folgend, wird so der höchste Grad der Begeisterung in einem Stadion erreicht, die Welle wogt.

So zynisch dies klingen mag, so realitätsfern dies noch sein mag, die ersten Schritte sind bereits unternommen, denn zukünftig, wenn es nach dem Willen der FIFA und der UEFA geht, kann man sich nicht mehr hinsetzen, man muß es tun. Das reine Sitzplatzstadion (ob mit oder ohne Videoleinwand) ist keine Utopie, sondern längst Realität, und es scheint nur eine Frage der Zeit zu sein, bis auch die letzte (Steh-)Insel des Glücks im Meer der Plastikschalen versinkt.

Daß hierbei das betroffene Klientel, der stehende Zuschauer und damit der größte Teil der klassischen Fans, für die Funktionärsriege keine Rolle spielt, ist nicht die Folge plötzlich aufkommender Ignoranz, sondern der Abschluß einer Entwicklung, die in den 60er Jahren einsetzte. Zu dieser Zeit begann sich der Fußball vom reinen Stadionereignis zum medialen Massenspektakel zu entwickeln. Nahm das Fernsehen zunächst nur eine Mittlerrolle als Informationsquelle ein, so entwickelte es sich bis heute immer mehr zum eigentlichen Geldgeber der Vereine. Ein Klub wie der Karlsruher SC, potentielle graue Maus der Liga, kann durch die zweistelligen Millioneneinnahmen der ersten UEFA-Cup-Teilnahme zur Creme des deutschen Fußballs aufsteigen. Die Stadionbesucher als Wirtschaftsobjekt spielen hierbei nur eine untergeordnete Rolle, waren doch durch die UEFA-Regularien kaum mehr als 20.000 Zuschauer pro Heimspiel zugelassen.

Mit dem Bedeutungszuwachs des Fernsehens verliert der Zuschauer als Geldquelle an Bedeutung, und damit vor allem der große Teil der Fans, der sich auf den billigen Stehterrassen ein eigenes Terrain geschaffen hat. Wurden schon in den 70er Jahren Fanausschreitungen dazu genutzt, erste Überlegungen in die

Richtung der Reduzierung der Stehplätze in den Stadien gedeihen zu lassen, so befindet sich das Unternehmen Fußball – und an seiner Spitze die Riege der Funktionäre – inzwischen auf der Suche nach einem neuen Publikum. Entsprechend der Medienpräsenz, vor allem der visuellen Überflutung, und dem Anspruch eines wirtschaftlichen Unternehmens, müssen die Wurzeln des Fußballs gekappt, seine proletarische Herkunft als Spektakel der unteren Klassen vergessen und seine treuesten Zuschauer ignoriert werden. Potentielle Sponsoren bedürfen keiner schwer zu kontrollierenden, weil stehenden Masse, sie werden dadurch nur abgeschreckt. Sogleich wird dieser „Unruheherd" pauschal kriminalisiert und als Bedrohung aufgefaßt, denn die Suche hat begonnen, die Suche nach dem Familienvater, der seine Familie mit in das Stadion bringt oder in die angeschlossenen Freizeit- und Einkaufsparks beordert.

Fußballkatastrophen wie die von Sheffield, deren 95 Tote jedoch eine Folge der kriminellen Kartenpolitik und nicht der angeblichen Gewaltbereitschaft der Fans waren, werden zum Anlaß genommen, um konkrete Regularien zu erstellen, die die Umwandlung der Stadien in reine Sitzplatzarenen zeitlich festlegen. In völliger Ignoranz der Fakten, daß Sitzplatzstadien im Falle einer Panik wesentlich gefährlicher als die Stehterrassen sind, daß sich die Gewalt fast ausschließlich außerhalb des Stadions abspielt und der gewaltbereite Teil der Fans sich längst auf die Sitzplätze verlagert hat, hat die UEFA im April 1991 entschieden, daß ab der Saison 1991/92 nur 70 % der Stehplätze verkauft werden dürfen und in den folgenden Jahren jeweils 10 % weniger. Darüber hinaus wurde 1993 beschlossen, daß bei Spielen mit „erhöhtem" Risiko bis 1997/98 Stehplätze zugelassen werden, allerdings nur bis max. 20 % der Gesamtkapazität des Stadions.

Der DFB schloß sich 1991 den UEFA-Bestimmungen in seinen „Richtlinien zur Verbesserung der Sicherheit bei Bundesspielen" an und empfahl den Bundesligavereinen eine schrittweise Umwandlung der Stehplatzränge in Bereiche mit numerierten Einzelsitzen, wobei Restkontingente an Stehplätzen je nach Begutachtung durch die DFB-Sicherheitskommission erhalten bleiben dürfen. Der hehre Aspekt der Sicherheit sorgt so für die langsame Verdrängung des Pöbels aus dem Stadion, und was die oberen Verbandsfunktionäre schließlich vom gemeinen Fußballfan halten, offenbarte sich im Ende 1992 verabschiedeten „Nationalen Konzept Sport und Sicherheit", das Ergebnis einer AG aus Sportverbänden, Städtetag sowie Landes- und Bundesministern der Ressorts Sport, Jugend und Inneres. Name und Zusammensetzung der Kommission sind Programm. In einer fast schon obszön zu nennenden Ignoranz werden tatsächliche oder künstliche Probleme mit dem Objekt Fan, mehr scheint er wirklich nicht zu sein, zur nationalen Frage stilisiert, deren Lösung durch Festlegung und Delegierung von höchster Stelle erreicht wird. Daß hierbei die Fanseite nur vertreten wurde durch die AG der Fan-Projekte und auch dies nur im Zusammenhang mit den Fragen der Projektgestaltung, nicht aber bei den Sicherheitsfragen, zeigt deutlich, wie in diesem Staat Politik gemacht wird.

Das Ergebnis ist entsprechend: die gemeinen Fans in der freien Wildbahn. Sie bedürfen nach den Vorstellungen dieses Papiers und damit des DFB einer sorgsamen Bemutterung sowohl sozialpädagogischer als auch sicherheitspolitischer Art. Die Schwerpunktsetzung ist dann auch folgerichtig. Auf zehn Seiten wird über die Ausstattung und Finanzierung der Fan-Projekte gesprochen, eine Definition von Arbeitsweise, -gebiet und Schwerpunktsetzung erfolgt nur am Rande. Den fünffachen Platz des law-&-order-Pamphletes umfassen dagegen Stadionverbote und -ordnungen, Richtlinien für den Ordnungsdienst sowie die Sicherheitsstandards. Höhere Zäune, Blockabgrenzung, Laufgassen und Beobachtungsposten für den Sicherheitsdienst und Karteien für die Stadionverbote erinnern an den Hochsicherheitstrakt einer Hollywood-Utopie.

Und im Widerspruch zur angeblichen Diskrepanz zwischen UEFA und DFB bezüglich der Sitzplatzverordnung rät der DFB den Vereinen erneut die Umwandlung der Stehplätze. Die Gnade der Restkontingente ist hierbei keine Geste an die Fans, sondern eher auf die Finanzschwäche der Kommunen zurückzuführen, die als Stadioneigner oftmals die Umbauten aus öffentlicher Hand finanzieren müssen. Wie weit diese Geste reicht, zeigte sich schließlich im DFB-Papier zum Stadionausbau 1993. Die

UEFA-Richtlinien gelten nun als unanfechtbar, und der DFB plädiert, noch befiehlt er nicht, für den Verbleib von max. 20 % der Stadionkapazität für die Stehplätze. Diese sollten möglichst den jeweiligen Spielanforderungen entsprechend umrüstbar sein. Begründet wird dieser Schritt mit der Notwendigkeit der Wettbewerbsfähigkeit der Vereine auf internationaler Ebene. Sitzen machen für den Sieg (?), viel offensichtlicher hätte der Verband die Bedeutung der Zuschauer nicht klar machen können, und viel besser hätte er sich auch nicht enttarnen können. Denn Wettbewerbsfähigkeit bedeutet hier nicht mehr als Sicherung der Einnahmequellen und Ausschöpfung des größtmöglichen finanziellen Potentials der Zuschauer.

Als finaler Rettungsschuß zum Erhalt der Wettbewerbsfähigkeit stellt sich schließlich das probate Druckmittel der Länderspielvergabe heraus. Für die zweifelhafte, aber durchaus lukrative Ehre des Auftritts der Vogts-Elf verlangt der DFB z.B. von der Stadt Düsseldorf die Erhöhung der Sitzplatzkapazität auf 42.000 (+ 5.000). Wir wollen nicht von Erpressung reden, aber bei der momentanen Begierde deutscher Städte nach derartigen Spielen sitzt der Verband an einem sehr langen Hebel.

■ Zerstörung einer Kultur

So verdecken vorgeschobene Sicherheitsaspekte die wirtschaftliche Opportunität eines Verbandes, der seine Zukunft am Vorbild amerikanischer Veranstaltungen orientiert, deren Zielgruppe sich von der Mittelschicht aufwärts bewegt; andere Gruppen können sich die Karten kaum leisten. Doch während sich Fachleute und Medien scheinbar wehrlos und/oder verbandstreu zeigen, mehrt sich der Widerstand an der Basis. Einzelne Fangruppen, zu lange Spielball der Funktionäre, die in ihnen nur farbenfrohe Begleitung oder gewalttätige Aussätzige zu erkennen glaubten, nie aber einen Teil des Fundamentes dessen, was ein Fußballspiel ausmacht, gehen ihrerseits in die Offensive. Denn es geht um mehr als nur das Recht auf durchgedrückte Knie.

Für die Fans in den Kurven ist Fußball nicht bloß die Aneinanderreihung von Fouls, Flanken und Toren, nicht nur der Kampf zweier Mannschaften um den Sieg und vor allem nicht nur bloße

Überschäumender Enthusiasmus gehört zur Fankultur – auch wenn Sammer hier etwas arg gezaust wird.

Unterhaltung, der man als Zuschauer nur passiv folgen kann. Ebenso wie sich der Sport zu einem medialen Massenspektakel entwickelt hat, so hat sich in den letzten Jahrzehnten eine Fan-Kultur entwickelt, die mehr bedeutet als nur Freizeitvergnügen. Das, was sich auf den Stehterrassen abspielt, unabhängig vom Standort der Beteiligten, ist das Relikt einer Zeit, als sich der Fußball noch eindeutig als Element proletarischer Klassenmentalität zeigte, als Arbeit und Freizeit noch eng verbunden waren und als der Stadionbesuch oftmals die einzige Freizeitveranstaltung war, die von den unteren Schichten genutzt werden konnte.

Zum Massenspektakel hat sich der Fußball erst entwickelt, als er von den Arbeitern entdeckt und in Besitz genommen wurde. Gerade in Deutschland symbolisierte das Spiel die Abkehr von den nationalistischen Bewegungsperfektionisten der Turnriegen Jahnscher Prägung. Obwohl es bis in die 30er Jahre dauerte, bis auch der ATB (Arbeiterturnerbund) schließlich den als bürgerlich-kapitalistisch verrufenen Wettkampfcharakter der Sportart akzeptierte, war dies an der Basis schon längst geschehen. Bis in die 50er Jahre bestand in den Arbeitervierteln der Ballungszentren eine direkte Einheit der Lebensbereiche Arbeit, Wohnen und Freizeit.

Freizeit jedoch bedeutete oftmals das Fußballspiel und den Besuch im Stadion, der nicht nur Ausgleich vom Alltag, sondern auch die einzig erschwingliche Möglichkeit war, die freie Zeit im Vergnügen zu verbringen. Erst mit der Entwicklung von der Industrie- zur Dienstleistungsgesellschaft, mit dem Niedergang der klassischen Arbeiterregionen ging diese traditionelle Verbindung verloren. Gehalts- und Transferspiralen zerstörten die Basis für die Identifikation mit dem Stammverein. Sowohl Spielerkader als auch Zuschauerreihen waren nicht mehr ausschließlich von der Unterschicht besetzt, das Verhältnis Zuschauer-Spieler verkam und verkommt immer mehr zum Starkult. Der hohe Grad der Identifikation, den Arbeitervereine in ihrer Region vermittelten, den suchen heute die Fans auf den Stehrängen, doch das immer öfter vergeblich.

Die Kommerzialisierung des Sports hat auch vor den Aktiven nicht haltgemacht. Anders als von den Spielerpersönlichkeiten früherer Tage, spricht DFB-Präsident Braun heute zu Recht von den Jungunternehmern, die in die USA fuhren. Ihre Lippenbekenntnisse gegenüber den Fans sind ihrer Stellung als Angestellte entsprechend auch nicht mehr wert als eine Präsidiumsverlautbarung zu Gunsten des Trainers. Eine tatsächliche Identifikation mit den Akteuren fällt zunehmend schwerer. Und doch, die Stehterrasse als Ort der Kommunikation, als eigener Raum hat sich erhalten. Sie ermöglicht die Nähe zum Spielgeschehen genauso wie die Nähe zum Nachbarn, sie ermöglicht es, kollektive Freude oder kollektives Leid zu empfinden. Im Gegensatz zum Sitzplatz, der oftmals wie ein Automatismus die passive Konsumhaltung züchtet, erlebt man hier noch das Gefühl des „authentischen" Dabeiseins. Hier und nur hier bekommen die Fans den Eindruck, ein Spiel mitgestalten zu können, einen Teil des Geschehens auf dem Rasen selbst zu sein. Im Gegensatz zum Basketball-Boom, der davon lebt, einzelne Gestalten wie Michael Jordan oder Detlev Schrempf zu Helden zu stilisieren, unterstützt von den Marketingexperten der Bekleidungs- und Musikindustrie, deren einziges Ziel es ist, einen Absatzmarkt zu kreieren und zu vergrößern, also eine von oben aufoktroyierte Jugendkultur schafft, verkörpert die Welt der Fußballanhänger noch den in der heutigen Gesellschaft fast schon modrigen Geruch des Non-Konformismus einer Gegenkultur.

Die durch die Stehränge optisch gekennzeichnete Separierung von dem „Normalpublikum" wird auch von den Fans als erlebnisimmanentes Element angesehen. Es ist der eigene Raum, der dem Ereignis Fußball den richtigen Rahmen verleiht, die Möglichkeit der ungehinderten Kommunikation gibt und keinerlei Bewegungseinengungen innerhalb der Kurve vermittelt. Wenn der verstorbene DFB-Präsident Neuberger behauptete, daß „der bisherige Stehplatzbesucher merkt, wie vorteilhaft es doch ist, noch fünf Minuten vor dem Anpfiff eines großen Spieles ins Stadion zu können, um 'seinen' reservierten Sitzplatz einzunehmen", so ist dies nur ein Zeichen völliger Ignoranz gegenüber dem Publikum auf den Stehterrassen. Außerdem gehört das „Vorspiel" einfach dazu.

Zum Erlebnis Fußball gehört mehr als nur die Ankunft in einem Stadion, der Konsum des Spiels und das Bier danach. Eine derartige Atmosphäre ist nur ein weiteres Element der vom Staat und seinen loyalen Verbänden vermittelten Kultur, ein repressives Instrument zur Schaffung konformen Verhaltens. Die sich auf den Stehrängen entwickelnde kulturoppositionelle Provinz außerhalb der institutionalisierten Räume ist dagegen eine soziale Nische, die wie alle schwer zu kontrollierenden Bewegungen schnell der Mißachtung und Stigmatisierung unterliegt.

Die Vernichtung der Stehränge als Raum für diese Bewegung ist ein weiterer Schritt im Modernisierungswahn dieser Gesellschaft. Die Individualisierungsprozesse als Folge der Zerstörung traditioneller Wohnviertel und Nachbarschaftsbeziehungen, zumeist nur eine Begleiterscheinung kommerzieller Interessen, machen auch vor dem Fußball nicht halt. Von den Funktionären nur als Hindernis auf dem Weg zum Stadion 2000 angesehen, bilden die Stehplatzkurven mit ihrem kommunikativen Element einen Platz, in dem die Rahmenbedingungen des Fußballs noch selbstinszeniert werden können und nicht nur Produkt einer umfassenden Freizeitindustrie sind.

Auch wenn es immer weniger möglich wird, eine Verbindungslinie zwischen Fans und Mannschaft bzw. Verein zu finden, auch wenn aus den Begriffen Arbeiterklasse und Vereinsloyalität inzwischen die Worte Angestellte und Egoismus geworden sind, auch wenn ein Großteil der Fans nur noch als folkloristisches Beiwerk angesehen wird, deren Unterstützung gern gesehen wird, deren Meinung aber irrelevant ist, so bedeutet doch das Herausdrängen dieser Kultur aus den Stadien die endgültige Loslösung des Fußballs von seinen Wurzeln. Das Stadion der Zukunft jedoch mit seiner Verteuerung, Kontrolle, Platzsegmentierung und Einengung ist nichts weiter als eben jene Verdrängung eines selbstinszenierten Raumes, einer eigenen Kultur.

■ Widerstand ist zwecklos?

Die klassischen Fanklubs waren und sind oft nicht in der Lage, die Entwicklungen des Fußballs mitzubestimmen, einerseits aus dem Selbstverständnis heraus, daß Vergnügen und der Kontakt untereinander die tragende Rolle des Klubs spielen, andererseits aber auch aus der Erfahrung der Macht- und Hilflosigkeit gegenüber den Interessen des Vereins heraus. Doch in den letzten Jahren wächst der Widerstand der Fangruppen, die ihren Stammverein und die Verbände nicht mehr nur als unantastbare Institution sehen, sondern sich als Teil des Gesamtereignisses Fußball verstehen und dementsprechend versuchen, Einfluß zu nehmen sowie ihre kritischen Standpunkte einzubringen und durchzusetzen. Darüber hinaus führt gerade die Auseinandersetzung um die Stehplätze dazu, daß verschiedene Fangemeinden mobilisiert werden. Der Kampf um das angestammte Territorium läßt Aktivitäten entstehen, die zumindest bei den Medien und den Vereinen Beachtung finden.

Als zu Jahresbeginn 1989 der FC St.Pauli die Öffentlichkeit mit der Meldung beglückte, daß an Stelle des altehrwürdigen Wilhelm-Koch-Stadions ein hypermoderner Sport-Dome errichtet werden soll, führte dies zu breitem Widerstand nicht nur in der Fan-Gemeinde des Vereins. Der neue Sportpalast war ein 500-Mill.-DM-Projekt und sollte neben den Spielen des Vereins anderen Sportarten Platz bieten, Squash-Halle und Fitness-Center beheimaten sowie für außersportliche Veranstaltungen zu nutzen sein. Gemeinsam mit dem angeschlossenen Hotel und der Tiefgarage sollte so ein Sport- und Freizeitzentrum, kurz, eine Erlebniswelt entstehen. Der mit Bauabschluß 1992 geplante Komplex traf mit seiner privaten Finanzierung genau den Nerv der Stadtväter in Hamburg, die umgehend die bekannten Argumente von der Standortverbesserung und der Attraktivität der Stadt hervorkramten. Auf wenig Begeisterung dagegen stieß das Projekt bei den Fans des Vereins und den Anwohnern des Stadtviertels. Nicht nur, daß der Umbau einen vorläufigen Umzug in das allseits „beliebte" Volksparkstadion bedeutet hätte oder daß der Sport-Dome trotz angekündigter Stehplätze ein völlig anderes Publikum angezogen hätte und damit die in Deutschland einmalige Fan-Struktur des Klubs zerstört hätte. Darüber hinaus hätte sich der Verein in die Hände der Investoren begeben und damit voraussichtlich sämtliche Kontrolle über den Spielbetrieb und die Finanzen verloren. Klubspezifische Gründe genug also, doch der FC St.Pauli ist als einer der letzten typischen Stadtteilvereine in höheren Klassen auch kultureller Bestandteil des Stadtteils St. Pauli, ein von der Struktur und dem sozialen Gefüge her armer und vom Kleingewerbe geprägter Bezirk, der jedoch durch die Amüsiermeile und die City-Nähe immer potentielles Zielgebiet windiger Spekulanten war. Ein Projekt wie der Sportdome hätte neben dem Verkehrsproblem weitreichende Folgen gehabt. Mietenexplosionen, Umbauten, Spekulantentum und die sich nach dem neuen Publikum ausrichtende Restaurant- und Kneipen„kultur" hätte das soziale Netz des Bezirkes nicht nur bedroht, sondern aller Voraussicht nach zerstört.

Mit Unterschriftenlisten, Flugblattaktionen, Podiumsdiskussionen und einem fünfminütigen Schweigeprotest beim Spiel gegen den Karlsruher SC machten Fans und Anwohner den Verein auf diese Situation aufmerksam. Anfang April '89 schließlich wurde das Projekt begraben. Die Äußerungen der Vereinsspitze zielten zwar auf ein Verständnis für die Probleme und Anliegen der Fans und Anwohner, viel mehr schien aber die unsichere

Finanzierung der Grund für den Rückzug gewesen zu sein. Stand der Fall St. Pauli für die Möglichkeit, durch unabhängige Fan-Arbeit, begünstigt durch die Stadtteilkonstellation und den hohen Aktivierungsgrad der Anhängerschaft, eine breite Medienöffentlichkeit zu erreichen und sich zumindest einen Teilerfolg auf die Fahne schreiben zu können, so stellt sich die Situation in Bremen völlig anders dar.

Das umgebaute Weserstadion bietet den Betrachtern einen seltsamen Anblick. Während sämtliche sitzenden Besucher sich unter einer schönen Dachkonstruktion wiederfinden, steht nur die Ostkurve und damit die Stehplatzterrasse der treuesten Anhänger weiterhin im Regen. Zwar waren auch hier Umbauten seit 1990 geplant, doch glücklicherweise fehlten der Stadt und ihrer Betreibergesellschaft die finanziellen Mittel, war doch auch für die Ostkurve ein reines Sitzplatzareal vorgesehen. So bildete sich auf Betreiben des Fan-Projektes Bremen 1991 die Projektgruppe Ostkurve, eine Gemeinschaft aus Fans, Projektlern sowie interessierten Einzelpersonen (Pädagogen, Architekten). Ihr Ziel, die Darstellung der Stehplatzkurve als soziokulturellen Ort, der durch ökonomische Maßnahmen bedroht ist, sollte seinen Abschluß finden in dem Modellbau einer Kurve, die sowohl bau- und sicherheitstechnischen Anforderungen entspricht, sich in die bisherige Stadionkonstruktion einbettet, darüber hinaus aber durch den Erhalt von Stehplätzen fanspezifischen Ansprüchen genügt.

Über die Sicherung von 6.000 Stehplätzen – einer Zahl, die den Bremer Verhältnissen gerecht wird – hinaus soll der Unterbau der Ostkurve als Fanzentrum ausgebaut werden. Büros, Versammlungsräume und Veranstaltungssaal sollen sowohl den Anhängern des Vereins, aber auch interessierten Anwohnern Raum für diverse Aktivitäten geben. (Siehe dazu ausführlicher den folgenden Beitrag in diesem Buch.)

Die vielfältigen Aktivitäten der Projektgruppe führten zwar noch nicht zu einer Realisierung dieser Pläne, aber immerhin sprechen sich Verein und Betreibergesellschaft inzwischen für den Erhalt und die Modernisierung des Stehplatzbereiches aus. Dabei macht die nonchalante Art des Bremer Managers Lemke auf Fans und Medien immer einen sehr volksnahen Eindruck, sie täuscht jedoch über die prinzipiell ökonomischen Interessen des Mannes hinweg. So scheint seine Erkenntnis vom kommunikativen Charakter der Fan-Kurve eher in Richtung einer rustikalen Version des St.-Pauli-Sport-Domes zu enden denn in einem Erhalt der Stehterrassen. Die daraus resultierende Freizeiträumlichkeit von oben (incl. Einkaufen für die Familie und Kneipen für die Fans) verspricht durch den Erlebnispark Weserstadion die finanzielle Schröpfung der Werder-Fans über den gesamten Spieltag hinweg. Soziokultureller und kommunikativer Kurvencharakter, kurz ein autonom gestalteter Raum, spielt in diesen Überlegungen keine Rolle.

Beispiele wie Bremen oder St. Pauli zeigen Aktivierungsmöglichkeiten und Erfolgschancen für die Fans. Auf Verbandsebene scheint damit jedoch wenig zu erreichen zu sein. Wie der DFB mit Nörglern umgeht, zeigte sich beim letzten Pokalendspiel. Die durch das Stadion schallenden Schmährufe der Essener Anhänger gegen den DFB aufgrund des Lizenzentzuges für den Verein wurden schlicht durch Musikeinblendungen während des Spiels übertönt, und auch die Medienvertreter schienen an diesem Tage die Direktive „Weghören" eingetrichtert bekommen zu haben.

Fanaktivität muß sich vornehmlich auf die Vereine und die Benutzung der Medien ausrichten. Bundesweite Protestaktionen wie im Frühjahr 1991, Unterschriftenlisten, Transparente und Sprechchöre können nur in entsprechendem Umfang und steter Wiederholung zur Öffentlichkeitswirksamkeit führen. Erfolge jedoch scheinen zunehmend von den jeweiligen Vereinsführungen und der traditionellen Bedeutung der Fans abzuhängen. Farblose Großvereine wie Bayern München oder der VFB Stuttgart lassen sich als Ansprechpartner kaum gewinnen, ganz im Gegenteil zu Klubs wie Kaiserslautern oder Dortmund. So ließen die Umbauarbeiten im Gottlieb-Daimler-Stadion zur Leichtathletik-WM '93 den Stuttgarter Zuschauern noch 6.000 auf das Stadion verteilte Stehplätze übrig. Von einem Besuch des Gästeblocks kann getrost abgeraten werden; hier hat das Nationale Konzept schon gegriffen, die Plexiglasummantelung läßt auf den unteren Plätzen des 800-Personen-Gefängnisses nur nebulöse Blicke auf das Spielfeld zu. Die im Vergleich zu den Schwaben recht progressive Vereinsführung der Borussia in Dortmund scheint dagegen noch nicht geneigt, ihrer Südkurve das Sitzen zu verschreiben. Auch die bereits umgewandelte Nordkurve soll in Zukunft wieder das Stehen ermöglichen.

Das vereinseigene Stadion des 1. FC Kaiserslautern weist nach dem Umbau noch ca. 20.000 der bisherigen 30.000 Stehplätze auf. Wenn auch der größte Teil in naher Zukunft ein je nach Wettbewerb umzurüstender kombinierter Sitz/Stehplatzbereich werden soll (1.500 Plätze in der Saison 94/95), so läßt sich jedoch von Fanseite noch mit diesem Kompromiß leben.

Doch wie lange noch? Kann es sich ein Verein wie Dortmund oder Kaiserslautern leisten, bei Ablauf des UEFA-Ultimatums noch über Stehplätze zu verfügen? Oder bildet sich eine neue Zwei-Klassengesellschaft heraus: der stehende Fan in der Liga, der sitzende im Europapokal und bei Länderspielen?

Können es die Fans über die Vereine erreichen, den Betonköpfen in Frankfurt klarzumachen, daß der DFB noch immer einer der mächtigsten Verbände der Welt ist, der seinen Einfluß bei den internationalen Verbänden geltend machen kann? Derartige Hoffnungen scheinen denn doch utopisch zu sein. Die Richtung der gesellschaftlichen Entwicklung deutet auf einen anderen Weg: die völlige Vereinnahmung des Fußballs durch die Wirtschaft in allen Bereichen.

Der zwar wachsende, aber noch immer kleine Haufen Fans, der sich im „Bündnis antifaschistischer Fußballfaninitiativen" (B.A.F.F.) zusammengetan hat, um sich dieser Entwicklung zu stellen, kämpft gegen die Macht des Geldes und die Automatismen der kapitalistischen Gesellschaft. Darüber hinaus jedoch hat er es mit einer Fanmasse zu tun, die von großer Indifferenz und Lethargie erfaßt zu sein scheint und nicht einmal merkt, wie ihr der Boden unter den Füßen weggezogen wird. Darüber kann auch die wachsende Zahl der Fanzines nicht hinwegtäuschen, denn sie repräsentieren nur den kleinen Kreis der AktivistInnen, die jedoch die Möglichkeit besitzen, einen großen Kreis ihrer LeserInnen für ihre Sache zu interessieren und zu mobilisieren.

Die Saison 1994/95 sollte, so wurde auf dem B.A.F.F.-Kongreß entschieden, zum Jahr des Stehplatzes werden, vielleicht schon der letzte Versuch, dieses Relikt einer scheinbar vergangenen Epoche zu erhalten. Artenschutzabkommen versus Funktionärsdenken, der ungleiche Kampf scheint bei den Entwicklungen im internationalen Fußball schon verloren zu sein.

Solange es jedoch Fans gibt, die den Enthusiasmus und die Kreativität besitzen, in selbst geschaffenen Zusammenhängen etwas bewegen zu wollen, und solange es Vereine wie Kaiserslautern, Dortmund, 1860 oder St.Pauli gibt, die ihren Fans noch den letzten Rest Respekt zollen, der ihnen zusteht, solange besteht noch die Hoffnung auf den Erhalt einiger Stehplatzinseln. Auch viele Sitzplatzbesucher plädieren für den Erhalt der Stehplätze, die ihnen den optischen und akustischen Background liefern, der das Spiel zum Erlebnis macht.

Franprojekt Bremen e.V.

Das Modell Ost-Kurve

oder: Sitzen ist für'n Arsch

Ziel unserer Initiative ist es, im Bremer Weserstadion Stehplatzbereiche zu erhalten und in den Modernisierungsprozeß des Fußballstadions einzubeziehen. Es sollen nicht – gleichsam rückwärtsgewandt – Stehplatzverhältnisse vergangener Jahre (sozial-romantisch) „wiederbelebt", sondern diese Stehplätze weiterentwickelt werden. Sie sollen Teil der Modernisierung und nicht ungeschützte, zugige, zaunstrotzende „Schmuddelecken für Schmuddelkinder" sein. Der gesamte Komplex der Einmischung in die Gestaltung der Bremer Ost-Kurve ist detailliert und mit allen Facetten zusammengefaßt und veröffentlicht worden in einer Dokumentation gleichen Titels. Wenngleich sich das Gesamtvorhaben erst beim Lesen dieser Dokumentation als Ganzes erschließt, sollen hier beispielhaft einige Komplexe und Aspekte dargestellt werden. Zudem sind Aktualisierungen seit Erscheinen der Dokumentation im Juni 1993 vorgenommen worden.

■ Wie alles anfing

Zur Jahreswende 1989/90 war es dem Fan-Projekt Bremen e.V. erstmals möglich, finanziell abgesichert und damit kontinuierlich zu arbeiten. Fast parallel dazu fiel die politische Entscheidung zum Umbau der Süd-Tribüne des Bremer Weserstadions. Diesen Hintergrund nutzten wir, um erstmals ein Zeichen zu setzen, uns in den Planungsprozeß des anschließend vorgesehenen Ost-Kurve-Neubaus einmischen zu wollen. In einem Offenen Brief wurde auf die erwähnte Umbauentscheidung der Süd-Tribüne (Haupttribüne) eingegangen und das Weserstadion als Ort verschiedenster Zuschauerkulturen sowie die zukünftige Ost-Kurve als *Stehplatzkurve* angemahnt.

Zum Wochenenderlebnis des „einfachen Mannes" sich entwickelnd, ist das Fußball-Spiel als historisch gewachsener Massen- und Zuschauersport immer weniger denkbar ohne eine das Mannschaftsspiel begleitende Zuschauermenge. Da der Bundesliga-Fußball gleichfalls mehr und mehr zu einem ökonomischen Faktor geworden ist, gilt es hier, diese ökonomische Logik mit der sozialen ins Verhältnis zu setzen. Auch durch die Verdrängung des Stehplatzpublikums insbesondere in den vergangenen ca. 30 Jahren sind die stehenden Fans der Kurve in den vergangenen Jahren ins fußballkulturelle Abseits geraten, was die begonnenen eigendynamischen Verhältnisse im Fan-Bereich verstärkt hat. Diese haben entscheidend dazu beigetragen, daß man die Fan-Kurve als jugendlichen und sozialen Erlebnisraum verstehen muß, der von diesen erobert und „besetzt" wird.

Neben allen vielleicht problematischen Facetten hat die Bremer Ost-Kurve in der Entwicklung für die Jugendlichen einen „Wert an sich" gewonnen, der diese wiederum für den „Nachwuchs" attraktiv macht. Die von hier maßgeblich ausgehende Atmosphäre im Fußballstadion ist als der Rest der fußballspezifischen Unterstützungsrituale zu verstehen, die ehemals vom gesamten Stadion geleistet wurden. Der Öffentlichkeit, den Medien und Vereinsvertretern sowie den Spielern springt diese besondere Atmosphäre ins Auge, wenn man über die Fan-Kurve spricht. Daß, auch wegen der getroffenen bzw. nicht getroffenen Umbauentscheidungen in der Vergangenheit, die Stimmung in der Ost-Kurve vergleichsweise schlecht ist, wird dem aufmerksamen Beobachter nicht verborgen geblieben sein. Will man den Bundesliga-Fußball nicht „sterilisieren" und zumindest im Rahmen der mittelklassigen Liga-Begegnungen „entvitalisieren", so muß (mindestens) versucht werden, diese „Restgröße" zu erhalten.

Der aktuell so beklagte Hooliganismus hat *eine* seiner Wurzeln in der Enttäuschung, durch Verein und Spieler zwar als Stimmungsmacher wahr-, aber nicht ernstgenommen zu werden. Somit haben sich viele dieser Jugendlichen „innerlich" vom Verein getrennt, woraus – bundesweit – die Hooligan-Szene entstanden ist. Im Laufe der Jahre hat diese eine recht große Attraktivität auch für jüngere und auch für nicht aus dem Fußball-Zusammenhang kommende Jugendliche erlangt. Diese Attraktivität scheint größer zu sein als das, was die Fan-Kurve real und sozial „ausstrahlt". Durch die Stützung bzw. den Aufbau des „Erlebnisraumes Ost-Kurve" kann ein konkreter Beitrag geleistet werden, das „Abwandern" aus der Kurve in die Hooligan-Szene „auszutrocknen". So kann fußballkulturell und jugendpolitisch ein „Klimawechsel" im Fußballzusammenhang erreicht werden.

Obwohl der SV Werder Bremen nicht Eigner des Weserstadions ist, stellt er mit seinem Spielbetrieb in Bundesliga und Europa-Cup den Hauptnutzer dar.

Im Jahr 1991 wurde deutlich, daß die Ost-Kurve in neue ökonomische Konzepte des SV Werder Bremen eingebunden werden soll. Andererseits gibt es Vorstellungen und Wünsche, einen Stehplatzkomplex im Weserstadion zu erhalten.

Um diesen Stehplatzkomplex in der Ost-Kurve vor ökonomischen Vereinnahmungen zu „retten", mußte ein Konzept erarbeitet werden, das den sozialen und fan-kulturellen Stellenwert auch für Werder einsehbar und wichtig macht, so daß die ökomischen Überlegungen dieses Bereiches ernsthaft ins Verhältnis gesetzt werden.

Äußerungen aus dem politischen Raum und der Betreibergesellschaft des Weserstadions im Jahr 1990 war zu entnehmen, daß die Stadt Bremen als Eigner des Weserstadions eine Sitzplatzkurve bauen will. Daß die Kommune als Besitzer des Stadions auch soziale und kulturelle Aspekte miteinzubeziehen hat, scheint bis heute unterbelichtet zu sein.

■ Entstehung des Stehplatzkonzepts Ost-Kurve

Um das sozial-kulturelle Stehplatzkonzept der Werder-Fans in den – damals erst in Anfängen entwickelten – Diskussions- und Gestaltungsprozeß einbringen zu können, wollten und mußten wir neue Wege beschreiten. Wenn möglich, so sollten mit Hilfe von Kulturpädagogen diese Fan-Vorstellungen in ein anschauliches Architektur-Modell umgesetzt werden.

Durch eine öffentliche Veranstaltung bildete sich die „Projektgruppe Ost-Kurve"/„Sitzen ist für'n Arsch" heraus, in der insbesondere Werder-Fans, Kulturpädagogen des Kulturzentrums Schlachthof, ein Architekt sowie Mitarbeiter des Fan-Projekts am Vorhaben arbeiteten.

Hieraus entstand im Laufe der folgenden Wochen ein im Maßstab von 1:50 und aus Cappa-Line bestehendes raumgreifendes „Modell Ost-Kurve", mit dem die Vorstellungen anschaulich dargestellt werden konnten.

Bei der Zusammensetzung der Ostkurvengruppe konnte erreicht werden, daß Jugendliche verschiedener Fankulturen in ihr vertreten waren. Dies hatte zur Folge, daß die Mitarbeiter der Gruppe zur Zeit die Spiele des SV Werder von verschiedenen Standorten der Ostkurve verfolgten. Innerhalb der alle 14 Tage montags stattfindenden Diskussion über die Wünsche, die bei einem Neubau der Ostkurve aus Sicht der Fans zu berücksichtigen seien, zeigte sich sehr bald, daß sich aus den unterschiedlichen Erfahrungen im Stadion differenzierte Wahrnehmungsgewohnheiten entwickelt hatten. Besonders deutlich wurde dies bei der Diskussion über die architektonische Gestaltung des Neubaus. Einig waren sich alle Beteiligten in ihrer Forderung nach einem mächtigen Stehplatzblock auch nach dem Umbau der Kurve, wobei Diskussionen über genaue Kapazitäten zu Beginn der Projektarbeit noch nicht geführt wurden. Eine Kontroverse entzündete sich an der Frage, ob die im bereits umgebauten Teil des Weserstadions vorgegebene Struktur der Zweiterrassigkeit (Unterrang und Balkon) auch für die Ostkurve übernommen werden sollte. Für diese Form, die baulich den direkten Anschluß an die Nord- bzw. Südtribüne ermöglicht hätte, sprachen sich vor allem diejenigen Fans aus, die auch heute ihren Standort im unteren Teil der Ostkurve haben. Nach diesem Plan sollte der Unterrang für Stehplätze, der Oberrang dem Sitzplatzpublikum vorbehalten werden. Weiterer Vorteil dieser Lösung wäre die gute Akustik im Unterrang, da der Balkon des Oberrangs sozusagen als Dach über dem Stehplatzbereich fungieren würde. Des weiteren wurde die Nähe zum Spielfeld und damit verbunden die Nähe zur Mannschaft nach Spielschluß betont. Bei dieser Lösung ist allerdings darauf zu achten, daß durch eine entsprechende Stufenhöhe eine perspektivische Sicht auf das Spielfeld möglich und ein baldmögliches Überschauen des Zauns gegeben sein muß. Die Fehler beim Bau der Westkurve sollten daher ausgeschlossen bleiben.

Für ein Abweichen von der bisherigen Bauweise im Bereich der Ostkurve sprach als wichtigstes Argument der Steigungsgrad bei einem durchgehenden Tribünenbereich von der Laufbahn bis unter das Stadiondach. Dieser veränderte Winkel ermöglicht einen perspektivischen Blick auf das Spielfeld bereits auf den untersten Stehplatzstufen. Zudem sei bei dieser Lösung der Begrenzungszaun nach wenigen Stufen zu überblicken, so daß er keine Sichtbehinderung mehr darstellen würde. Des weiteren wurde betont, daß ein durchgehender Bereich vom Zaun bis unters Dach akustisch eine weitaus größere Wirkung erzielen würde als ein Fan-Block, der sich lediglich im unteren Kurvenbereich entlang des Zauns erstrecken würde.

Zu diesem Zeitpunkt standen sich in der Diskussion zwei Alternativmodelle gegenüber, die eine Einigung scheinbar unmöglich machten. Einige Wochen der Auseinandersetzung in der Projektgruppe mit sich ständig verhärtenden Fronten waren die Folge. Die Situation schien aussichtslos, zumal deutlich wurde, daß der Zusammenschluß der unterschiedlichen Fan-Gruppen in der Arbeitsgruppe nicht ohne Probleme blieb.

Um die personelle Basis der Beteiligten zu erweitern, wurden im Rahmen einer Dachverbandssitzung die Abgeordneten der im Dachverband zusammengeschlossenen Fan-Klubs an das Modell geladen. Bei diesem Treffen wurde ein Kompromiß gefunden, der sich in den weiteren Gesprächen als tragfähig erwies. In der sogenannten „L-Lösung" sind die Vorteile der bisher alternativ diskutierten Vorschläge miteinander verbunden. Von den im übrigen Stadion vorgegebenen zwei Etagen wird in der Ostkurve abgewichen. Um eine größere Steigung der Stehplätze zu erreichen, werden die Stufen vom unteren Begrenzungszaun bis unter das Stadiondach ohne Unterbrechung durch einen Balkon gebaut. Die architektonische Einbindung in die optische Gesamtgestaltung erfolgt durch einen Mittelgang in

Höhe des Balkonabschlusses der Nord- und Südtribüne. Während im ersten Drittel der Kurve von der Laufbahn bis zum Dach Stehplätze ausgewiesen werden sollen, sind im Oberrang des verbleibenden Teils Sitzplätze vorgesehen. Diese Sitzplätze sind vor allem für diejenigen Fans und Zuschauer interessant, denen der enge Kontakte zum Fan-Block wichtig ist, die aber trotzdem einen Sitzplatz in Anspruch nehmen wollen. Der gesamte Unterrang soll für Stehplatzbesucher ausgewiesen werden. Durch diesen Kompromiß werden folgende Vorteile miteinander verbunden: hoher Steigungsgrad der Stehplätze mit entsprechendem Sehkomfort (Perspektive), großer Nähe zum Spielfeld und direktem Kontakt zur Mannschaft durch ausreichende Stehplätze im Unterrang sowie einer „Verzahnung" mit dem Sitzplatzbereich der Ostkurve.

In den weiteren Sitzungen der Ostkurvengruppe unterstützten alle Beteiligten diese Lösung, die anschließend von der Modellbaugruppe auf das Modell umgesetzt wurde.

■ Überlegungen zum Ausbau eines Fan-Zentrums im Innern der Kurve

Bereits zu Beginn der Arbeit der Projektgruppe wurde deutlich, daß der Erhalt ausreichender Stehplatzkapazitäten nur einen Teil der Gesamtkonzeption eines jugendgerechten Umbaus der Ostkurve ausmachen würde. Die zweite, elementare Voraussetzung zur Schaffung eines „Erlebnisraums Fußballstadion" stellt die Verbindung dieses Stehplatzbereichs mit entsprechenden Innenräumlichkeiten im Bauch der Stadionkurve dar. Der direkte Zugang zu Treffpunkten unterhalb der Stehplatzkurve erweitert das bisherige Erlebnis des gemeinsamen Agierens auf der Tribüne um den sozialen Aspekt der Geselligkeit. Gerade in Zeiten, in denen eine zunehmende Vereinzelung und Bindungslosigkeit durch eine Auflösung traditioneller Gesellungsformen zu beobachten ist, gewinnt die Schaffung von Räumlichkeiten für die jugendlichen Stadionbesucher eine zunehmende Bedeutung. Durch möglichst unreglementierte Nutzungsmöglichkeit wird eine Aneignung durch die Besucher gefördert und ein Gegenpol zum weiteren Auseinanderdriften verschiedener im Stadion beheimateter Jugendgruppen geschaffen, dies nicht zuletzt auch im Sinne einer langfristigen Gewaltprävention.

Dieses Zentrum im Bauch der Ostkurve ist als bedeutender Teil einer Gesamtkonzeption zu verstehen, die die bisherigen ordnungspolitischen Überlegungen zur Sicherheit bei Sportveranstaltungen um die sozialpolitische Dimension zu erweitern sucht. Ein Begegnungsort für Jugendliche im Stadion soll zu einem allgemeinen Klimawechsel im Umfeld der Spiele des Profifußballs beitragen, in dem Sinne, daß der Erlebnisgehalt eines Stadionbesuchs insgesamt erhöht und der Attraktivität gewalttätiger Auseinandersetzungen produktive Alternativen entgegengestellt werden können.

Um den vielfältigen Begegnungsbedürfnissen gerade der jugendlichen Fans genügend Freiraum bieten zu können, ist der direkte Zugang von den Stehtribünen der Ostkurve in das Zentrum unabdingbare Voraussetzung. In diesem Zusammenhang wurde in der Projektgruppe der Begriff vom „Stehen auf dem eigenen Dach" geprägt, d.h. die Stehplatztribüne bildet das Dach des darunterliegenden „Zentrums". Beide Teile sind als Einheit zu begreifen. Für eine Nutzung der Räumlichkeiten, unabhängig von den Heimspielen des SV Werder bedarf es zudem eines Zugangs von außen, ähnlich der Geschäftsstelle des Vereins und des Sporttherapiezentrums im Innern der Westkurve.

Bei der Raumaufteilung ist sowohl das Bedürfnis nach größeren Geselligkeiten als auch der Wunsch nach Kleingruppenaktivitäten (Fan-Klub-Sitzungen, Besprechungen, Veranstaltungen des Fan-Projekts) zu berücksichtigen. Dies bedeutet, daß ein großer Saal mit Getränkeausschank, Bühne und entsprechender technischer Ausstattung den Kern des Zentrums bilden soll. Darüberhinaus sind Gruppenräume, Fotolabor, Kiosk und multifunktionale Kleinräume vorgesehen, die eine vielfältige Nutzung des Zentrums eröffnen. Es erscheint der Projektgruppe weiterhin sinnvoll, die Büroräume des Fan-Projekts in diesem Teil des Weserstadions unterzubringen.

Es wurde in den Diskussionen schnell Einigkeit darüber erzielt, die Räume auch anderen Nutzergruppen zu öffnen. Hier ist vor allem an die Bewohner des Stadtteils Peterswerder, die bislang eher die unangenehmen Begleiterscheinungen der Großereignisse im Weserstadion zu ertragen haben, und an die Nutzer der diversen Sportplätze im Jürgensland gedacht. Stadtteilfeste, Fußballerfeten, Beiratssitzungen, Treffen von Projekt- und Initiativgruppen sind nur ein Ausschnitt aus einer Vielzahl möglicher Interessenten.

Bei der Diskussion um die konkrete Umsetzung der Idee eines Kommunikations- und Kulturzentrums in der Ostkurve konnten zum gegenwärtigen Zeitpunkt der Planung viele Details und Fragen lediglich angerissen werden. Dies gilt insbesondere für mögliche Trägermodelle, Fragen der Finanzierung des Zentrums und der Bewirtschaftung, rechtliche Fragen etc. Sollte sich eine Realisierung dieser Idee abzeichnen, müßte auch die Gründung eines Trägervereins ins Auge gefaßt werden.

■ Am Ende des Diskussionsprozesses: Das Ost-Kurven-Konzept

Im Laufe der folgenden Monate schälten sich verschiedene konzeptionelle Grundsätze heraus.

Ein ausreichender und offener Stehplatzbereich für Jung und Alt ist zu erhalten,
weil die jugendlichen Fans das Spiel gemeinsam mit Freunden und stehend erleben wollen. Ihnen geht es neben dem Spielbesuch darum, in der Ost-Kurve weiter entfernt stehende Freunde und Bekannte zu treffen und zu erleben, sowie darum, neue Menschen kennenzulernen. Nur so ist es für sie möglich, fan- und jugendgemäß gemeinsam und sich umarmend Siege zu feiern, tröstend Niederlagen zu erleiden. Nur so kann springend, singend und anfeuernd die Mannschaft unterstützt, der „Gegner" verunsichert, die drohende Niederlage verhindert, der Sieg herbeigeschrieen werden. Nur so kann der Fan-Bereich die Fahnen präsentieren, Konfetti werfen, die Stimmung entfachen, kurz: zum zwölften Mann werden.

Dieser gute Sicht bietende Stehplatzbereich ist so zu gestalten, daß auch der erwachsene Stehplatzbesucher sich diesem Bereich zuordnen kann.

Durch eine vom Fan-Projekt durchgeführte Befragung bei den Erwachsenen ist deutlich geworden, daß es auch hier ein großes Interesse am Stehplatz gibt. Ein Bereich, der zum exotischen Fan-Block „verkommt", kann nicht das Ziel übergeordneter und weitreichender Planung sein. Langfristige „Wanderungsbewegungen" sind auf diese Weise möglich: An der Hand des im erwachsenen Bereich der Ost-Kurve stehenden Vaters kommt das Kind ins Stadion, älter werdend gesellt es sich zu den Jugendlichen im anfeuernden Block, um sich später zu den Erwachsenen zurückzuziehen, den Bereich, den sein Vater inzwischen in Richtung Sitzplatz in der Ost-Kurve verlassen hat. Auf diese Weise können Alt und Jung beim gemeinsamen Fußball-Schauen sich begegnen, sich streiten, voneinander lernen, kurz: Selbstregulierung und Selbstverantwortung lernen und praktizieren.

Dieser Stehplatzbereich ist sozial verträglich zu gestalten und mit einem Sitzplatzbereich zu verbinden.

Das von verschiedenen Verantwortlichen aus Sport und Ordnungspolitik nach wie vor favorisierte Konzept „Sitzplatzstadion" stellt die rigideste Form ordnungspolitischer Vorstellungen dar. Die Möglichkeiten des gemeinsamen „Erlebnis Fußball" von Jung und Alt – wie beschrieben – wäre nicht möglich, wenn die Kurve durch „Käfige" segmentiert wäre. Wie im „Nationalen Konzept Sport und Sicherheit" (NKSS) vorgesehen, würden die wenigen (übergangsweise) noch vorgesehenen Stehplätze zum „Sicherheitsrisiko Nr. 1", kurz: Fußball würde zu einer bedrückenden und in unfreundlicher Atmosphäre stattfindenden Massenveranstaltung.

Der Stehplatzbereich ist in jugend- und zuschauerspezifischer Entsprechung der VIP-Räumlichkeiten zu verbinden mit Innenräumlichkeiten.

Dem weniger tragfähig gewordenen „Erlebnisraum Kurve" ist eine neue und angemessene Qualität hinzuzufügen. Die sich dann daraus ergebenden Möglichkeiten der Begegnung verschiedenster Schichten und Altersgruppen stellen gleichfalls ein soziales Konzept zur Gewaltminderung gegen das ordnungspolitisch gewollte Sitzplatzstadion dar. Das weiterhin Neue daran ist die Öffnung dieser Räumlichkeiten auch in der Woche und für

(„fußballfremde") Interessierte aus dem Stadtteil, der Stadt, dem Sport, dem Beirat, den Parteien, den Vereinen, den Nachbarschaftsgruppen, kurz: Entstehung eines weit über den Fußball hinausreichenden kulturellen Zentrums.

■ Öffentliche Vorstellung des „Modells Ost-Kurve"

Die „Projektgruppe Ost-Kurve"/„Sitzen ist für'n Arsch" unternahm – vor allem während des Wahlkampfes zur Bürgerschaft 1991 – große Anstrengungen, das Modell der Öffentlichkeit zu präsentieren. Informiert wurden u.a. die Medien, die Vereinsführung, der damalige Sportsenator, die Senatorin für Jugend und Soziales, der Innensenator, der Landesjugendring und die Bürgerschaftsfraktionen von SPD und Grünen. Wurde von diesen Parteien vor der Wahl Zustimmung signalisiert, so änderte sich dies nach der Bildung der „Ampel-Koalition". In deren Vereinbarungen von Ende 1991 hieß es: „Die Ost-Kurve ist gegenwärtig finanzpolitisch nicht darstellbar."

An dieser Position hat sich bis Anfang 1995 nichts geändert, obwohl die Arbeit der Projektgruppe weitergeführt wurde. So fand beispielsweise am 25.2.93 in der bremischen Bürgerschaft ein von den Bürgerschaftsfraktionen mitgetragenes Symposium mit den politisch Verantwortlichen der Stadt, Fachleuten und Fans unter Regie des Fan-Projekts statt. Diese Veranstaltung endete nach kontroverser, aber auch konstruktiver Diskussion mit der politischen Empfehlung, eine überparteiliche, fachübergreifende und mit Werder-Fans bestehende Arbeits- und Planungsgruppe einzurichten. Diese Arbeitsgruppe ist aufgrund der Weigerung des Sportsenators und der Betreibergesellschaft Weserstadion nicht zustande gekommen.

Im Verlauf des Jahres 1994 verdichteten sich Hinweise darauf, daß der SV Werder Bremen an der Übernahme des Stadions aus städtischem Eigentum interessiert sei. Die Projektgruppe wurde daraufhin in Richtung Werder Bremen aktiv mit der Bitte, an den inhaltlichen Planungen eines möglichen Umbaus der Ost-Kurve durch den Verein beteiligt zu werden. So erörterten am 26.9.94 Werders Vize-Präsident Fischer und Stadionarchitekt Hundsdörfer mit der Projektgruppe Vorstellungen einer zukünftigen Ost-Kurve. Hierbei wurden Unterschiede, aber auch Gemeinsamkeiten in den Vorstellungen deutlich. Einigkeit herrschte bei allen Beteiligten, einen Konsens erzielen zu wollen.

Eine endgültige Beurteilung der Chancen der Realisierung dieser Pläne ist zum gegenwärtigen Zeitpunkt schwer möglich. Fischer sicherte der Projektgruppe jedenfalls zu, im Falle einer Stadionübernahme durch Werder diese an den weiteren Planungen zu beteiligen.

Mitte Februar 1995 bahnten sich ein Bruch des bremischen Ampel-Senats und damit verbunden vorzeitige Neuwahlen an. Wie sich eine neue Regierung zur Übernahme der „Modells Ost-Kurve" bzw. zur Übernahme des Weserstadions durch Werder Bremen verhält, ist politisch schwer einzuschätzen.

■ Fans werden auf verschiedenen Ebenen aktiv

Im Frühjahr 1991 entwickelte sich bei einigen älteren Werder-Fans die Idee, die doch recht isoliert voneinander existierenden Fan-Klubs zu einem Dachverband zusammenzuschließen. Am 6.4.1991 wurde schließlich von vier Fan-Klubs der „Dachverband Bremer Fan-Klubs" als eigenständiges Vertretungsorgan der Werder-Fans offiziell gegründet und erfährt seit dieser Zeit einen zunehmenden Zuspruch innerhalb der Fan-Szene des Weserstadions.

Seit der Gründung des Dachverbands existiert eine intensive Kooperation mit der Arbeit des Fan-Projekts. Daher war es nur naheliegend, daß diese engen Kontakte auch zwischen der Projektgruppe Ostkurve und dem Dachverband sich entwickelten. Ergebnis dieser Kooperation waren u.a. einige durch den Dachverband initiierte Aktionen der Fan-Szene zur Unterstützung der Forderungen der „Projektgruppe Ostkurve". Hier sind besonders die Räumung des Fan-Blocks anläßlich des Heimspiels gegen den VFB Stuttgart am 14.8.91 sowie eine Unterschriftenaktion mit Übergabe an die Verantwortlichen am 30.8.91 (Bundesliga-Spiel Werder Bremen gegen MSV Duisburg) zu nennen.

Die folgenden Interviews mit drei Gründungsmitgliedern des Dachverbands sollen einen Einblick in die Ziele seiner Arbeit sowie eine Darstellung der flankierenden Aktionen der Fan-Szene vermitteln.

Frage: Wie ist die Idee zur Gründung des Dachverbands Bremer Fan-Klubs entstanden?

Björn: Der Dachverband hat sich gegründet, um die Fan-Klubs zunächst einmal näher zusammenzubringen und Forderungen gegenüber dem Verein zu konkretisieren und mehr auf einen Punkt zu bringen.

Thomas: Wir hatten uns gedacht, weil in den letzten Jahren in Bremen nichts recht zusammengelaufen ist, daß die Fan-Klubs sich zusammenschließen, um gemeinsame Aktivitäten, Busfahrten und so zu organisieren. Dann haben wir also einfach mal versucht, Fan-Klubs, die man offen sehen konnte, anzusprechen, also die, die sich durch Abzeichen und so weiter kenntlich gemacht haben, und die, die man sonst so kannte, und dann haben wir uns einfach mal getroffen und den Dachverband gegründet. Das war im Frühjahr 1991.

Bernd: Des weiteren war es wichtig, eine zentrale Anlaufstelle zu haben für den Verein, für das Fan-Projekt und eben halt auch für die Fans selbst, siehe Kartenfrage, Pokalendspiel etc. ..., daß da nicht jeder einzelne bei Werder die Türen einrennt...

Zur Zeit sind im Dachverband aktiv 15 Fan-Klubs, wobei ein, zwei Fan-Klubs ein bißchen wackelig sind, wo man nicht genau weiß, ob sie noch weiterbestehen, aber ich würde sagen zur Zeit sind wir 15 Fan-Klubs mit ca. 300 Fans als Mitglieder.

Frage: Wie war der Dachverband über die Aktivitäten der Projektgruppe Ostkurve informiert?

Thomas: Es ist also so gewesen, daß einige Dachverbandsmitglieder praktisch in der Ostkurvengruppe mitgearbeitet haben, weil das Interesse eben groß ist, und dadurch konnte man auch gut den Dachverband informieren. Des weiteren gab es natürlich enge Kontakte zum Fan-Projekt. Und dadurch, daß wir den Dachverband auch gemacht haben, um enger mit dem Verein zusammenzuarbeiten, haben wir da natürlich auch versucht, denen ein paar Informationen aus der Nase zu kitzeln, was aber immer etwas schwierig war, weil die ja auch nie so richtig mit ihren Plänen rübergekommen sind...

Frage: Welche Aktivitäten hat der Dachverband zur Unterstützung der Forderung zum Erhalt der Stehplätze in der Ostkurve entfaltet?

Bernd: Wir haben uns überlegt, erstens die Projektgruppe „Sitzen ist für'n Arsch" zu unterstützen. Und zweitens auch den Forderungen der Fans selbst, die weder im Dachverband noch in der Projektgruppe sind, noch einmal Nachdruck zu verleihen.

Björn: Es besteht natürlich die Möglichkeit, durch Aktionen im Stadion, wie der Blockräumung, Symbole zu setzen, um die Einigkeit der Fans zu unterstreichen und eben nicht nur dieses Modell zu haben.

Bernd: Das haben wir dann beim Spiel gegen den VFB Stuttgart auch gemacht, und zwar nach dem Anpfiff eine Viertelstunde lang.

Wir haben uns zunächst zusammengesetzt und diskutiert, ob das überhaupt möglich ist, wobei natürlich einige Leute zunächst recht pessimistisch waren, u.a. auch ich ... Ich war dann selbst überrascht, daß das dann so angenehm gelaufen ist. Es haben sich Leute bereiterklärt, den Bereich des Blocks abzusperren und zwar mit rot-weißem Absperrband. Es haben mehrere Fans geholfen, diejenigen Fans, die in den Block hineinstürmen wollten, in Diskussionen über die Aktion zu verwickeln, damit es keinen Ärger und keinen Streß gibt. Ich muß sagen, die Leute haben alle sehr gut zur Stange gehalten und haben auch begriffen, daß es auch in ihrem Sinne ist, was wir da machen. Nicht, daß wir das tun, um die Leute vom Spiel abzuhalten... Die Leute waren alle sehr diszipliniert, und es war ja auch zu sehen, daß im Oberrang niemand war.

Björn: Mit einigen Fan-Klubs haben wir dann drei oder vier Transparente gemacht. Mit den Parolen haben wir dann eine neue Ostkurve gefordert. Vor allem aber die Ostkurve so, wie wir sie haben wollen! Auf dem einen Transparent stand drauf: „Keine Stehplätze – Keine Fans – Keine Stimmung", denn es ist ja ganz klar, daß das Stehplatzpublikum die Stimmung im Stadion hervorbringt und nicht das „Tennis – Publikum" auf den Sitzplätzen. Dann hatten wir ein Spruchband: „Sitzen ist für'n Arsch", was das eben auch noch mal unterstützt, und noch „VIP's ihre Logen – uns unsere Stehplätze". Das sind die drei, die mir jetzt einfallen...

Bernd: Das Nächste war dann, daß wir dem Senat zeigen wollten, daß da nicht nur 20 oder 30 Leute aus der Projektgruppe die neue Kurve wollen.

Thomas: Ja, und dann sind wir also rumgegangen und haben erstmal die Leute in der Ostkurve angehauen, also nicht nur die Fans, sondern auch den Rentner und den Arzt, der da so rumsteht. Und dann haben wir ja auch um die tausend Unterschriften zusammengekriegt.

Bernd: Wir haben angefangen zu sammeln bei dem Pokalspiel der Amateure des SV Werder gegen den VFB Stuttgart. Gesammelt haben alle im Dachverband zusammengeschlossenen Fan-Klubs. Bei dem Pokalspiel haben die Amateure des SV Werder unterschrieben, das Präsidium des SV Werder, Christoph Daum, Dieter Hoeness, um nur einige zu nennen.

Björn: Wir haben also eine neue Ostkurve gefordert mit Hilfe dieser Unterschriften, so wie wir sie haben wollen mit ausreichend Stehplätzen und möglichst nach dem „Projekt Ostkurve", nach diesem Modell, weil uns das eben ganz toll gefällt...

Thomas: Die Unterschriften haben wir dann auch feierlich übergeben, pressewirksam und all' sowas, und das wurde dann auch in Bild und Ton festgehalten.

Bernd: Zur Übergabe der Unterschriften haben wir den Bremer Senat, den SV Werder und den Herrn Hoffmann von der Betreibergesellschaft eingeladen. Überreicht wurden die Unterschriften dann im Stadion anläßlich eines Bundesligaspiels dem Herrn Hoffmann und dem Herrn Lemke.

Frage: Wie schätzt Du die gegenwärtige Situation ein?

Björn: Ja, als wir die Unterschriften übergeben haben, hat der Willi Lemke wieder die größten Sprüche gerissen, weil das natürlich wieder vor der Kamera war: „Wir wollen das so schnell wie möglich und pi pa po..." Ich bin der Meinung, daß da Werder nicht genügend Druck macht. Natürlich können sie diesmal nicht die Millionen reinbuttern, wie sie das nach dem Verkauf von Riedle oder Völler konnten, also in die West- bzw. Südkurve. Im Moment fehlen also ein bißchen die Millionen, geht Werder also auch ein bißchen die Machtpotenz flöten ... Vielleicht verkaufen sie ja Herzog bald für die neue Ostkurve...

Übergabe von 1.000 Unterschriften für die Modernisierung der Stehplätze in der Ostkurve des Weserstadions.

Also, bei der Blockräumung haben auch ältere Leute vollstes Verständnis gehabt, weil die ja auch in dem oberen Teil der Ostkurve stehen. Die haben sich dann entweder draußen am Bierstand aufgehalten oder haben sich solange nach unten gestellt, weil sie ja doch das Spiel sehen wollten. Vielen Kleineren mußte man das doch etwas intensiver erzählen, weil die eben noch nicht so die Weitsicht haben, aber denen konnte man das auch meistens ganz gut klar machen. Von den Fans hat sowieso jeder die Aktion unterstützt, jeder fand das toll... eigentlich sollte man das noch mal wiederholen.

Thomas: Auf alle Fälle wollen wir am Ball bleiben. Wenn irgendwann vielleicht doch mal Geld nach Bremen fließen sollte und die sagen, daß das Stadion umgebaut wird, dann müssen wir praktisch gleich wieder hinterherhaken, wir müssen informiert bleiben, nicht daß sie uns dann überrumpeln und sagen: Es sind zwei Jahre vergangen, die Leute kümmern sich vielleicht nicht mehr so darum ... Wir müssen also immer voll dranbleiben und wenn's nicht anders geht, eben wieder Aktionen starten, falls es nicht nach unseren Plänen und Vorstellungen läuft.

■ Stehplätze im Weserstadion auch in Zukunft?

Unsere Zielsetzung, dem politischen und verwaltenden Bremen ressortübergreifend die Überlegungen der Werder-Fans zur Gestaltung einer modernisierten Stehplatzkurve näherzubringen und in konkrete Planungsschritte zu bringen, scheint gelungen.

Entgegen den vielfach vertretenen ordnungspolitischen Strategien der Gewaltminderung durch Stehplatzabbau und gegen das vom „Fußball-Mainstream" gewollte „Sitzplatzstadion" sind Überlegungen zum Stehplatzerhalt weit über den Fußball hinaus in politische Diskussionen vorgedrungen. Dennoch gibt es widersprüchliche Entwicklungen in Bremen. So werden in der West-Kurve des Weserstadions zur Rückrunde 1994/95 die Stehplätze durch Sitzplätze ersetzt. Dieses ist demnächst auch für die Nord-Tribüne geplant, dort wo zur Zeit die Auswärts-Fans stehen. Dieser Umbau im Bremer Weserstadion folgt augenscheinlich dem Dortmunder Beispiel: der Abschaffung der Stehplätze für die jeweils auswärtigen Fans. Dabei geht die entwickelte Stehplatzkultur weit über die Fan-Kurve der jeweils heimischen Fans hinaus.

Wer die Auswärts-Fans zum Sitzen zwingt, hat die Vernichtung der gesamten Stehplatzkultur im Auge!!

Fan-Projekt Bremen e.V. *unter Mitarbeit vom Kulturzentrum*
Harald Klingebiel *Schlachthof e.V.*
Manfred Rutkowski *Matthias Otterstedt*
Thomas Hafke *(leicht gekürzt, d. Hrsg.)*

Anmerkung

Die Dokumentation zum „Modell Ost-Kurve" ist gegen eine Schutzgebühr beim Fan-Projekt Bremen e.V. zu beziehen. Der gleichfalls und als Projekt der Videogruppe des Kulturzentrum Schlachthof in diesem Zusammenhang entstandene Video-Film „Sitzen ist für'n Arsch – Werder-Fans mischen sich ein" ist ebenfalls gegen eine Schutzgebühr beim Fan-Projekt Bremen e.V. zu beziehen.

Martin Krauß

Die Flachmänner in den Schalensitzen

Versuch über die Spießerfans auf den mittelteuren Plätzen

Angeblich werden viele Menschen, zumeist Herren mittleren Alters, abgeschreckt von Stadionbesuchen, weil dort zuviel Pöbel, zuviele Rowdys, zuviele Halunken und Hooligans ihr Unwesen treiben. Ach, wär's doch nur so, die Wirklichkeit ist nämlich viel schlimmer. Die Herren mittleren Alters, die ich hier meine, sehen, sobald es mehr als zwei sind, aus wie ein Stammtisch vor dem Check-In-Schalter nach Thailand oder wie eine Finanzamtsabteilung auf dem Weg in die Kantine. Diese Herren kommen also mit Schnäuzer und Fielmann-Brille ins Stadion, lassen sich auf den mittelteuren Plätzen nieder, nicht ohne zuvor ein Sitzkissen zwischen Arsch beziehungsweise teuer aussehender C&A-Hose und dem Plastikschalensitz eingepaßt zu haben, den sie für circa dreißig Märker erworben haben. Und da sitzen sie dann, kommentieren, wie sie es bei Ernst Huberty, Werner Schneider und Rudi Michel gelernt haben, und geben sich heute mal so richtig proletarisch.

Sicher, es gibt auch einigermaßen nachvollziehbare Gründe für die mittelteuren Plätze. Man sieht besser, nach langem Stehen tun einem nicht die Knie weh, man wird älter, bequemer, ruhiger. Man wird schaler und gesetzter – auch dafür gibt's die Schalensitze.

Zunächst mal gehen die Herren mittleren Alters allein ins Stadion, bestenfalls in Kleingruppe. Das unterscheidet sie schon mal von denen in den Kurven, die sich kennen, treffen wollen und sich dafür verabreden. Auf der Tribüne hocken sie dann, inmitten der anderen schalen und gesetzten Fußballfans. Sie sagen, sie wollen das Spiel sehen, ja eigentlich nur das Spiel sehen, in der Pause noch ein Bier und eine Bratwurst ergattern, aber hauptsächlich Spiel. Was dann aber stattfindet, ist mehr: Schwätzen, Kommentieren, Brüllen, Schwätzen. Pünktlich mit dem Anpfiff den Flachmann und die Bierdose auspacken. Stadionzeitung lesen. Handradio ans Ohr halten. „Jawoll" brüllen, wenn die eigene Mannschaft ein Tor erzielt, so ein „Jawoll" mit hörbarem Ausrufezeichen, als seien die Mannen, die das Team bilden, das der Zuschauer für „sein Team" hält, endlich ihrer Pflicht nachgekommen – warum nicht gleich so! es geht doch! sie müssen nur wollen! Jene Sorte Männer, die, wenn ihre Mannschaft verliert, dieser eine Treue aufkündigen, die sie ihr vorher nie versprochen hatten, die, wenn das Team schlecht spielt, sich an eine solche Treue auch gewiß nicht erinnern, „ihren Klub", dieses mit besitzanzeigendem Fürwort belegte Männerensemble, verleugnen und alles, jeden verlorenen Zweikampf, jeden Fehlpaß, jedes Vertändeln vorher wußten, kommen sahen und eigentlich gar nicht hätten hingehen sollen, sich das Geld sparen könnten, sowieso mal wieder Zeit mit der Familie hätten verbringen sollen, ohnehin nur vor der Verwandtschaft der Frau geflüchtet sind und sich das nächste Mal so eine Strapaze gewiß dreimal überlegen werden.

Diese Sprüche, so vermeintlich originell und individuell und im Grunde doch so doof und gestanzt. Wie ich diese Sprüche hasse. Man vergleiche einfach mal: ein vereinzelt vorgestoßenes, sehr empörtes „Raus mit dem Arsch!" mit einem im Chor gerufenen, ja sogar gesungenen „Auf Wiedersehen" oder „Alle auf die Sechs". Doch, doch, das klingt doch sehr unterschiedlich, das ist etwas ganz anderes. Nochmal genau hinhören: „Raus mit dem Arsch!". Das klingt nicht sehr empört, nicht ehrlich, nein, das *soll* empört klingen. Das sind, das hört man aus den vier Wörtern deutlich heraus, Versuche, sich an die facettenreiche, kreative Fankultur ranzuhängen, halb-ranzuhängen. Kleinbürger, die es gar nicht verknusen können, sich der Erkenntnis zu stellen, daß sie Kleinbürger sind. Kleinbürger, die gleichermaßen vom großen Geld und von proletarischen Umgangsformen träumen. Die derbe Ausdrucksweise („Arsch") korrespondiert mit dem Wunsch, die als der Unparteiische wahrgenommene Person in schwarz oder grün solle dem Ziel nach bereinigter, verkleinerter und folglich leichter zu besiegender Gegnermannschaft nachkommen. Ey, Obrigkeit, handel' endlich!

„Steh auf, du Schauspieler." Das sind auch so vier Worte, die passen. Sprüche, die ich aus meiner Kindheit kenne, als Onkel Hans noch Günter Netzer als Vaterlandsverräter beschimpfte, nachdem der Langmähnige bei Real Madrid unterschrieben hatte. Durch solche Sprüche, die Ernst Huberty und Onkel Hans gleichermaßen auf der Pfanne hatten, lernte ich, daß der Italiener ja schon immer ein Schauspieler war, keiner, der sich im ehrlichen Kampf aufopfert, keiner, der eine Sache um ihrer selbst willen tut. Ich lernte, daß der Spanier gerne Zeit schindet, lieber Fiesta feiert oder in der Siesta döst, statt dem deutschen Zuschauer das zu bieten, wofür dieser bezahlt hat: harten Kampf. Ich lernte, daß der Brasilianer gerne tänzelt, den Ball nicht abspielt, weil ihm Kampfgeist im Kollektiv fremd ist, weil dort eine harte Trainerhand fehlt. Ich lernte, daß der brasilianische Mittelfeldregisseur bei der WM 1974 gar kein Fußballspieler ist, weil er nur Freistöße schießen kann (mein Hirn arbeitet und arbeitet, aber ich komme leider nicht mehr auf den Namen dieses Mannes, erinnere mich aber noch an einen Freistoßtrick, den er vorführte, als sich ein Brasilianer in die gegnerische Mauer reinstellte, fallen ließ und dieser Kunstschütze ein Tor durch das freigewordene Loch schoß – damals sensationell, doch heute langweilig). Und ich lernte, daß ich den harten Bums von Rainer Bonhof bewundern soll. Ich lernte, daß Johan Cruyff, im Grunde aber der gesamte Holländer, faul ist, aber ein Genie, aber das helfe halt nicht.

Dieser ganze Film schrecklicher Fußballsozialisation, von der ich mich doch so mühsam befreit hatte, lief bei mir ab, als ich mich anläßlich des DFB-Pokalfinales zwischen Rot-Weiß Essen und Werder Bremen in Berlin unmittelbar vor eine Gruppe von bremischen Kegelklubgesichtern setzte und einer von ihnen auf einmal diese vier Worte rief: „Steh auf, du Schauspieler!" Zu Recherchezwecken, wie ich meinem Freundeskreis weismachte, hatte ich mich auf die Tribüne gesetzt; in der ersten Halbzeit mich zunächst dem nicht sehr attraktiven Spiel hingegeben. Die erste Hälfte war aber wirklich nicht der Bringer, so daß ich meine bremischen Kegelklubgesichter genauer ins Visier nahm. Irgendwann vernahm ich diese vier Worte und kurz drauf die anderen vier Worte, und zuckte zusammen: „Raus mit dem Arsch!" und dann „Steh auf, du Schauspieler!" Ich war mitten im Thema, mitten in dem, was mich interessierte, mitten in den Spießerfans und damit auch mitten in meiner eigenen Kindheit gelandet. So intensiv wollte ich meine „Recherchezwecke" gar nicht verstanden wissen, ich hatte mein Thema unterschätzt, ich war ins Stadion gegangen, und auf einmal saß Onkel Hans hinter mir, nicht er persönlich, nein, aber seine Wiedergänger aus Bremen.

Das Spiel war schlecht, zumindest die erste Halbzeit – die zweite hat mir dann gut gefallen, aber das interessiert ja niemanden und hier schon gar nicht –, und ich sitze da und grüble, warum das hier so zugeht, wie es zugeht.

Eine Antwort: Im Fußballstadion ist vieles erlaubt, das sonst im Leben verboten ist. Das sagt etwa ein Drittel aller Stadionbesucher, egal wo sie Platz genommen haben. Erlaubt, was sonst verboten ist, das meint nicht nur das Strafgesetzbuch. Das meint auch die Lizenz zum Rumpöbeln, zum Schreien, zum Vulgärsein, zum offenen Rassismus, eine Lizenz, die man sich sonst erst nach viel Bier selbst erteilt und die nicht unbedingt das Sozialrenommee steigert. Aber im Stadion, im Grunde auf allen Plätzen, die VIP-Logen nicht ausgenommen, da ist man unter sich, da gibt's diese Lizenz spätestens mit dem Anpfiff.

Die Stadionbesucher, die einfach das Spiel sehen wollen, sind mit Abstand die kleinste Minderheit im Stadion. Für diese Kleingruppe hält die technische Entwicklung des Fernsehens auch immer gewichtigere Argumente bereit, woanders zu bleiben, nämlich zu Hause. Mit Super- und Spiegelzeitlupe, Abseitskamera und Einzelbeobachtung wird dem Bedürfnis nach genauer Spielanalyse in wachsendem Maße besser Rechnung getragen. Das – noch – richtige Argument, im Stadion sehe man mehr und besser, steht mit der Einführung von besseren Fernsehtechniken vor seinem Ende. Hochauflösendes Fernsehen (HDTV) wird die

Merkwürdige Teutonen gibt's nicht nur auf den Sitzplätzen...

Vorteile des Stadionerlebnisses mit den Vorteilen des Fernsehens kombinieren. Eine niederländische Elektronikfirma, sagte man mir, werbe für moderne Fernseh- und Tontechnik mit dem Spruch „Authentischer als authentisch". Ich habe die Information nicht überprüft, denn sie kommt mir glaubhaft vor, und wenn sie nicht richtig sein sollte, dann ist sie doch so schön, daß sie richtig sein könnte. Was da noch übrig bleibt, ist das Stadion als sozialer Ort, als Platz an dem sich Menschen als Masse gerieren, sich selbst feiern. Das nimmt zu.

Was da verdrängt wird, ist das einfache Spielgucken. Doch das war noch nie Normalzustand. Die Vorstellung, da ginge einer ins

Stadion, damit er sehe, wie der Bessere gewinne, damit er sich an schönen Spielzügen erfreue, an schnellen Kontern und harten, aber fairen Zweikämpfen, diese Vorstellung war schon immer Ideologie. Oder, wie der Sportwissenschaftler Stollenwerk schreibt, „eines der zähesten und langlebigsten Vorurteile" über den Zuschauer.

Diese emotionale Anteilnahmen, die im Stadion, wo so vieles möglich ist, was andernorts anrüchig erscheint, einen so guten Ort gefunden hat, die bleibt nicht ohne Folgen, auch nicht für das Geschehen unten. Zwischen Tribüne und Rasen finden quasi Dialoge statt, nur nicht mit Worten. Zuschauer „lesen" ein Fußballspiel, „lesen" die Körpersprache und, da das so ungewohnt ist, überhaupt nicht standardisiert, so ganz ohne Körpersprachen-Duden und da das soviel mit Gefühl zu tun hat, mit Körperempfinden, deswegen äußert es sich auch so brachial. Und was die Zuschauer bei den Akteuren auf dem Rasen „lesen", das spüren die Kicker auch. Das „Publikum als zwölfter Mann", das Kribbeln, wenn man aus der Kabine ins vollbesetzte Stadion kommt (und umgekehrt: wenn man aus der engen und überfüllten Kabine, in der man sich beste Vorsätze geschworen hat, ins fast leere Stadion trottet), das hat großen Einfluß auf die sportliche Leistungsfähigkeit. Nicht nur, ob man engagiert spielt, sondern auch, wie konzentriert man in einen Zweikampf geht, ob man mit voller Kraft zum Kopfball ansetzt, wie genau man einen Paß spielt, mit wieviel Verve man einem Gegenspieler nachsetzt. All das passiert zwischen Rasen und Tribüne. All das macht den besonderen Ort Fußballstadion aus.

Und all das ist so außerordentlich schwer zu beschreiben. Dagegen ist das juristisch korrekte Runterleiern der Abseitsregel ein Klacks. Und diese Regel ist übrigens auch ein schönes Beispiel: Alle sehen eine Abseitsstellung, „lesen" sie quasi, aber kaum jemand kann das Gesehene unfallfrei in Worte kleiden.

In diesen komischen und widersprüchlichen sozialen Freiraum Stadion drängeln sich viele. Die Hooligans, die Kutten und auch die Spießer. Die letzteren drängeln nicht, die sitzen einfach rum. Und doch nehmen sie wahr, was um sie herum passiert.

Zum Beispiel meine bremischen Kegelklubgesichter, die Onkel-Hans-Wiedergänger beim Pokalfinale.

„Steh auf, du Schauspieler!" Ein Satz, der typisch ist und der zum Interpretieren einlädt. Ein Imperativ, der von Spießerfans je nach Spielverlauf an Kicker der „eigenen" oder Kicker der gegnerischen Mannschaft gerichtet wird. Eine Aufforderung, die ausdrückt, daß man bezahlt hat, gutes teures Geld abgedrückt hat für eine bestimmte Dauer, man hat ja seine Zeit auch nicht gestohlen, so ein Trödeln kann man sich auf Arbeit nicht leisten. Eine Aufforderung, die ausdrückt, daß man für die neunzig Minuten, für die man doch einige Märker investiert hat, gefälligst etwas erwarten darf. Etwas, das schnell und intensiv ist, aufopferungsvoll und nicht unbedingt zweckrational. (Diese Maßstäbe können aber auch recht schnell kippen, wenn es die eigene Mannschaft ist, die einen Vorsprung über die Zeit retten muß, aber das scheint mir gar nicht mehr so recht Spießerfan-typisch zu sein, nein, sogar eher seltener anzutreffen.)

Geld geben, Schauspiel sehen. Dem gegnerischen Kicker, der da verletzt am Boden liegt, wird nicht vorgeworfen, daß er ein Schauspieler ist, sondern, daß er ein guter Schauspieler ist, aber im Dienste des Schurkenensembles. Dem „eigenen" Kicker, der sich da vor Schmerzen krümmt, wird auch nicht seine Schauspielerexistenz vorgeworfen, sondern, daß er sie schlecht oder zum falschen Zeitpunkt wahrnimmt. Daß beide, weder der gegnerische noch der „eigene" Kicker, sich nicht als Schauspieler sehen, ja durch ihr Verhalten auch gar keinen Anlaß gegeben haben, als etwas anderes denn als Fußballer wahrgenommen zu werden, das irritiert nicht.

„Steh auf, du Schauspieler!", da steckt schon fast alles drin. Zum Beispiel auch der Blick auf das Fußballspiel als inszeniertes Spektakel, das sein Geld wert sein soll. Der Fußballer als Millioneninvestition, die sich amortisieren soll. Als Börsengeschäft, das mit Risiko getätigt wurde und dem man nun neunzig Minuten lang ansehen soll, wie die Last abgearbeitet wird. Der Realitätsgehalt eines solchen Blickes auf die Spieler – sie sind ja wirklich Millioneninvestitionen – wird durch den ulkigen Umstand, daß es ja nicht der dreißig Mark berappende Sitzplatzbesucher ist, der dieses Geschäft trägt, überhaupt nicht berührt. Wie ein Stammtischbruder über Theo Waigels Haushaltsloch schimpft, wie zwei Nachbarn über den Gartenzaun die Geschäftspolitik von Daimler-Benz erörtern, so schwätzen Spießerfans über Vereinsgelder. Völlige Unzuständigkeit, Inkompetenz und Ohnmacht paaren sich mit Omnipotenzphantasien, was man alles machen könnte, wenn man nur mal, und wär's nur für einen Tag, an den Schalthebeln säße.

Diese Phantasien verhindern die Einsicht in die eigene Stellung, sie basteln sich eine Scheinwelt, wie das alles funktioniert und funktionieren sollte, und vor allem verstellen sie eines: den Spaß. Die Freude, ein Fußballspiel zu sehen, geht völlig verloren. Schießt die favorisierte Mannschaft ein Tor, wird der Jubel nicht zugelassen, sondern buchhalterisch vermerkt, daß man den Schützen ja genau deswegen eingekauft hat, daß es auch langsam Zeit wurde, daß er sich aber anstrengen muß, wenn er noch Torschützenkönig werden will, und so weiter, immer genau so weiter.

Fängt sich das „eigene" Team ein Tor, findet keine Trauer statt, kein Ärger über Spielverlauf und Spielergebnis, sondern ein gleichfalls buchhalterisches Nörgeln über eine mangelnde Preis-Leistungsbilanz des schuldigen Spielers. Kassiert so-und-soviel tausend im Monat und ist für einen Moment unaufmerksam.

Dem sich auf dem Schalensitz den Arsch platthockenden Stadionbesucher geht die Dramaturgie und die Ästhetik eines Fußballspiels gänzlich an eben diesem vorbei.

„Steh auf, du Schauspieler!", das ist auch die dumpfe und falsche Ahnung, daß die Dramaturgie des Spiels eine vorgegebene sei, daß also der Ausgang eines Spieles von einem Regisseur, der man selber gerne wäre, bestimmt würde. Hier trifft sich der Spießerfan mit den Frühformen linker deutscher Fußballkritik, die in jedem gelungenen Doppelpaß Ablenkung vom Klassenkampf witterte. „Die Tore auf dem Fußballfeld sind die Eigentore der Beherrschten", schrieb 1970 Gerhard Vinnai in seinem „Fußballsport als Ideologie". Und wenn Tore auf Anweisung einer irgendwo oben vermuteten omnipotenten und alles beherrschenden Macht fallen, da sind die hinlänglich bekannten Weltenlenkertheorien nicht weit.

In diesem Klima gedeiht es also leichter und nimmt kaum Wunder, daß hier, auf den Sitzplätzen, zuerst der Schiedsrichter als „Sau-Jude" beschimpft wird. Nach dem Spiel wird dann, alles nicht wahrhaben wollend, fachmännisch-töpperwienerisch geeiert, der Unparteiische habe halt leider keine Zeitlupe, auf der Tribüne sehe man halt besser, und der arme Mann müsse ja in Sekundenbruchteilen eine Entscheidung fällen.

Zunächst gilt der Schiedsrichter als Vertreter der alles beherrschenden Macht, die die Geschicke lenkt. Wenn er in dieser Eigenschaft als „Sau-Jude" beschimpft wird, dann weil beides Norm ist, beides normales deutsches Denken: nämlich Antisemitismus und die Vorstellung eines bösen Weltenlenkers und weil sich dieses trefflich in der Formel des „Weltjudentums" vereinigt, dem man so ziemlich alles Böse dieser Welt anhängen kann und man mit dem Schiedsrichter einen Agenten dieser Verschwörerbande zur Verhinderung eines erfolgreichen Fußballspiels vor sich wähnt, einer, der Fouls der gegnerischen Mannschaft durchgehen läßt und Nickligkeiten der „eigenen" Jungs überhart bestraft. Der Schiedsrichter gilt als gekauft, geschmiert, bestochen. Das unbestimmte Wissen, daß die Selbstbezeichnung „Unparteiischer" eine ist, die nie so ganz hinkommen kann, wird übersetzt mit „Agent einer clever agierenden Institution mit ungeahnter Machtfülle". Richtige oder vermeintliche Fehlentscheidungen des Schiedsrichters scheinen nur aus materiellen Interessen erklärbar – Kapitalismuskritik für Doofe wird hier geleistet.

Wenn sich die Wogen geglättet haben, verschwindet diese Schiedsrichterwahrnehmung und wird durch eine zweite ersetzt. Es dämmert einem nämlich, daß es so simpel nicht zugehen kann. Aber man kann diese Ahnung nicht auf den Begriff bringen. Und, übrigens, man hat ja auch das Stadion bereits verlassen, diesen Ort, wo sich der ganze antisemitische Dreck leichter und lauter formulieren läßt, und folglich hat man Angst, sich Sanktionen einzufangen, die man zwar auch nicht auf den Begriff bringen kann, aber die einem schwanen, wenn man mit seinen eventuell zu tolldreisten Behauptungen fortfährt. Wenn sich das eingestellt hat, dann ist der Schiri auf einmal ein Mensch wie du und ich, einer der es auch nicht leicht hat, pipapo.

Einerseits bösartige Beschimpfungen, die sich mit Vorliebe aus dem Arsenal des Antisemitismus bedienen, und andererseits eine – hier stimmt das Wort – totale Kritikunfähigkeit, gepaart mit einem nahezu bilderbuchreifen autoritären Charakter, der der Herrschaftsperson attestiert, diese sei halt auch nur ein Mensch.

Wenn der Schiedsrichter dem Gebrüll „Raus mit dem Arsch!" Folge leistet, tut er seine Pflicht; wenn er „den Arsch" der gegnerischen Mannschaft nicht vom Platz stellt, handelt er sich den „Sau-Juden" ein. Und die, die das rufen, sind ihrem Selbstverständnis nach gesittete, normale Bürger, die sich in Ruhe ein Fußballspiel anschauen wollen und mit dem Pöbel auf den Stehplätzen nichts gemein haben wollen.

Wenn es nicht gegen den Schiedsrichter geht, dann gegen die Spieler der gegnerischen Mannschaft. Am liebsten – hier kommt mangelnde Fußballkompetenz hinzu, die die verschiedenen Akteure nicht auseinanderhalten kann – gegen Spieler, die man sofort erkennt: die blonden, die rothaarigen, die langhaarigen und die Schwarzen, die fallen auf, da muß man nichts von Fußball verstehen und sie vielleicht am Gang, am Lauf oder wenigstens an der Rückennummer erkennen. Wenn's gegen schwarze Spieler geht, bietet sich das Begriffsarsenal des Rassismus an. „Neger raus!" aus den Stehplatzkurven gegen schwarze Spieler ist nichts Harmloses, aber es ist nicht die einzige Rassismusäußerung in Stadien und vielleicht nicht die schlimmste. Die mit einem kollektiven „Uh-uh-uh" versuchte Urwaldgeräuschimitation zum Beispiel löst bei den Herren auf den Sitzplätzen nachhaltige Heiterkeit aus, die das Bier aus dem Mund sabbern läßt. Da ist er wieder, der Freiraum Stadion, wo man machen kann, was einem sonst verwehrt wird, wo man sein kann, wie man ist.

Verstärkt wird der Rassismus durch Pseudobegründungen, wenn beispielsweise ein schwarzer Spieler ein Foul verübt, einen Freistoß schinden will oder ähnliches, dann dreht sich der Spießerfan zur Seite und erklärt seinem Sitznachbarn: „Hast du gesehen, wie hinterfotzig der Neger ist, erst beschwert er sich und dann macht er sowas."

So zu schwätzen und zu hetzen ist kein Widerspruch zu dem Umstand, die DFB-Fan-Kampagnen, egal ob sie „Mein Freund ist Ausländer" oder „Wir sind die Fans" oder wie auch immer heißen, nachhaltig zu begrüßen, ja im Grunde auf so etwas gewartet zu haben. Was sich auf den Stehplätzen immer noch zeigt – zumeist als Abwehrkampf zwar, aber immerhin – sind Phantasie und Kreativität, Humor und Eigensinn. Was sich auf den schalen Sitzplätzen zeigt, ist der unendlich peinliche Versuch, auch so zu sein, aber gesittet und normal. Es fehlt die Kreativität und die Intelligenz, es fehlt auch der Ort, der solche Kreativität entfalten läßt, nämlich das dicht gedrängte Zusammenstehen auf dem Stehplatz, und es fehlt auch die Ernsthaftigkeit gegenüber dem Fußball. Da bietet es sich förmlich an, die Angebote, die der Stadionlautsprecher offeriert, anzunehmen. Jetzt eine La-Ola, danach Fähnchen oder Mützchen schwenken, die am Eingang verteilt wurden.

Als beim Pokalfinale die RWE-Fans „Scheiß DFB" anstimmten, ertönten mitten im Spiel drei, vier Takte des Triumphmarsches aus Verdis Aida aus dem Lautsprecher – und Ruhe war im Karton. Hier hilft der DFB mit, diese verschworene Gemeinschaft der normalen und gesitteten Bürger zu schaffen. Wo sich das Volk zur Gemeinschaft schmieden läßt, ist Vorsicht geboten. Da wird das Normale konstruiert und das Nicht-Normale ausgegrenzt. „Wir sind die Fans", im Fernsehspot mit einer La-Ola-Welle in Szene gesetzt, war eine DFB-Kampagne anläßlich der Weltmeisterschaft 1990. „Wir sind die Fans" heißt auch: „Die sind keine Fans". „Die", das sind die Unberechenbaren auf den billigen Plätzen.

Die auf den mittelteuren Plätzen aber, die wähnen sich als die guten. Sie stürmen nicht das Spielfeld, sie zünden keine „Feuerwerkskörper", nein, sie sitzen einfach da, stehen auf, wenn die Hymne gespielt wird oder die La Ola sie erreicht hat, reißen die Arme hoch, nicht ohne vorher die Bierdose abgestellt zu haben, und sie gehen fünf Minuten vor Abpfiff, damit sie nicht ins Gedrängel geraten. Wenn „ihre" Mannschaft gewonnen hat, dann holen sie vielleicht eine kleine Fahne raus, eine, die sich, wenn „ihr" Verein verloren hat, auch unentdeckt verstauen läßt.

„Warum gehen die Leut' ins Stadion?" fragte Sepp Herberger und gab auch die Antwort: „Weil sie nicht wissen, wie es ausgeht!" Schön wär's. Am schlimmsten sind die Leut', die nachher sagen, daß sie vorher wußten, wie es nachher ausgeht. Die Leut', die mit Schnäuzer und Sitzkissen, mit Flachmann, Dosenbier und Kegelklubgesicht, die „Jawoll!" sagen, wenn ein Tor fällt, und die einem sich vor Schmerzen krümmenden Spieler „Steh auf, du Schauspieler!" zurufen. Die Leut', deren Fußballleidenschaft und Fußballwissen sich in Platitüden und gestanzten Formeln erschöpft, die gesehen haben wollen, wie eine Mannschaft „über den Kampf zum Spiel fand". Leut', die, während sie im Stadion hocken, genau wissen, daß der Schiedsrichter gekauft ist, und die abends genau wissen, daß der Schiedsrichter ein Mensch wie du und ich, mit Stärken und Schwächen ist. Leut', die einen Spieler dann intelligent finden, wenn er Abitur hat, und die einen Spieler dann als mannschaftsdienlich bewerten, wenn er mindestens sieben Kilometer hoch und runter gerannt ist.

In jedem Fußballspiel drückt sich auch aus, welche Zuschauer da sind und was sie machen oder was sie nicht machen. Wenn also gesagt wird, der Fußball hierzulande krankt daran, daß es keine Straßenfußballer mehr gibt, dann ist das nur die halbe Wahrheit; er krankt auch an dem Wandel der Zuschauer, der durch die Verbandsauflagen in Richtung Sitzplatzstadien beschleunigt wird.

„Es gibt keine Spielwiesen mehr. Es gibt nur noch Vorgärten", hat Helmut Böttiger jüngst in der „Sportkritik" geschrieben und damit ziemlich genau die Misere deutscher Kickerei in den 90er Jahren erfaßt. Das Böttigersche Argument läßt sich erweitern auf die Zuschauer. In Orten, wo es keine Vorgärten gibt, in Großstädten, da werden sie halt am Stadtrand gebaut. Neben einem gepflegten Rasen, den man nie zu betreten wagt, auf Plastiksitzen hockend, die weder schön noch bequem sind, vor sich ein warmes Dosenbier und an sich ein klebriges Unterhemd – das gibt es nur im Schrebergarten und im Stadion.

Das gewichtigste Argument gegen Sitzplatzstadien sind die Leute, die dort gerade hocken.

Ein Fan ist ein Fan ist ein Fan

■ Wer warum zum Fußball geht

Alles muß man differenziert betrachten: das Wetter, die Bundesregierung und auch die Fußballfans. Wer nicht differenziert, nimmt die Welt zu einfach wahr, und einfach, geschweige denn zu einfach, ist weder die Welt noch der Fußballfan.

Kutten, Normalos, Hools – das ist die einfachste Variante der Differenzierung. **Kutten** sind die, die mit Vereinsschals ins Stadion wandern, Jeansjacken, meist mit abgeschnittenen Ärmeln, tragen, worauf diverse Aufnäher zu sehen sind, die einerseits Auskunft darüber geben, welchen Verein der Träger der Jacke favorisiert – das ist der größte der Aufnäher, auf ihm befinden sich zumeist auch Spielerautogramme –, mit welchen Vereinen der Träger noch sympathisiert (im weiteren Sinne, versteht sich) und andererseits, welche Vereine der Träger nun wahrlich nicht leiden kann. Ein Schalker kann Borussia Dortmund nicht leiden, ein 60er mag die Bayern nicht, und ein Kölner hat was gegen die Leverkusener. Soll heißen: eine Kutte mag die andere Kutte nicht, wenn sie halt die falsche Kutte trägt.

Kutten stehen während des Spiels in den Fankurven, davor und danach an den Bierständen. Kutten fachsimpeln, schimpfen und nörgeln, aber sie sind ihrem Verein treu. Und Kutten sind Masse. Sie reisen mit Bussen oder mit vollbesetzten PKW zu Auswärtsspielen, sie treffen sich am Bierstand, um gemeinsam ins Stadion zu gehen, sie gehen nach dem Spiel zusammen einen saufen, sie singen und skandieren zusammen. Die Rangordnung innerhalb der Kutten ergibt sich aus Alter und Fachwissen: Wer am längsten zum Verein geht, weiß am meisten, kennt die meisten und wird am höchsten angesehen. Die Jungen schauen zu den Alten hoch. Als bunteste, lauteste, organisierteste und auffallendste Gruppe im Stadion werden Kutten immer als Masse gesehen: die Fans, die die Einwechslung eines Spielers fordern, die Fans, die hinter dem Trainer stehen oder seine Entlassung fordern. Kutten sind die Fans.

Wenn Randale passiert, waren es die Fans, in der öffentlichen Wahrnehmung: die Kutten. Zumeist waren es aber die **Hools.** Hooligans sind gepflegte und fein gekleidete junge Männer, die die Kutten verachten. Die Kutten nämlich lieben den Fußball und ihren Verein. Sie nörgeln, aber wenn sie dann in Kontakt mit der Vereinsführung, mit dem Trainer oder mit den Spielern treten, dann bekommen sie vor Ehrfurcht kein Wort raus. Hools sind da anders. Hools halten sich selbst für Sportsleute: ritterlich, fair und hart – gegen sich selbst und andere. Sie nutzen den Fußball, um kämpferischen Kontakt zu anderen Hool-Gruppen zu erhalten, mit denen dann, mit Hilfe informeller Absprachen, Wettkämpfe ausgetragen werden. Diese leben von einer Art Ehrenkodex, der besagt, daß ohne Waffen und Mann gegen Mann gekämpft wird. Das stimmt zwar meistens nicht, aber der Kodex verlangt es halt so.

Der **Normalo** hingegen verachtet die Kutten und die Hools gleichermaßen. Er will ein schönes Spiel sehen, nicht naß werden, wenn es regnet, und möchte, daß sein Klub auf attraktive Gegner trifft. Das bringt den Normalo aber in eine enge Nähe zum Spießerfan, über den Kollege Krauß im vorigen Beitrag schon einiges gesagt hat.

Jetzt ist aber genug differenziert. Denn im Grunde unterscheiden sich Fans ganz anders voneinander: Schalker, Kölner, 60er, Lauterer, Dortmunder, Bayern, Cluberer, MSVer, Dresdner, Unioner und Herthaner, Bochumer, Frankfurter, HSVer und Paulianer und, und, und. Das müßte man mal differenziert betrachten.

Bruno Engelin

Claudia Pöhland

Fußball – Fans – Frauen

Frauen und Fußball – das scheint auch heute noch für weite Teile der fußballbegeisterten, männlichen Bevölkerung ein nicht zu beseitigender Widerspruch zu sein. Die Ansicht, daß Fußball ein reiner Männersport ist und somit Frauen fachlich völlig inkompetent sind, herrscht immer noch in vielen Männerköpfen vor. Ob in Film, Fernsehen oder Presse: Frauen werden fast nie zu Gesprächsrunden über Sport geladen, sondern meistens nur als Begleiterin des Mannes vorgestellt und aus fachlichen Diskussionen weitestgehend rausgehalten. Dafür kommen in TV-Talkrunden wie „Hans Meiser" oder „Arabella Kiesbauer" Frauen zu Wort, deren Männer mit voller Begeisterung ihren Verein unterstützen. Da plaudert die Dame (immer noch wütend), wie hoch sich ihr Liebster durch „etliche Lokalrunden" nach dem Pokalgewinn seiner Mannschaft verschuldete und was für Streiche er der Nachbarschaft spielte. Eine andere erzählt, wie sehr sie doch darunter „leidet", daß ihr Gatte jedes Wochenende mit seinem Fan-Klub unterwegs ist; sie würde so gerne mal mit ihm „zu einer Tanzveranstaltung des Schützenvereins gehen".

Ein weiteres trauriges Kapitel von Frauenverständnis ist der Spielfilm „Nordkurve" von Alfred Winkelmann. An Plattheit und Klischees sowieso kaum zu überbieten, setzt die Darstellung von Frauen in der Fußballszene dem Werk die Krone auf. Die eine schläft nicht nur mit einem (angeblich ja so erotischen) Spieler, sondern auch mit einem Spielervermittler, um ihren Mann im Verein zu protegieren. Ein junges Mädchen geht nur ins Stadion, weil sie sich in einen jugendlichen Hool verguckt hat, dem sie nun unsicher folgt, und wendet sich am Ende voller Bewunderung dem schon erwähnten Spieler zu. Zu guter Letzt auch noch eine Journalistin (immerhin, sowas wird Frauen schon zugetraut), die einen Artikel über den Präsidenten des Vereins schreibt. Aber der interessierte Zuschauer irrt, wenn er hier nun fachliche Arbeit der Dame erwartet, denn diese ist völlig verstört durch soviel Männlichkeit und wird andauernd angemacht und untergebuttert. Der Streifen „Schicksalsspiel" von Bernd Schadewald ist vom Niveau her zwar etwas anspruchsvoller, aber auch hier ist das Mädchen diejenige, die sich nicht für den Sport interessiert, sondern nur durch ihre Liebe zu einem Fan des FC St. Pauli zwischen die Fronten gerät. Ausgerechnet sie, deren Bruder doch eingefleischter Anhänger vom FC Hansa Rostock ist. Sie versucht ihren Romeo erfolglos zu überreden, nicht mehr ins Stadion zu gehen, bevor es zum tragischen Ende kommt.

Sportlich interessierte und emanzipierte Frauen in der Fußballszene? Bei Film und Fernsehen undenkbar. Es scheint in diesen Filmen und Shows fast so, als wollten die Männer ihre Frauen nicht mit zu den Spielen nehmen, denn da können sie mit ihren Freunden einmal ungestört unter sich sein und den ganzen Frust der Woche bereden und 'rauslassen. Sowas heißt dann nicht selten saufen, grölen und pöbeln, schlicht, sich daneben benehmen. Frauen stören dabei meistens nur. Es ist für Frauen angeblich auch viel zu gefährlich, sollten männliche Horden erstmal aus sich 'rausgehen. Wie schön paßt es da doch ins festgefahrene Fußballbild, wenn Bundestrainer Berti Vogts nach Ausschreitungen deutscher Hooligans in Wien diesen rät, ihren Frust doch zu Hause bei den Frauen auszulassen.

Sicherlich werden manche Frauen von solchen Szenen verängstigt. Doch sollte man ihnen deshalb nicht das Recht und die Freude auf Stadionbesuche absprechen. Durch die stetige Versitzplatzung und die enormen „Sicherheitsbemühungen" seitens der Verbände scheint das Argument der Gefährlichkeit eines Stadionbesuches immer mehr an Schlagkräftigkeit zu verlieren. Das samstagnachmittägliche Sportereignis soll zukünftig ein Freizeitvergnügen für Groß und Klein, ein Spaß für die ganze Familie werden. Vorbild dafür sind die American Football- oder Baseball-

Fans von Rot-Weiß Essen

spiele in den USA, wo die Eltern mit ihren Kindern, bewaffnet mit einem Picknickkorb und jeder Menge Popcorn, einmütig von der Tribüne aus das Spiel beobachten und sich nur ab und zu für die La Ola aus ihrer Sitzschale erheben.

Damit sehen sich die Herren Funktionäre aber vor ein Problem der ganz besonderen Art gestellt, nämlich wie man der Dame den Stadionbesuch schmackhaft macht. Schließlich hat man sich all die Jahre kaum um ihre Anwesenheit bemüht. In Meppen gewährt man neben Rentnern, Studenten, Wehrpflichtigen, Jugendlichen, Mitgliedern und Schwerbeschädigten auch Frauen zu ermäßigten Preisen den Eintritt ins Rund. Wie frau sich allerdings beim Vorzeigen ihres Studentenausweises fühlt, was nämlich den Kassierer zu der Bemerkung veranlaßt: „Den brauchen sie doch nicht, sie sind doch 'ne Frau", sei dahingestellt. Bei Bayern München und dem HSV gab es für ein Spiel auch mal ganz freien Eintritt für Frauen. In Bremen dagegen denkt Herr Willi Lemke laut über Einkaufsmöglichkeiten rund ums Stadion nach. So kann die Gattin, während der Angetraute mit den lieben

Kinderlein auf der Tribüne sitzt und voller Inbrunst das Spiel verfolgt, in Ruhe ein paar Einkäufe tätigen; z.B. das Essen für den Abend oder aber auch ein paar erlesene Souvenirs und Geschenke. In Meppen geht man wenigstens noch von einem möglichen Sportinteresse der Frau aus, in Bremen scheint so etwas unvorstellbar zu sein.

Was eine Frau an hygienischen Bedingungen in den Stadien erwartet, ist teilweise mehr als abenteuerlich. So kommt es in Zweitliga-Stadien beispielsweise nicht selten vor, daß in der Gästekurve nur eine Toilette für beide Geschlechter vorhanden ist (von Waschbecken oder gar Spiegeln nicht zu reden). Wer diese spätestens in der zweiten Halbzeit noch nutzen soll, ist fraglich.

Fußball ist die letzte Männerbastion, die Burg, in der der Mann noch unumschränkter Herrscher ist. Doch auch diese Festung bekommt langsam aber sicher Risse, und die Männer reagieren darauf zumeist verstört und aggressiv. Frauenfußball beispielsweise wurde lange Zeit als „unästhetisch" abgetan und völlig ignoriert, was nach dem deutschen Gewinn der Europameisterschaft 1989 allerdings in dieser Form nicht mehr möglich ist. Ein paar Minuten in der Sportschau werden dann und wann schon eingeräumt. Interessant waren sicherlich auch die Reaktionen der selbsternannten „Fachmänner" auf die erste Managerin im bezahlten deutschen Fußball, Britta Steilmann von der SG Wattenscheid 09. Da wurde Gift und Galle gespuckt, als eine fachlich kompetente Geschäftsfrau die wirtschaftlichen Geschicke des Vereins in die Hand nahm. Gleich darauf auch noch eine Trainerentlassung – viele dieser verstockten Herren sahen wohl schon einen Suffragettenschwarm und damit den Untergang der Männerdomäne Fußball nahen.

Nichtsdestotrotz, Fußball wird auch bei Frauen immer populärer, und ihr Anteil an Stadionbesuchen steigt stetig. Beim FC St. Pauli war die Anzahl der Stadionbesucherinnen schon immer vergleichsweise hoch, was zum Teil sicherlich an der seit Jahren vielgelobten, tollen Atmosphäre am Millerntor liegt, die eben nicht nur Männer fasziniert und anzieht. Ein weiterer Faktor ist wohl die Identifikation mit dem Verein, der ebenso zum Stadtteil gehört wie die Menschen, die ihn unterstützen. Die Fanstruktur im Stadion spiegelt die Gesellschaftsstruktur im Stadtteil wider, und hier haben Frauen einen sehr hohen Anteil. So sind auch die Gründe, die Frauen für ihren Stadionbesuch angeben, sehr unterschiedlich. Die einen sind mit diesem Sport quasi aufgewachsen und gingen schon als kleine Mädchen mit ihrem Vater oder Opa am Wochenende auf den Fußballplatz, die anderen interessieren sich gar nicht unbedingt für den Sport, sondern lieben einfach die Atmosphäre und die Stimmung im Stadion, treffen sich dort mit Freundinnen und ziehen hinterher mit ihnen weiter. Wieder andere wohnen im Viertel und werden einfach ans Millerntor gezogen, weil vor dem Spiel alles auf den Beinen ist und, wie Angelika B. meint, „es einfach nach Fußball riecht". Gründe, zu den Spielen zu gehen, gibt es für Frauen also genug. Der Verein trägt dem insofern Rechnung, als 1990, auf Initiative einer Mutter, eine Kinderbetreuung ins Leben gerufen wurde. Dorthin können Mütter ihre Kinder kurz vor Anpfiff bringen, die dann von Honorarkräften (vom Verein bezahlt) betreut werden. So können die Frauen in aller Ruhe das Spiel verfolgen.

Für viele andere Vereine ist das sicherlich ein nachahmenswertes Projekt. Dies alles bedeutet aber nicht, daß eine Frau im Stadion voll akzeptiert und integriert ist, denn sexistische An- und Übergriffe finden in den Stadien ständig statt. Relativ sicher ist frau eigentlich nur, wenn sie sich in Begleitung möglichst mehrerer männlicher Freunde befindet. Die Akzeptanz aufgrund ihres sportlichen Sachverstandes ist damit zwar immer noch nicht gegeben. Oft wird unterstellt, sie gehe nur wegen einem der Männer oder der Aussicht auf angeblich erotische Fußballerbeine mit. Aber sie ist hier in einer Gruppe integriert, von der Schutz im Falle von männlichen Angriffen erwartet werden kann. Schlimm wird es allerdings, traut sich eine Frau alleine oder mit einer Freundin ins Stadion, wahrscheinlich auch nicht in Kartoffelsäcke gehüllt. Ein Alptraum schon allein der Gang durch die Gerade, vorbei an kleinen Männergrüppchen, die dem Zwang unterliegen, fast jede Frau anzuquatschen, die an ihnen vorbeigeht. „Ausziehen, ausziehen!" ist da noch eine der 'harmloseren' Bemerkungen. Ein Klaps auf den Hintern scheint bei dieser

Sorte Mensch eine selbstverständliche Art von Begrüßung zu sein. Kontakt und Anschluß zu finden, ist bei der alkoholgeschwängerten Atmosphäre alles andere als schwer. Dabei darf Frau aber nicht unbedingt nach Niveau suchen; denn was viele dieser 20.000 kleinen Trainer während eines Spiels von sich geben, läßt fast jeder emanzipierten Frau den Schlachtruf im Hals stecken bleiben. Wie soll frau sich wohlfühlen in einer Gruppe, deren erste Erklärung für das miese Abschneiden eines Akteurs der „schlechte Fick" vom Vorabend ist? Sollte sie sich bei solchen demütigenden Äußerungen angegriffen fühlen und dies auch äußern, schallt ihr entgegen, sie solle sich doch eingraben oder in eine Frauengruppe gehen, da wäre sie offenbar besser aufgehoben. Ganz normale Ansichten von Männern, die ihren Verstand, beim Durchsuchen ihrer Klamotten nach Waffen, vor dem Stadion abgegeben haben. Da bleibt dann oft nur noch die Hoffnung auf Männer, deren Frauenverständnis und Einfühlungsvermögen noch nicht vollends abhanden gekommen ist und die den Frauen Schutz und Unterstützung geben. Wünschenswert wäre, daß sich die Frauen zusammentun und gemeinsam gegen derartige sexistische Plattheiten vorgehen würden. Frauen sollten in den Stadien insgesamt massiver auftreten, auf Mißstände aufmerksam machen und ihre Akzeptanz als gleichberechtigte ZuschauerInnen einfordern. Das Spiel gehört uns allen, Männern und Frauen.

Gott sei Dank lassen sich die meisten Frauen nicht abschrecken und besuchen nicht nur immer häufiger die Stadien, sondern engagieren sich auch intensiv in der Fan-Arbeit, sei es ehrenamtlich oder hauptberuflich als Fan-Betreuerinnen. Eine von ihnen ist Imme Glockow (33), die seit 1992 Fanbetreuerin beim FC St. Pauli ist. Gemeinsam mit ihrem Kollegen Sven Brux leitet sie den Fan-Laden, welcher als Kommunikationstreff, Verkaufsstelle von Fan-Artikeln und Organisationspunkt von Auswärtsfahrten für die Fans täglich geöffnet ist. Imme war eine der ersten Frauen, die hauptberuflich in der Fan-Szene aktiv wurden. Die Autorin sprache mit Imme Glockow über deren Aufgabengebiete und Problemstellungen.

Fans von Borussia Dortmund

Frage: Imme, wie bist du eigentlich an den Job gekommen und was für eine Ausbildung hast du dafür gemacht?

Imme Glockow: Zu dem Job als Fan-Betreuerin bei St. Pauli bin ich eigentlich zufällig gekommen. Im Frühjahr '92 half ich bei der Renovierung des neuen Fan-Ladens in der Thadenstraße kräftig mit (ich war zu der Zeit arbeitslos), und die damalige Geschäftsführerin des Vereins Jugend + Sport e.V. fragte mich, ob ich nicht Lust hätte, die freigewordene Stelle beim Fan-Projekt zu besetzen. Ich hatte natürlich Lust, aber eben keine Ausbildung als Sozialpädagogin, welche eigentlich Voraussetzung wäre. Da ich jedoch schon vorher im sozialen Bereich gearbeitet hatte, war es dann doch kein Problem, mich einzustellen. Normalerweise hätte ich aber Sozialpädagogik studieren müssen, wie das die meisten meiner Kollegen auch getan haben. Ich persönlich bin allerdings der Ansicht, daß so ein Studium nicht unbedingt Voraussetzung ist, denn Theorie und Praxis sind eben doch zwei verschiedene Paar Schuhe. Wer, wie mein Kollege Sven und ich, direkt aus der Fan-Szene kommt, hat es doch sehr viel leichter, die Probleme der Leute zu sehen und was für sie zu tun – die Akzeptanz bei der „Klientel" ist also ungleich größer, als wenn so'n frischgebackener Studienabgänger, der noch nie im Stadion war, jetzt mit Fußballfans arbeiten soll.

Frage: Wie war die Reaktion der Fans, sowohl der weiblichen als auch der männlichen?

Imme Glockow: Die Reaktion war, wie schon erwähnt, durchweg positiv – die meisten kannten mich ja auch vorher schon. Es läßt sich schwer unterteilen, ob nun männlich oder weiblich unterschiedliche Reaktionen gezeigt wurden. Klar, es gab die unvermeidbaren Kommentare von einigen „Unverbesserlichen" nach dem Motto „Frauen und Fußball – na, wenn das mal gutgeht…" usw, aber im großen und ganzen gab's eigentlich nur positive Reaktionen.

Frage: Was umfaßt dein Aufgabengebiet?

Imme Glockow: Mein Aufgabengebiet ist sehr breit gefächert. Wir haben unseren Fan-Laden in der Thadenstraße jeden Tag geöffnet, da verkaufen wir Fan-Artikel wie T-Shirts, Schals etc. und Fahrkarten für die Auswärtsfahrten per Bahn oder Bus, und begleiten diese dann auch. Wenn es dann auf solchen Touren zu Hauereien mit gegnerischen Fans kommt, dann ist es auch mein Job, Streitereien zu schlichten, bei der Polizei zu intervenieren, evt. Leute aus'm Knast wieder 'rauszuholen usw. Das ist schon teilweise anstrengend bis nervig, weil ich dann manchmal zwischen den Stühlen sitze und von meinen eigenen Leuten dann auch schräg angeguckt werde, wenn ich mit der Polizei verhandle bzw. versuche, diplomatisch zu sein, obwohl es mir auch stinkt, wie Fußballfans teilweise behandelt werden.

Frage: Wie wird in solchen Situationen auf dich reagiert – kommt es da zu sexistischen Äußerungen oder ähnlichem?

Imme Glockow: Es kommt schon zu sexistischen Äußerungen, von beiden Seiten. In München hat z.B. mal ein Polizist so'n Spruch gebracht, allerdings nicht direkt mir ins Gesicht, sondern so halblaut zum Kollegen. Aber schon so, daß ich es ja höre: „Die blöde Schlampe, was bildet die sich eigentlich ein...?" Auch von den Fans kommt mal so'n Spruch, von unseren eher weniger, meistens kommt das dann von den gegnerischen Fans, die ihre Wut auf so'ne blöde Art und Weise rauslassen.

Frage: Weißt du aus eigener Erfahrung von sexistischen Übergriffen beim Fußball, und wenn ja, was kann deiner Meinung nach dagegen getan werden?

Imme Glockow: Also direkt sexistische Übergriffe halten sich wohl in Grenzen, es kommt sicherlich ab und zu vor, daß angetrunkene Machos Frauen, die in Miniröcken im Stadion auflaufen, auf'n Hintern klopfen. In solchen Fällen rate ich dann zum direkten Gegenangriff, sprich – hau zurück. Darüber hinaus wollen wir aber erreichen, daß sexistische Diskriminierung regelrecht untersagt wird, genauso wie das Tragen von faschistischen und rassistischen Symbolen – das ist eine Frage der Grundrechte. Wir haben zusammen mit Fans anderer Vereine B.A.F.F. (Bündnis antifaschistischer/antirassistischer Fußballfans) gegründet, wo in der Arbeitsgruppe Rassismus auch dieses Thema behandelt wurde.

Im großen und ganzen kann ich sagen, daß sich meiner Meinung nach die Situation für Frauen beim Fußball und gerade beim FC St. Pauli als nicht mehr so diskriminierend darstellt wie noch vor ein paar Jahren. Gerade bei mir ist es so, daß ich schon merke, daß die Leute mich akzeptieren und sich mit Problemen jeglicher Art an mich wenden. Als Frau bin ich für die meisten eher Ansprechpartner in bestimmten Situationen, wenn es z.B. um direkte Hilfe geht. Wahrscheinlich liegt das dann doch wieder an dem Frauenbild in der Gesellschaft allgemein – bei 'ner Frau hat mensch irgendwie weniger Berührungsängste, wenn's um die menschlichen Belange geht. Wir Frauen in der Fußballszene müssen zusehen, daß sich diese Entwicklung fortsetzt und uns permanent für die Gleichberechtigung einsetzen. Am besten dadurch, daß wir den Machos keine Chance lassen, ihre Vorurteile bestätigt zu bekommen. Es ist immer wieder Klasse, wenn frau fachlich gut informiert ist und so manchem Kerl den Wind aus den Segeln nehmen kann!

Bruno Engelin

We wanted Wontorra, but we just got Jörg

Wie das Fernsehen den Fußball in die Hand nahm, sich selbst zum Schiedsrichter erklärte und deswegen der Pfiff ausblieb

Who the hell is Jörg Wontorra? Der Mann ist uns vom Bildschirm her vertraut. Kennengelernt haben wir ihn bei Radio Bremen. Da flimmerte er als junger, frecher und ganz schön kritischer Sportmoderator über den Sender. Berüchtigt durch seinen Mut, als er die Kicker von Werder Bremen der „Arbeitsverweigerung" bezichtigte oder als er 1992 für ein Häßler-Interview den Rasen betrat und dadurch die Europameisterschaftsakkreditierung verlor. Bekannt durch geflügelte Worte, wie „Flieg, Albatros, flieg!", als Michael Groß 1984 beim Schmetterlingschwimmen olympisches Gold gewann. Berühmt durch das Tragen von Pullovern, als die Kollegenschar noch mit Anzug und Krawatte auftrat. Und beliebt durch das langgezogene „Tschüß"-Sagen, wenn die Sendezeit abgelaufen war.

Da war Jörg Wontorra noch bei der ARD. Seit 1992 ist er bei SAT.1 unter Vertrag. Das hat Folgen. Krach mit Vereinen und Verbänden kann er sich jetzt nicht mehr leisten, da sein neuer Arbeitgeber das, was Vereine und Verbände anbieten, für viel Geld eingekauft hat. Bei einer Schwimmübertragung brüllen wie am Spieß ist auch nicht mehr drin, weil die Schwimmübertragungsrechte nicht bei SAT.1, sondern – neuerdings – beim DSF liegen, bzw. die Olympischen Spiele immer noch bei den Öffentlich-Rechtlichen zu sehen sind. Statt Norwegerpullover trägt Wontorra Designermode eines jeweils wechselnden Herrenausstatters. Und sein „Tschüüüß" gehört mittlerweile zum guten Ton und hat, wenn überhaupt je, nichts Aufmüpfiges mehr. Jörg Wontorra ist die fleischgewordene Medienentwicklung im deutschen Sport.

Sportübertragungsrechte sind ein teures Gut geworden. Eine Fernsehsportredaktion kann ihre Sendung nicht mehr nach den wichtigsten Ereignissen des Tages konzipieren, sondern nach den bezahlbaren. Die Rechte für die 1. Bundesliga liegen bekanntlich bei Wontorras Arbeitgeber SAT.1, erworben für fünf Jahre zum Preis von ca. 500 Millionen DM. Wenn der Vertrag ausläuft, wird neu gepokert, und drei finanziell potente Nachfrager – SAT.1, RTL, ARD – werden den Preis gehörig in die Höhe treiben. Gerüchten zufolge soll die ARD freiwillig, und ohne bisher in Verhandlungen eingetreten zu sein, 600 Millionen bieten; der Kölner Privatsender RTL, der mittlerweile zum Branchenführer avanciert ist, gar 800 Millionen. Die Wahrscheinlichkeit, daß das nächste Fünfjahrespaket mit Bundesligarechten die Milliardengrenze sprengen wird, ist sehr hoch.

Wer eine Ware käuflich erwirbt, erhält damit die freie Verfügbarkeit. Nur Vertragsklauseln, gesetzliche Beschränkungen oder ähnliches können Willkürakten des neuen Besitzers noch Riegel vorschieben. Die juristisch gegebene Möglichkeit der freien Verfügung über eine Ware findet ihre stärkste Schranke aber im Markt. Zweck des Rechtedeals ist die ökonomische Stärkung des Rechtebesitzers. Die Anstalt, die die Rechte erworben hat, erhöht ihre Einschaltquote, damit ihre Werbeeinnahmen, damit ihre Marktposition. Wenn die Anstalt aber die Präsentation der Bundesliga in einer Weise unternimmt, die die Einschalter, also unsereins, nicht so recht mögen, geht der Deal nach hinten los. Und was die Zuschauer wollen, hat sich in den über 30 Jahren Ligageschichte recht deutlich herauskristallisiert. Wenn samstags um 18.00 Uhr die Glotze angeht, kennen die meisten Zuschauer die Ergebnisse noch nicht, also muß die Spannung befriedigt werden, indem sofort Spielbilder zu sehen sind. Da darf zwischen den Beiträgen keine Gesangs- oder Tanzeinlage liegen, kein langes Interview und auch keine allzu langen und zu häufigen Werbeblöcke. Und die Information über die Spiele muß knapp sein: Fünf- bis sechsminütige Beiträge sind die Obergrenze, denn sie stehen in Konkurrenz zu den mit Spannung erwarteten anderen Filmen. All das sind quasi goldene Regeln, die sich im Laufe der ersten Bundesligajahre unter dem von niemandem herausgeforderten Patronat der Kölner „Sportschau"-Macher herausgebildet haben.

Als 1988 RTL die Rechte erwarb, starteten sie mit einer dreistündigen Fußballshow – sie flopten. Als 1992 SAT.1 mit „ran" auf den Sender ging, mußten sie alsbald auf ihre ersten Ideen verzichten: Die An- und Zwischenmoderationen des Reinhold Beckmann, obwohl er sicherlich optisch länger aushaltbar ist als sein „Sportschau"-Pendant Heribert Faßbender, mußten von Mal zu Mal kürzer werden. Die nette Idee, nach Spielen per Studioschaltung Kurzinterviews mit wichtigen Akteuren zu führen, kann mittlerweile nur noch selten und nur noch arg gekürzt aufrecht erhalten werden. Und die Nervfigur Günna, die einmal die Klammer zwischen Hintergrund, Show und Sportfachlichem bilden sollte, wurde verdientermaßen eingemottet.

Die als revolutionär neu angekündigte SAT.1-Produktion „ran" hatte sich binnen weniger Monate der alten Tante „Sportschau" mehr als nur angenähert. Die vorab herausposaunte angebliche Frechheit und Spritzigkeit der Reporter verkam zum Krampf. Das redaktionsinterne Verbot bestimmter Floskeln („Die nachfolgende Ecke brachte nichts ein") wirkte nur kurzfristig kreativ; es schliffen sich neue Floskeln ein („Supertor", „geiles Tor", „Tor des Jahres"). Auch aus den neuen technischen Möglichkeiten, die man nutzen wollte, wurde nicht allzuviel. Fünf Kameras für ein Bundesligaspiel sind mittlerweile Minimalstandard. Neue Bildeffekte, wie sie die hinter dem Tor aufgebaute Krankamera erlaubt, sind aus Kostengründen meist bei nur einem Spiel zu bewundern. Und die Superzeitlupe scheint ihren einzigen Zweck in der Verwendung im Sendeabspann zu besitzen, wenn als schonender Übergang zur Werbung, unterlegt mit pathetisch klingender Instrumentalmusik, die schönsten Tore, die schlimmsten Fouls und die fluchendsten Trainer abgenudelt werden.

Der Versuch, sich auch optisch erkennbar von der „Sportschau"-Ästhetik abzusetzen, mußte aus einem banalen Grund scheitern. Denn die „Sportschau" sendet weiter und zeigt uns –

teuer bezahlt – genau die Bilder, die SAT.1 gedreht hat, aufgezeichnet mit fünf bis acht Kameras pro Bundesligaspiel. Das von PREMIERE aufgezeichnete Topspiel der Woche hat noch größeres Equipment, da muß sich dann SAT.1 selbst beim Pay-TV-Kanal bedienen. Der Zuschauer kann, schaut man sich an einem Samstagabend nacheinander „ran" und „Sportschau" an, bezüglich der Übertragungsqualität keinen Unterschied feststellen. Auch die gezeigte Abfolge ist meist die gleiche, hat doch die ARD nicht das gesamte Bildmaterial zur freien Verfügung, sondern nur das von SAT.1 wirklich gesendete. So sind es einzig die Reporter, die noch ein wenig Differenz erkennen lassen oder wenigstens erkennen lassen könnten. Doch das Personal von SAT.1 kommt zu einem großen Teil aus dem öffentlich-rechtlichen Milieu. (Ein weiteres Unterscheidungsmerkmal ist natürlich die Auswahl der Spiele: SAT.1 zeigt alle, die ARD nur, regional jeweils verschieden, einige – das hat aber mit der Ästhetik der einzelnen Beiträge nichts zu tun.)

Diese Fast-Identität von „ran" und „Sportschau" nimmt auch aus einem anderen Grund nicht wunder. Die Sehgewohnheiten des Sportpublikums dürfen halt nicht übergangen werden, dem Zuschauer darf nicht unvermittelt Neues, selbst wenn es gut ist, vor den Kopf geknallt werden. Ein schonender Übergang ist erforderlich, und der gelingt am besten durch bekannte Stimmen und Gesichter. Mit Reinhold Beckmann und Jörg Wontorra bevölkern zwei „Sportschau"-erfahrene Moderatoren das Hamburger Studio und, Johannes B., was für Baptist steht, Kerner hat sich seine Sporen in der SFB-Sportredaktion verdient. Die Reporter, sei es Jörg Dahlmann oder Thomas Klementz, entstammen fast alle aus den angeblich verkrusteten Redaktionen, die von der Gebühreneinzugszentrale leben.

Daß mit Jörg Wontorra einer der beliebtesten Jungs aus der „Sportschau"-Riege abgeworben wurde, beweist, daß die von den SAT.1-Machern vielbeschworene „neue Qualität" keine war und auch nie sein sollte. „Mehr Quantität", also höhere Quote sollte erreicht werden, indem man die Moderatorenauswahl nicht nach Länderrundfunkanstaltenproporz – schon die Eleganz dieses

Wortes deutet an, wie attraktiv das Modell ist – gestaltete, sondern nach Beliebtheit.

Der Erfolg der „ran"-Produktion erklärt sich also nicht aus den – ohnehin sehr spärlichen – Neuerungen, sondern daraus, daß die angeblich fröhlich-freche Truppe fast alles so macht, wie es jahrzehntelang von den Hubertys und Faßbenders vorgeführt wurde und zum Standard geronnen ist. Im Unterschied zu dem gescheiterten RTL-Versuch einer Fußballshow hat SAT.1 die wichtigsten Regeln der Behandlung des Fußballs durch das Fernsehen beachtet. Und diese Regeln lassen sich in einem Satz zusammenfassen: Der Fußballsport muß immer im Vordergrund stehen.

Fußball im Vordergrund, das heißt auch: Das auf dem Bildschirm Offerierte muß übersichtlich sein. Ein Beitrag muß als 90-Minuten-Spiel im Miniformat geschnitten sein. Die Beiträge (und also Spiele) müssen leicht zusammenfaßbar sein. Am Ende einer Sendung (und also eines Spieltages) muß eine klar erkennbare Tabelle stehen. Freitagsspiele und ein Sonntagsspiel sind o.k. Aber sie sind nahezu die äußere Grenze. Das fernsehbedingte Auseinanderreißen von Spieltagen, auf daß niemand mehr die Tabelle versteht, ist von Übel.

Was sich auf den ersten Blick einleuchtend anhört, ist so selbstverständlich nicht. Schließlich will sich jede Anstalt, die Rechte neu erworben hat, auch mit eigenen Ideen profilieren, Neuerungen etablieren, zeigen, daß die Ware bei ihnen besser aufgehoben ist, als bei der ausgebooteten Konkurrenz. Neuankömmlinge auf dem harten Fernsehfußballmarkt neigen also dazu, in mehr oder minder großen Dosen, mit mehr oder minder guten Begründungen, gegen die ehernen Regeln zu verstoßen.

Seit 1993 hat das DSF die Rechte an der Zweiten Liga. Zu den – unter Quote-Gesichtspunkten erfolgreichen – Neuerungen zählt die Einführung der Montag-Liveübertragung des Topspiels. Für die Saison 1994/95 sind zwanzig solcher Übertragungen geplant. Diese und andere fernsehdiktierten Terminvorgaben stellen einen Verstoß gegen das Gebot der Übersichtlichkeit dar: Die 2.-Liga-Tabelle ist vom ersten Spieltag an uneinheitlich, unvollständig und verwirrend.

Für Fans im Stadion sind die fast zur Normalität gewordenen Werktagsspiele eine kaum zumutbare Belastung: Quer durch die Republik zu einem Auswärtsspiel fahren, von dem man aufgrund der auseinandergerissenen Tabelle noch nicht mal weiß, ob es zu den wichtigen und entscheidenden gehört, das ist zuviel verlangt.

Aus DSF-Sicht hingegen stellen die Werktags-Termine eine aus der Not geborene Tugend dar. Mit einer Live-Übertragung gegen die 1. Liga ansenden zu wollen, ist von vornherein zum Scheitern verurteilt; montags abends aber, wenn, zumal gegen Ende der Saison, die Abstiegssituation der 1. Liga Konturen angenommen hat, ein Aufstiegsduell der 2. Liga zu zeigen – das macht Sinn und Quote.

Daß die 1. Liga und ihr Termin-Diktator SAT.1 freiwillig auf die oft recht attraktiven Sonntagspartien verzichten könnten, um dem so begründeten Montagsspieltag der 2. Liga zu einem Sonntagssendetermin zu verhelfen, ist illusorisch.

Es gibt also vielerlei Differenzen und Widersprüche, die kaum unter einen Hut zu bekommen sind. Es ist nicht *das* Fernsehen, das als Organisator und – Platz für blöde Wortspiele muß sein – als Terminator auftritt, sondern es wirkt die Konkurrenz der verschiedenen Ligen und der verschiedenen Sendeanstalten. Daß sich DSF von einer Abnudelstation des Riesen SAT.1 zu einem Sender mit eigenständigem Angebotsprofil entwickelt hat und sich fußballerisch schwerpunktmäßig mit deutscher 2. Liga und italienischer 1. Liga beschäftigt, bewirkt zweierlei. Erstens: die 2. Bundesliga ist vom Medieninteresse her aufgewertet worden. Zweitens: die Unterordnung der 2. unter die 1. Liga fällt stärker auf.

Sich diese Entwicklung genau anzuschauen, empfiehlt sich auch für Fans von Erstligisten, denn das gegenwärtige Schicksal der 2. Liga könnte in wenigen Jahren auch das Gros der Oberhausvereine ereilen. Dann nämlich, wenn Konzepte zur „Europaliga" Wirklichkeit werden. Das heißt, daß – womöglich nach US-amerikanischem Vorbild der geschlossenen Liga ohne Auf- und Abstieg – international attraktive Klubs wöchentlich gegeneinander spielen, jeweils an verschiedenen Wochentagen, damit alles live übertragbar ist. Dann kann man sich vor dem Fernseher eine Renommierliga, bestehend aus AC und Inter Mailand, Real Madrid und FC Barcelona, FC Liverpool und Manchester United, PSV Eindhoven und Ajax Amsterdam und den dann unvermeidbaren Münchner Bayern anschauen. Die nationalen Ligen, die im jeweiligen Fernsehen jetzt noch Priorität genießen, sind dann auf die Plätze verwiesen und erhalten die übrigbleibenden Sendetermine.

Dieses Modell, das spätestens durch die Einführung und spätere Erweiterung (inclusive Setzen der attraktiven Klubs) der „Champions League" nicht mehr ganz undenkbar geworden ist, wird von Medienmogulen wie Berlusconi und Kirch, der hinter DSF und SAT.1 steht, immer wieder gefordert.

Eine solche Euroliga würde auch die bisherige Kritik an der medialen Aufbereitung des Fußballs blaß aussehen lassen. Wenn Jörg Wontorra heute schon nicht mehr von „Arbeitsverweigerung" bei offensichtlich wirklich müdem Gekicke sprechen darf, weil dies als Kommentatorenaufforderung zum Wegzappen verstanden werden könnte und ergo die Quote ruinierte, so dürften das künftige Kommentatoren einer Euroliga gewiß nicht mehr. Dann wird unmotiviertes Ballgeschiebe im Mittelfeld als „ruhige Aufbauarbeit" schöngeredet, das torhüterische Ergattern einer mißglückten Rückgabe zur „Weltklasseparade" hochstilisiert, Reingrätschen in den Gegner zu „internationaler Härte" verharmlost und unzufriedene Fans auf der Tribüne werden von keiner Kamera und keinem Mikro eingefangen, weil sie ein sponsorenunfreundliches Ambiente abgeben.

Das Fußballspiel wird aus der Hand gegeben, das Fernsehen behält sich vor, zwischen gut und schlecht, zwischen attraktiv und langweilig zu entscheiden. Ein Zustand, den wir gegenwärtig schon haben, der aber noch steigerungsfähig ist. In der 5-Minuten-Zusammenfassung eines Spiels werden entscheidende Szenen dem Zuschauerauge entrissen. Da werden Torschüsse als „unhaltbar" bezeichnet, die, wenn man im Stadion war oder wenn man das Spiel live im Fernsehen mit der Kameraeinstellung der Totalen gesehen hat, nie und nimmer unhaltbar waren. Da wird ein Foul mal zur „Schwalbe" gemacht oder zur „Nickligkeit". Da wird unter einer verzerrter Kameraperspektive, die diesen Schluß nicht erlaubt, von einer „klaren Abseitsstellung" gesprochen, womöglich aus noch stärker verzerrter Kameraposition die Behauptung in Zeitlupe „bewiesen".

Das Fußballspiel ist den Zuschauern, den Fans und auch den Akteuren aus der Hand genommen worden. Das Fernsehen wird zum Spielmacher, zum Schiedsrichter, zum Zuschauer und zum Trainer in Personalunion.

Diese Pseudoobjektivität wird durch zwei Aspekte noch untermauert. Zum einen kommt der Statistikwahn hinzu, der einem sagt, daß es Fakt ist, daß der FC XY bei Flutlichtspielen in der letzten Viertelstunde der ersten Halbzeit noch nie ein Kopfballtor durch einen Mittelfeldspieler erzielt hat. Wer solche Statistikergüsse hört, muß irgendwann zugeben, daß die Jungs im Fernsehen fußballsachverständiger sind als man selbst, weil man diese interessante Information alleine nicht parat gehabt hätte.

Zum anderen kommt der Starkult um Moderatoren und Kommentatoren hinzu. Wenn das Fernsehen als letzte Instanz der fußballerischen Objektivität erscheinen will und muß, dann müssen die Gesichter glaubwürdig und vertraut sein. Moderatoren werden also langfristig als Stars aufgebaut. Aus dem Sportjournalisten Wontorra wird unser aller Jörgi, der heute vermißte Ehefrauen sich bitte melden läßt, morgen mit dem Andy, dem Berti und dem Rudi den leicht verdaulichen Small talk führt und übermorgen ahnungslose Millionenerben sucht.

Das mag sich grausam anhören, ist es aber nicht. Andere Optionen hat die Fernsehwelt zu Zeiten, in denen für die ja auch von den Fans als unbezahlbar wichtig eingestufte Ware Fußball eine Milliarde DM gezahlt werden wird, nicht. Was das Fernsehen leisten könnte, ist mittlerweile eine rein theoretische Frage geworden: In der aktuellen Berichterstattung, sei es live oder in der 18.00 Uhr-Präsentation, kann das Fernsehen kaum besser sein, als es gegenwärtig ist. Und wo vorsichtige Verbesserungen denkbar sind, werden die hochbezahlten Jungs bald selbst draufkommen. Daß das Fernsehen mal besser war, glaube ich nicht. Erst als die private Konkurrenz aufkam, haben die Öffentlich-Rechtlichen von ihrer verbeamteten Bräsigkeit langsam Abstand genommen. Daß wir mittlerweile von jedem Spieltag alle Spiele und alle Tore in einer technisch ansprechenden Qualität zu sehen bekommen, entspricht Zuschauerwünschen. Früher fielen Tore aus, weil die Filmrolle gewechselt werden mußte. Da wartete man auf Berichte, weil der Motorradfahrer mit dem Beitrag im Rucksack sich auf dem Weg ins Funkhaus verfahren hatte. Da saßen von keiner Quoten- oder anderer Zuschauermacht bedrängte Reporter am Mikrofon, die ihren Posten nach den Anstalts- und Parteizugehörigskriterien des öffentlichen Dienstes erklommen hatten (erinnert sich noch jemand an Fritz Klein und seinen HSV?). Ja, auch daß man über die schlechten Sendetermine für die 2. Liga schimpfen kann, erscheint mir als Fortschritt. Früher gab es sie nämlich gar nicht.

Gewiß, im nicht-aktuellen Bereich könnte Fernsehen wesentlich mehr leisten, als es gegenwärtig geschieht. Auch Sendungen, wie das „aktuelle Sportstudio" des ZDF oder „täglich ran" von SAT.1 könnten statt Statistikwust und personality-home-stories mehr Hintergrundanalyse leisten.

Jörg Wontorra, der sich gerne als 68er vorstellt, weil er in diesem Jahr sein später abgebrochenes Jurastudium aufnahm, und der freimütig bekennt, früher SPD gewählt zu haben und heute – nach vorsichtiger Veränderung – bei der FDP sein Kreuz macht, steht sehr glaubwürdig für die Entwicklung des Fußballs im Fernsehen. In seiner von Jahr zu Jahr fülliger werdenden Gestalt drückt sich die neue Beliebigkeit des Fernsehens aus: Man macht halt seinen Job, und zwar professionell. Damit ist Wontorra auch glaubwürdig. Er ist wie alle, er ist kein Prinzipienreiter, kein verbockter Spießer: Unser Jörg ist modern und mobil, wendig und geschmeidig. Und seine Wandlungen sind nachvollziehbar.

Jörg Wontorra erzählte mal, daß zu Beginn seiner journalistischen Tätigkeit ein Artikel stand, den er vollständig beim von ihm verehrten Tucholsky abgeschrieben hatte und der unter seinem Namen den Weg in den Satz fand.

So beginnt sowas. Diese fleischgewordene Medienentwicklung hat begonnen mit einem kritischen Gestus, der geklaut war, hat sich fortentwickelt mit einer Frechheit, deren Substanz aus Norwegerpullovern und „Tschüüüß" bestand, und präsentiert sich heute mit einem leicht distanzierten Charme, der aus geliehenen Designerklamotten herausschaut. Diese Entwicklung hat circa zwanzig Jahre gedauert; wir sind also an sie gewöhnt und könnten mit jemand anderem gar nichts mehr anfangen.

Zu gern würde ich mal eine Fernsehkritik von Tucholsky lesen, die „Bitte melde dich!", „ran" und „Erben gesucht" unter die Lupe nimmt. Da ich ja auch nicht abseits stehen will, würde ich sie dann unter meinem Namen an eine Zeitung verkaufen.

Hagen Glasbrenner / Florian Schneider

LöwenZahn beißt Leo

Der Fußball darf nicht dem Fernsehen gehören

Im Grunde genommen halten wir eigentlich nichts von den Medien. Wenn wir ein Fanzine machen, dann nicht unbedingt nur deswegen, weil wir etwas vermitteln wollen, sondern weil wir uns so auf recht abwechslungsreiche Art die Zeit vertreiben. Den LöwenZahn zu machen bereitet uns ein gewisses Vergnügen, und falls dies nicht mehr der Fall sein sollte, lassen wir es eben bleiben. Beispielsweise dann, wenn der TSV 1860 seine drei ersten Bundesliga-„Heim"spiele im Münchner Olympiastadion austrägt oder, wie in der vorigen Saison immer öfter geschehen, Partien aufgrund von Fernseh-Live-Übertragungen auf so abseitige Termine wie Montag verschoben werden.

Sage und schreibe vier von 19 Spielen der Münchner Löwen fanden in der vergangenen 2.-Liga-Rückrunde noch an einem Samstag statt. Heimspiele davon gar nur zwei. Gegen die fünf Freitagsspiele wäre von unserer Seite ja nichts einzuwenden gewesen. Aber an einem Montag, Dienstag, Mittwoch oder Donnerstag mußten die Sechziger sechsmal antreten. Das ist einerseits hart für die Spieler, die kaum mehr zu ihrem gewohnten Rhythmus finden, aber vor allem für uns Fans bedeuten Auswärtsfahrten während der Woche mit An- und Abreise ein bis zwei Tage Urlaub. Wer kann sich das überhaupt leisten? Heimspiele an Werktagen sind für die vielen Löwenfans aus Niederbayern, der Oberpfalz, Schwaben und außerhalb Bayerns regelmäßig nahezu unbesuchbar. Ganz und gar aussichtslos wurde es für die Jüngeren unter uns. Ein 15jähriger aus Großinzemoos schrieb uns: „Ich bin bei jedem Löwenspiel dabei. Nur am Montag, den 21.2.94 bin ich nicht dabei. Da darf ich nicht ins Stadion. Das ist total ätzend."

So sahen es auch die Vereinsoberen des VFL Bochum. Zweimal wurde in der Hinrunde 93/94 ein Spiel der Bochumer vom DSF übertragen. Präsident Wüst ging durch zwei Instanzen gegen die von DFB und DSF abgemachte Spielverlegung vor. Ohne Erfolg bei den Sportgerichten und ohne Erfolg bei den Zuschauern. Rund 8.000 Menschen weniger kamen ins Stadion – im Vergleich zu den an einem Samstag zu erwartenden 20.000 beim Heimspiel gegen Hertha. In der Rückrunde allerdings zeigten DFB und DSF kaum mehr Interesse an Live-Übertragungen der Bochumer, die ja immerhin vom ersten bis zum letzten Spieltag Tabellenführer blieben.

Ganz anders die Situation beim TSV 1860: Die Vereinsführung nahm die Spielverlegungen als eine Art Naturereignis hin. Nach außen wurde immer wieder verlautbart, daß die Montagstermine unglücklich seien, aber der Verein gegen die Entscheidung des DFB machtlos sei. Insgeheim aber hofften die Verantwortlichen wohl, sich mit ein paar Tausendmarkscheinen ihre Krokodilstränen zu trocknen. Aber selbst diese reichlich zynische Argumentation, die uns irgendwann einmal wahrscheinlich Late-Night-Partien bescheren wird, steht auf wackligen Füßen: Lukrativ war die Spielverlegung allem Anschein nach nur bei Auswärtsbegegnungen, bei Heimspielen wurde der Zuschauerverlust durch die Fernsehgelder mitnichten wettgemacht. Die vereinbarte Honorarregelung besagte nämlich, daß die Heimmannschaft mit 55 % und die Auswärtsmannschaft mit 45 % an der Gesamtausschüttung von 110.000 DM pro Partie beteiligt wurde.

Im LöwenZahn-Interview im April überraschte uns Löwen-Präsident Karl-Heinz Wildmoser mit der Behauptung, die unmittelbaren Einnahmen aus Eintrittsgeldern machten gesamt noch rund die Hälfte der im Budget veranschlagten Einnahmen aus. Doch so oder so zeichnet sich eine gewaltige Verschiebung des Kräfteverhältnisses auch im Unterklassenfußball ab. Nicht mehr wir Fans und unsere Eintrittsgelder bilden die finanzielle

Grundlage des Spielbetriebes, sondern die Schecks der Kommerzsender. Und das trifft ausgerechnet die Vereine, die notorischen sportlichen Mißerfolg ausschließlich durch die Hingabe und Begeisterungsfähigkeit der Fans verkrafteten. Denn DSF und Konsorten sind mitnichten daran interessiert, Homburg vs. Jena einzukaufen, sondern schmarotzen mit Vorliebe am Kultstatus, den Vereine wie FC St. Pauli, TSV 1860 München, Fortuna Düsseldorf, 1. FC Nürnberg etc. „besitzen". Zumindest benehmen sich die Vereinsoberen so, als gehörte das Flair der sogenannten Traditionsvereine ihnen persönlich oder zumindest zum beweglichen Inventar der Geschäftsstelle. Die „Tradition" besteht aber in erster Linie darin, nach wie vor eng mit dem großstädtischen Milieu der verbliebenen Arbeiterklasse verbunden zu sein und sich dem hochprofessionellen Angestelltenkick mehr oder weniger unfreiwillig zu verweigern. Augenscheinlich „traditionell" ist, was die Vereinsführung anbelangt, mitunter krudes Finanzgebaren, und was die Fans anlangt, eine scheinbar durch nichts zu verstörende Zuneigung zur jeweiligen Mannschaft, die allen herrschenden sportlichen Marktgesetzen Hohn spottet.

„Und jetzt kommt die Kulisse." Heribert Faßbender brachte in einem einzigen Satz zur diesjährigen Fußballweltmeisterschaft auf den Punkt, was wir in Zukunft für den Liga-Alltag befürchten. Ginge es nach dem Willen der Medienmacher, wären wir Fans gerade noch gut für illustrierende Zwischenschnitte, wenn das Spielgeschehen kurzfristig unterbrochen ist. Und Spielunterbrechungen und Spielverzögerungen, die zum dramaturgischen Konzept eines Fußballspieles gehören wie der Strafraum zum Elfmeter, werden durch permanente Regelfortschreibungen unter dem Druck der Interessen der Fernsehproduzenten und -konsumenten wegrationalisiert. Drei-Punkteregelung, Behandlungsverbot auf dem Rasen und Jubelverbot vor der Kurve – das Spiel muß immer offensiver, immer schneller werden, der Ball darf nicht zur Ruhe kommen und wie der Cursor des Computers am Bildschirm von links nach rechts rasen, damit niemand auf die Idee kommt, wegzuschalten. Spätestens seit Fernsehübertragungen nicht mehr eine seltene Ausnahme sind, sondern außer samstags zur Regel gehören, produziert das Fernsehen eine neue

Wirklichkeit auf dem Rasen, die mit dem, was wir auf den Rängen wahrnehmen, nur noch die Einheit von Ort und Zeit gemeinsam hat. Der DSF mischt Originaltöne von Bundesligabegegnungen unter Spielaufzeichnungen der italienischen Seria A. Baggio trifft und BVB-Fans jubeln. Nicht nur während der Hallenturniere in der letzten Winterpause, sondern auch bei den Live-Übertragungen der Rückrundenspiele ist der Spielanpfiff des Schiedsrichters nicht, wenn die Mannschaften aus der Kabine kommen, sondern nunmehr durch den Zeitpunkt bestimmt, an dem der letzte Werbespot über den Äther oder das Kabel ging.

Der französische Philosoph Paul Virilio bemerkte, daß „die Milliarde Fernsehzuschauer, die sich die Fußballweltmeisterschaft ansehen, ihre Macht auf Kosten der Anwesenden zur Geltung bringen. Die Anwesenden sind schon überflüssig. Es sind nur noch Leute, mit denen das Stadion ausstaffiert ist, damit es nicht so leer aussieht." Wir müssen also von zwei Arten von Sport ausgehen, die einander gegenüberstehen und ausschließen: Einmal der audiovisuelle Sport, wie er durch die Live-Übertragungen im Fernsehen hervorgebracht wird, der nichts mehr mit für die Zuschauer nachvollziehbarer Wirklichkeit zu tun hat und einen absurden Kreislauf von Kapitalverschwendung und unnützem Tausch produziert. Zum anderen der Sport, wie er sich den Zuschauern und Fans im Stadion erschließt, die dem Ereignis in nächster Nähe beiwohnen. Im Vergleich zur Zahl der Fernsehzuschauer bleibt dies immer eine relativ geringe Menge, und es haftet dem unmittelbaren Sportgenuß neuerdings etwas Rückständiges und Ungenügendes an. Denn die Perspektive des Zuschauers bleibt immer gleich, er verfügt nicht über die Möglichkeiten von Zeitlupe, Zoom und Kamerafahrt, um die Ereignisse zu subjektivieren und zu psychologisieren wie in einem Spielfilm. Deswegen fingiert die Medienwirklichkeit auch eine Intimität mit den Akteuren, die wir nur aus einigen Metern Entfernung kennen. Unmittelbarer Sportgenuß ist nicht ohne einen spezifischen Zugang, ohne ein grundsätzliches Verständnis der Kulturgeschichte, ohne Zuneigung oder Begeisterung für einen Verein und dessen Umfeld möglich. Ohne den Sachverstand und die Leidenschaft eines geübten Stadionbesuchers kann ein Fußballspiel vor Ort für Außenstehende geradezu langweilig wirken – im Gegensatz zur gekürzten und künstlich dramatisierten Zusammenfassung im Fernsehbericht oder der Liveübertragung mit 16 Kameras in Pay-TV.

In der Sprache des Unternehmenssprechers des DSF, der uns im vergangenen April einen Leserbrief schickte, hört sich das so an: „Neuerungen bedeuten Veränderungen, und der Natur des Menschen liegen diese nur bedingt." Zuvor hatte der Löwen-Zahn die Spielverlegung des Heimspieles gegen Hansa Rostock unter der Überschrift „Leo, wir holen uns das Spiel zurück!" scharf kritisiert. Der Münchner Medienmogul Leo Kirch monopolisiert zusammen mit seinem Sohn nahezu den gesamten Fernseh-Fußballmarkt. Neben offenen und verdeckten Anteilen an DSF, SAT 1 und premiere, die die komplette Liga-Berichterstattung untereinander aufgeteilt haben, besitzt die Kirch-Gruppe auch die Sportverwertungsgesellschaft ISPR, die 1992 die gesamten Bundesligarechte der nächsten fünf Jahre für 700 Millionen Mark gekauft hat. Vom vielbeschworenen freien Wettbewerb kann also genausowenig die Rede sein wie von einer Unabhängigkeit von DFB und Vereinen gegenüber den Vermarktungsinteressen der TV-Mafia.

Daß es dem DSF nicht um einen wie auch immer gearteten journalistischen Auftrag, sondern um den schnellen Profit geht, zeigt allein die Tatsache, daß am Wochenende genügend Möglichkeiten vorhanden wären, sich mit fundierter Zweitliga-Berichterstattung zu profilieren. Doch daran hat der Kirch-Sender offenbar kein Interesse. Und wer hoffte, DFB und DSF ließen sich – wenn nicht durch die Proteste der Fans, so doch wenigstens durch den dilettantischen und konfusen Charakter der Übertragungen von Montagsfußball vor halbleeren Rängen überzeugt – dazu verleiten, zumindest ein schlüssiges Konzept für die Fernsehberichterstattung der 2. Liga zu entwickeln und die Verlegungspraxis zu überdenken, wurde enttäuscht. Zwanzigmal wird in der diesjährigen 2.-Liga-Saison ein Spiel vom Wochenende auf Montag verlegt, damit die Kameras des DSF den Ball live abschießen. Die Fans des FC St. Pauli, vermutlich die Hauptleidtragenden dieser Situation, haben inzwischen beschlossen, zu einem Boykott des DSF aufzurufen. In der Tat scheinen die Verantwortlichen durchaus empfindlich auf Protest und Gegenwehr zu reagieren. Und daß Fußballfans ihre Degradierung zu TV-Claqueuren nicht so willen- und tatenlos hinnehmen wie ein spielentscheidendes Gegentor in der 90. Minute, damit schienen die Herrschaften wohl zu allerletzt gerechnet zu haben. Der LöwenZahn-Beitrag über die Montagsspiele hat in der Unternehmensleitung des DSF wohl einigen Staub aufgewirbelt. Nur wenige Tage später wollte eine Werbeagentur eine ganzseitige DSF-Anzeige im LöwenZahn schalten. Doch die Redaktion lehnte ab. Werbung für die Fernseh-Mafia in einem Fanzine hielten wir für ebenso absurd wie die scheinheilige Aktion des DSF, drei Busse mit Fans kostenlos von München zum Montagsspiel nach St. Pauli zu schicken.

„Reclaim the Game!" so lautete das Motto des ersten Kongresses des Bündnisses antifaschistischer Faninitiativen und Fanclubs (BAFF) im Juni diesen Jahres in Düsseldorf. Wir holen uns das Spiel zurück. So heißt auch der reichlich optimistische Titel dieses Sammelbandes. Doch ist das überhaupt noch möglich, nachdem der Kommerzialisierungsdruck solche Formen angenommen hat, daß sogar Uli Hoeneß vor der Macht der Privatsender warnt und wieder stärker mit den öffentlich-rechtlichen Sendern zusammenarbeiten will? Wir meinen ja, denn die Macht der Medien und ihrer Vasallen in den Präsidien kann nur noch von kurzer Dauer sein. Zu schnell wird der Markt, der ständig expandieren muß, übersättigt. Und was für Game-Shows, Sit-Coms und für Tennisübertragungen gilt, wird auch den gegenwärtigen Fußball-Boom erreichen. Wenn die Samstagabend-Berichterstattung drei Stunden dauert und davon die Hälfte der Sendezeit Werbung ist, wenn jeden Werktag in der Woche ein Spiel live übertragen wird, wenn selbst Hallenturniere und Privatspiele ungekürzt in der Sendeabwicklung vernutzt werden, dann ist bald auch das Top-Spiel der Woche vor dem Bildschirm so langweilig wie Sampras – Agassi. Und dazu, daß es soweit kommt, werden wir unseren Teil beitragen und ihnen nach Kräften den Spaß verderben.

Thomas Lötz

Immer die bessere Stadionzeitung
Fußball-Fanzines in Deutschland

Neulich, als der Telefonhörer abgenommen wurde: „Guten Tag, hier ist Berti Vogts (Name vom Autor geändert). Ich bin Redakteur der Zeitschrift 'Besenstiel' und soll einen Artikel über diese Fußball-Fanzines (gesprochen: 'Fen-zeins') schreiben. Und Sie machen so ein Ding doch auch. Was ist das eigentlich?". Das Sesamstraßen-Syndrom.

■ Was ist das, ein Fanzine?

Fangen wir also ganz von vorne an, „Für Anfänger" sozusagen, oder eben für den Redakteur des „Besenstiel". Der Begriff „Fanzine" setzt sich aus den Bestandteilen „Fan" und „Zine" zusammen. Ersterer wird in diesem Zusammenhang als Synonym für „Anhänger von Fußballverein(-en)" verwendet, während „Zine" die Abkürzung des englischen Ausdrucks „Magazine" (im Deutschen etwa: „Magazin") ist. Dementsprechend ist ein „Fanzine" also so etwas wie ein „Magazin für Fußballfans". „Aber das ist der 'Kicker' doch auch", wendet der vorschnelle „Besenstiel"-Redakteur da ein. Ist er nicht, denn ein Fanzine grenzt sich in Wahrnehmung des Defizits, das die meisten gängigen Fußballpublikationen, wie „Kicker", Sportteile von Tageszeitungen, Klubzeitungen etc., kennzeichnet, von eben diesen in gehörigem Maße ab. Es wird von Fans gemacht, verfolgt (in der Regel) keine kommerziellen Absichten und ersetzt das ohnehin nur vermeintlich hehre journalistische Prinzip der „Objektivität" durch das, was für Fans das Wesenhafte des Fußballs kennzeichnet: die parteiliche Obsession. Natürlich sind auch viele Journalisten Anhänger des Klubs, über den sie sich schriftlich äußern, aber im Unterschied zu dem, was durch, in und mit Fanzines verbreitet wird, läßt ihr Medium keine oder nur eine geringe Möglichkeit der leidenschaftlich gesteuerten Parteinahme zu (das Vogts-Bashing der letzten Zeit bildet in dieser Hinsicht allerdings eine deutliche Ausnahme).

Sollte jetzt der Eindruck entstanden sein, daß es sich bei Fanzines, und damit auch bei ihren Macherinnen und Machern, um eine homogene Gruppe handelt, so ist dies falsch. Selbstverständlich sind nicht alle Fanzines gleich, haben die jeweils Schreibenden andere Hintergründe, verschiedene Ansätze und geht es nicht zuletzt auch um völlig unterschiedliche Vereine.

■ Ursprung und Übergang auf den Fußball

Fanzines erschienen erstmalig jedoch nicht um den Fußball herum, sondern in einem ganz anderen Umfeld. Die ersten Publikationen, die sich selbst als „Fanzines" bezeichneten, tauchten Mitte der siebziger Jahre in England auf (wie z.B. das legendäre „Sniffin' Glue"). Sie handelten von Punk und dessen Kultur, also von Mode, Politik, Spaß, vor allem aber von Musik. Es war die Zeit, als der Fotokopierer die Grenzen der Büros und Sekretariate überschritt und zunehmend (auch durch die anwachsende Zahl von Copy-Shops) zum Allgemeingut wurde. Genauso, wie sich damals viele „ohne jegliche musikalische Vorbildung" (Kritik des Musik-Establishments) eine Gitarre „in dem richtigen Bewußtsein" (Lob der ernstzunehmenden Seite) griffen, mit drei Akkorden 3 1/2 Minuten füllten, das Schlagzeug einfach Viertel durchkloppen ließen und Texte „von sozialer Relevanz" (geläutertes Musik-Establishment heute) in Mikrophone schrien, genauso wurde mit Papier, Schere, Schreibmaschine, Stift, Kleber, Kordel, Pappe und sonstigem Bastelmaterial unter Verwendung eines Kopierers die dementsprechende Zeitung gemacht. Wichtig waren Schnelligkeit, Unberechenbarkeit (auch in der Erscheinungsweise), Lautstärke, Entschlossen-Sein, Wahrhaftigkeit, Ehrlichkeit und Lüge. Wichtig war vorne, also Avantgarde, also anders und besser zu sein.

Diese Art subversiver Publikation im Sinne eines Unter- und Überschreitens der langweiligen (weil kommerziellen), beschissenen (weil kommerziellen) Musikmagazine schwappte mit Punk dann auch nach Deutschland rüber. Und eines der ersten deutschen Punk-Fanzines war „The Ostrich", das um 1979 in Düsseldorf aus dem Umfeld der Bands Mittagspause und Male hervorging.

Im Frühjahr 1986 hat der 23jährige Londoner Mike Ticher, Anhänger des englischen Erstdivisionärs FC Chelsea, die Idee zu einem Fußball-Fanzine. Ganz alleine bastelt er an der ersten Nummer von „When Saturday Comes", die er in einer Auflage von ein paar hundert Exemplaren über diverse Plattenläden Londons und den Sportbuch-Laden „Sportspages" vertreibt, mit Erfolg. Zwar kursierten zu dieser Zeit in England bereits klubgebundene Fanzines in kleineren Auflagen, aber die Klasse (und das heißt in erster Linie: Witz und Haltung), die „When Saturday Comes" auszeichnete, war einzigartig. Bald schon wurde „WSC" vermehrt auch an Londons Stadien verkauft, später dann auch im Umfeld von „Grounds" im Norden Englands, und heute ist es mit einer Auflage von 40.000 und aufgrund seiner Konzeption als „General Fanzine" (nicht an einen Verein gebunden) das weitverbreiteste und (immer noch) wichtigste Fußball-Fanzine.

■ Die Zines der ersten Stunde

Wie so vieles an britannischer Jugendkultur wurde auch das Konzept „Fußball-Fanzine" in Deutschland begierig adaptiert. Die ersten Hefte, die in der zweiten Hälfte der Achtziger in Deutschland in kleineren Stückzahlen (meist, wenn überhaupt, nicht mehr als 100-200 Exemplare) im Umfeld diverser Fanklubs und schlagender Verbindungen von „Freunden der 3. Halbzeit" auftauchten, lassen sich im wesentlichen in zwei Gruppen unterteilen. In „Hool-Zines" ging und geht es vor allem um statistische Festschreibungen; wieviele aus dem gegnerischen Mob „fielen" oder „geklatscht" wurden, wann wer vor wem „laufen" ging, wer überhaupt ,'nen geilen Mob hat" usw. Andere, mehr oder weniger (eher weniger) witzige Ereignisse halten „Fun-Zine"-Autoren in Sätzen fest wie: „Im Gästeblock feierte man 'ne geile Party, die

Fred nicht mehr miterlebte, weil er zuviel Gerstenkaltschale zu sich genommen hatte" oder „Freds Mageninhalt landete auf der Hose des Schaffners".

Im Vorwort zu „Das Fanzine Buch" griff Herausgeber Rainer Raap diese Unterscheidung auf. Fanzines „sollen hauptsächlich die Mitglieder der Subkultur der Fans und Hooligans informieren über das Geschehene, aber auch immer öfter Kritik am Bestehenden und Geplanten üben." Raaps Erweiterung, der Wunsch nach Kritikfähigkeit der Mitglieder der Fußball-Subkultur, war in den Anfängen der deutschen Fanzine-Kultur nichts als reine Hoffnung. So ist in einer Rezension des „Fanklub-Echo", dem Fanzine des Mönchengladbacher Fanclubs „Siegerland 81", im Juni 1985 zum Thema „Skinhead Fanzines" folgendes zu lesen: „Skinheads (gemeint sind neofaschistische, d.A.) als eigene Subkultur, genau wie sich die Punks nie vor den Karren irgendwelcher Parteien und Organisationen spannen ließen." Bravo, tolle Gleichsetzung! Obwohl in diesem Zusammenhang auch darauf verwiesen werden muß, daß es damals und heute eben immer noch Zines gibt, in denen die zitierte merkwürdige Indifferenz zugunsten eindeutiger rechter Positionen gänzlich verschwindet.

Eine erste, linke Gegenöffentlichkeit wurde dann mit dem mittlerweile eingestellten „Millerntor-Roar!", dessen Nullnummer im Sommer 1989 erschien (parallel zum Aufstieg der Pauli-Profis in die 1. Liga), geschaffen. Dieses St.Pauli-Fanzine stieg, wie ja auch die Fans der Kiez-Kicker überhaupt, schnell zum Liebling (später dann in gewisser Weise auch zum Mythos) derjenigen deutschen Fußball-Fans auf, die es satt hatten, daß die Anfeuerung der eigenen Mannschaft zuallererst auf Schmährufen für den Gegner basierte, schwarze Spieler mit „Hu-Hu-Hu"-Rufen bedacht wurden, Reichskriegsflaggen an den Stadienzäunen hingen und sich vor, während und nach dem Spiel brutal geprügelt wurde. Sie alle hatten jetzt endlich auch ihr „Organ" gefunden.

Der erste Versuch, ein bundesweites Fanzine auf die Beine zu stellen, begann am 13.Januar 1991 mit der Gründung des „Deutsche Fanzeitungsverbundes" (DFZV) in Gummersbach durch 47 Fanzinemacher. „Die jugendlichen Fußballanhänger", hieß es in der damaligen Presseerklärung, „wollen mit diesem Zusammenschluß ihre Interessen gegenüber den Fußballvereinen, dem DFB, der Polizei und anderen Institutionen nachhaltiger als bisher vertreten." Und ein halbes Jahr später war es dann auch soweit: Die Nullnummer von „15.30 Uhr" erschien zu Beginn der Saison 1992/93 in einer Auflage von 4.000 Exemplaren und zum Preis von 3,- DM pro Stück. Sie wurde an diversen Stadien verkauft, hauptsächlich jedoch dort, wo die Klubs der Mitglieder des DFZV spielten. Geplant war ein Veröffentlichungsturnus von zweieinhalb Monaten, der allerdings nicht eingehalten wurde. Eine Nummer 1, die den Titel „15.31 – Jetzt geht's weiter!" haben sollte, erschien nicht mehr. Gründe dafür waren unter anderem die Veruntreuung einer höheren Geldsumme durch den damaligen „Chefredakteur" Peter Bode (ehemaliger Fanbeauftragter von Bayer Leverkusen), vor allem aber die Unzuverlässigkeit und äußerst heterogene Zusammensetzung der Macher. „Das Geld für die erste Nummer zu beschaffen, wäre eigentlich nicht das Problem gewesen. Das Problem war die Zusammensetzung. Die meisten waren einfach faule Asis", sagt Sven Brux, der damals an den Treffen des DFZV teilnahm, heute.

Daß „15.30 Uhr" noch nicht einmal in entferntester Weise ein deutsches „When Saturday Comes" war, wird schon beim Blick ins Editorial deutlich: „Unzweifelhaft ist auch die Tatsache, daß den Fans und Hooligans in Deutschland ein Forum fehlt, das ihre vielfältigen Erlebnisse und Wünsche öffentlich dokumentiert. Die 'etablierten' Medien berichten über die Massen jugendlicher Fußballbegeisterter in der Regel nur dann, wenn sie für Randale sorgen. Die Folge davon ist ein weit verbreitetes Klischee-Bild von Fans und insbesondere Hooligans als 'Horde von gewalttätigen, asozialen Fußballverbrechern', die eine 'Gefahr für die allgemeine Sicherheit' darstellen. Das ist nicht die Wahrheit!!!" Mal ganz abgesehen von der Frage, was denn dann in bezug auf Hooligans die Wahrheit ist, wird auch hier wieder nicht differenziert zwischen Hooligan und Fan, im Gegenteil. Wenn versucht wird, Fan und Hooligan (und der ist nun mal per Selbstdefinition gewaltbereit und -tätig, sonst wäre er ja einfach nur ein Fan) gleichzusetzen und eine Solidarität herbeizureden, die an sich schon völlig absurd ist, dann kann die Folge eigentlich auch nur genau jene Berichterstattung sein, die in „15.30 Uhr" so heftig kritisiert wird. Das Heft hatte aber auch noch andere Mängel. Dem Anspruch, die kreative Vielfalt der Fanszene aufzuzeigen, wurde es durch die Dominanz von Spiel-Berichten und geilen Auswärtsfahrten nicht gerecht (Zitat: „Während der recht stimmungsarmen Fahrt zog man sich genüßlich einigen Gerstensaft rein."); und auch andere Elemente, wie der erbärmlich gescheiterte Versuch einer Satire („Wie werde ich Kuttenträger?"), sind weniger von Kreativität als von Stumpfsinn gekennzeichnet: „Am besten machst Du ein'n auf Arbeiterjunge (bzw. -mädel), oder noch besser bist Du'n Kind von 'nem Arbeitslosen (...) Darüberhinaus verbreitest Du, daß Du in den Slums Deiner Heimatstadt aufgewachsen bist." In Anbetracht der Defizite, die dieses Projekt eines deutschen „General Fanzines" kennzeichneten, braucht man im Nachhinein über sein Scheitern nicht mal unzufrieden oder traurig sein.

■ Die nächste Generation

Heute ist nur sehr schwer zu schätzen, wieviel Fanzines es in Deutschland gibt. Viele erscheinen einmal und dann nie wieder, andere haben ihr Erscheinen längst eingestellt. In wohl jedem Verein gibt es irgendwelche Fanklubs, die sich ihr eigenes Heftchen zusammenbasteln, und so erhält man z.B. in Köln ein schwarz-weiß-kopiertes und mit Paketkordel gebundenes A5-Werk des Fanclubs „Heavy Wesseling 92", das stilsicher „Heavy Zine" genannt wird und dessen Erstling eine Auflage von „erstmal 12" aufzuweisen hatte.

Das Neue an den neuen Fanzines, die im Laufe des Jahres 1994 herauskamen, war, daß sie keine St.Pauli-Fanzines waren. Dennoch wiesen sie bemerkenswerte inhaltliche und Lay-out-technische Qualität auf, erschienen in deutlich höheren Auflagen (1.000 und mehr Exemplare) und finanzierten sich auch durch Anzeigen – alles Standards, die der „Millerntor Roar!" gesetzt hatte. Die Texte in den Heften distanzierten sich deutlich von bis dato üblichen Spielberichten, Artikeln über Auswärtsfahrten und dem „Wie geil mein Verein und dessen Spieler sind". Stattdessen

wurde und wird in Zines wie „Löwenzahn" (1860 München), „Come Back" (Fortuna Düsseldorf), „VfouL" (VfL Bochum), „Schalke Unser" (Schalke 04), „Bude" (Borussia Dortmund), „Erwin" (Offenbacher Kickers) und „Hennes" (1. FC Köln) vermehrt auf Spaß (den man beim Lesen und sogar bei Artikeln über Auswärtsfahrten wirklich haben kann), deutliche Politisierung des Fußballs (z.B. durch Stellungnahmen zu Antirassismus) und die Konstituierung des Fans als ausdrücklich wesentlicher Bestandteil des Fußballs gesetzt – oberste Maxime: „Wir holen uns das Spiel zurück!" Dies alles resultiert dann auch verstärkt in Kritik (auch in satirischer Form) am eigenen Verein, an den Medien (z.B. montägliche Live-Übertragungen von Zweitligaspielen im Deutschen Sport Fernsehen) und am Fußball (Kommerzialisierung) generell. Unterstützt werden diese Positionen in den neuen Zines auch durch ein an Zeitschriften orientiertes, durchaus professionelles Computer-Lay-Out; die Hefte werden nicht länger mehr durch den Kopierer gejagt, sie werden auf zum Teil hochwertigen Papier gedruckt, genauso wie es das „Mutterschiff" der interessanteren deutschen Fanzine-Szene, der „Millerntor Roar!" vorgemacht hat. Aber auch bei St.Pauli, der „Wiege" des deutschen Fanzine-Wesens, hat sich einiges geändert, die letzte „MR!"-Nummer erschien im April 1993. Interne Streitigkeiten über die politische Ausrichtung sowie persönliche Zwistigkeiten untereinander führten zu seiner Einstellung. Die zwei sich herausbildenden Fraktionen gründeten dann jedoch unmittelbar auch zwei neue Hefte, „Der Übersteiger" und „Unhaltbar!". Zusammen erreichen allein diese beiden Zines eine Auflage von 7.000 Exemplaren. Zudem gibt es am Millerntor auch noch das „Fan Mag" (Auflage: 2.000) und (meinen persönlichen Liebling unter allen Pauli-Zines) „Pipa Millerntor" (Auflage: um 400), das der 15jährige Arztsohn Jan Müller-Wiefel seit zwei Jahren in Eigenregie herausgibt, zu kaufen. Absprachen unter den Macherinnen und Machern sorgen in der Regel dafür, daß nicht alle Hefte zum gleichen Heimspieltermin erscheinen, und sichern auf diese Weise deren Existenz.

Das auflagenstärkste deutsche Fanzine erscheint jedoch seit Dezember 1993 beim TSV 1860 München. „Löwenzahn" hat die fast unglaubliche Auflage von 12.000 Stück, erscheint (gewollt) unregelmäßig und wird umsonst bei Heimspielen der Sechziger verteilt. In der Saison 1994/95 jedoch werden die Leser zumindest bei den ins Münchener Olympiastadion verlegten Spielen des Erstligaaufsteigers auf „Löwenzahn" verzichten müssen. Die Redaktion hat beschlossen, das Stadion des Rivalen Bayern München (wenigstens was den „Löwenzahn"-Verkauf angeht) zu boykottieren, will damit auch gegenüber der Vereinsführung und zur Meinungsbildung der Anhängerschaft ein Zeichen setzen, daß „Ground-Sharing" (gerade auch aufgrund rein kommerziellen Denkens) eine identitätsmindernde, dumme Sache ist.

Gleiche Probleme sind den Anhängern des VfL Bochum nicht geläufig. Dafür haben sie aber mit „VfouL" ein A4-Produkt (Auflage: 1.000), das von Pädagogen, Studenten und zwei Journalisten gemacht und vertrieben wird. Im beeindruckenden Layout waren bisherige Höhepunkte: „Inder malen den VfL" (die Verarsche der Vereinskampagne „Kinder malen den VfL") und „Wir basteln! Heute: Trockeneisklumpen" (ein Trockeneisklumpen zum Ausschneiden wie der, mit dessen Wurf ein Uerdinger Fan den VfL-Torhüter Wessels verletzte).

Mehr oder weniger „umíne Ecke", wie die Menschen im Revier sagen würden, hat auch der FC Schalke 04 ein eigenes Fanzine. „Schalke Unser" (Auflage: 5.000 bei Nr. 4 und wahrscheinlich weiter steigend, denn die Schalker hatten mit 1.000 Stück und Nr. 1 begonnen), benannt nach dem ähnlich lautenden Gebets-Klassiker, wird von der Schalker Fan-Initiative herausgeben, die sich besonders im antirassistischen Befreiungskampf der Fußballfans als „Schalker gegen Rassimus" einen Namen gemacht hat. Und neben dem Bekenntnis zum Antirassimus bietet „Schalke Unser" Artikel zur „Zaun-Debatte" („Artgerechte Fan-Haltung") und die schöne Serie „Weisse noch?!", in der sich an legendäre Spiele der Knappen noch einmal erinnert werden darf, sowie die Rubrik „Die Randgruppenecke", in der zuallererst die Dortmunder Borussia, mittlerweile aber auch andere Vereine des Reviers mit nettem Spott überzogen werden.

Die letzte große Neuheit und positive Überraschung ist „Erwin", das Fanzine der Offenbacher Kickers, das seinen Namen dem ehemaligen Kickers-Spieler Erwin Kostedde verdankt. Bei Zuschauerzahlen in der Regionalliga, die nur sehr selten die 3.000er Grenze übersteigen, fast die gesamte Auflage von 1.000 Stück zu verkaufen, spricht alleine schon für dieses Heft. Wenn man dann aber die liebevoll geschriebenen Artikel (z.B. über Fußball in Irland), Serien („Tagebuch eines Kickers-Fans") liest und die in der Hauptsache selbstgeschossenen Fotos einer jeden Ausgabe betrachtet, wird einem der „Erwin"-Erfolg sofort klar. Vom Rentner über die Kutte sogar bis zum Hooligan – auf dem Bieberer Berg („der Kultstätte", Zitat) gehört der „Erwin" („das Kultmagazin", Zitat) längst genauso zum Spiel wie der „Äppler" in der Halbzeit.

■ Schwierigkeiten mit den Vereinen

Bis hierhin klingt es so, als sei Fanzine-Machen eine reine Freude ohne jedwede Last, aber es gibt auch deutliche und tiefe Schattenseiten im Leben von Zineisten. Weniger dunkel, dafür lange Zeit umso mehr, sah es beim Düsseldorfer Heft „Come Back" (Auflage: 1.000) aus. Der Verein, die Fortuna, verbat den Machern den Verkauf ihres Zines an Spieltagen um und im heimischen Rheinstadion, weil um den Absatz der ähnlich aufgemachten (inhaltlich natürlich viel schlechteren, d.A.) Stadionzeitung gefürchtet wurde. So blieb Stefan Diener und seinen Freunden nichts anderes übrig, als „Come Back" bei den (damals noch) Oberliga-Auswärtsspielen der Fortuna anzubieten. Beim Aufstiegsrunden-Heimspiel gegen Eintracht Braunschweig erreichten sie dann allerdings, in Zusammenarbeit mit dem Fan-Projekt, daß das Heft wenigstens an den Aufgängen zum Fortuna-Block verkauft werden durfte. Der Erfolg war gigantisch: Innerhalb einer Dreiviertelstunde schafften es vier Leute, 1.000 Exemplare an den Fan zu bringen. Und so hoffen sie in Düsseldorf jetzt, daß der Verein ihnen zukünftig keine Schwierigkeiten mehr beim Vertrieb ihres Heftes bereiten wird.

Die gibt es in Köln (und hier rede ich als Betroffener) dafür in verschärften Maße. Unser „Hennes" (Auflage: 1.000) wird, ähnlich wie in Düsseldorf, von Seiten des Vereins als Konkurrenz zur Stadionzeitung gesehen (außerdem existiert bereits das Zine

„Kölsch-Live" des Kölner Fan-Projektes), und deshalb hat man uns einen weiteren Verkauf des A5-Heftes „aufgrund bestehender Verträge" erst einmal untersagt. Zwar kam uns auf verschlungenen Wegen und durch dunkle Kanäle zu Ohren, daß Manager Bernd Cullmann das Erscheinen des Heftes sehr begrüßt hat (er soll beim Lesen sogar gelacht haben), aber offensichtlich kann man sich seitens des 1. FC Köln nicht dazu durchringen, ein unabhängiges Produkt, das dem Verein keinen finanziellen Zugewinn verspricht, einfach laufen zu lassen. Das ist zwar schade, aber, Brüder und Schwestern, unser Kampf geht weiter. Letzter Stand der Dinge: Der Verein hat nach einem Artikel im „Kölner Stadt-Anzeiger" erneut seine Gesprächsbereitschaft bekundet; das Ergebnis steht bei Redaktionsschluß dieses Textes jedoch noch aus.

Abschließend möchte ich, auch damit dieser Beitrag nicht in totalem Selbstmitleid ertrinkt, noch kurz ein Fanzine vorstellen, das zwar noch von alter Machart ist (kopiert und mit Schreibmaschine), aber gar nicht anders denkbar ist, und genau deshalb wirklich erstklassig. Die Rede ist von FRÖSI („Fröhlich sein und singen"; Auflage: 250), einem Hansa-Rostock-Fanzine im A-5-Format, das eigentlich irgendwie auch ein St.Pauli-Fanzine ist. Dies hat seine Ursache vor allem in der in dieser Hinsicht gespaltenen Persönlichkeit des Frösi-Herausgebers und Familienvaters Veit Spiegel – ein Fan zweier Vereine (was wahrscheinlich nicht dem Umstand „Familienvater" geschuldet ist). Neben den Spielen von Hansa und Pauli finden aber auch noch diverse andere, zumeist von lokaler Wichtigkeit umwehte Ereignisse ihren Platz. In der Ausgabe „Juni '90", die im Juni 1994 als Nummer 19 erschien, gibt es beispielsweise einen bahnbrechenden, aufregenden und dennoch kritischen Bericht zum Bezirkssportfinale zwischen den Mannschaft aus Torgelow und Wolgast: „Beim Schlußresultat von 7:0 trugen die mit Mützen, Aufnähern und Fahnen bewaffneten Torgelower ihre Mannschaft vom Platz und soffen mit ihnen auf einem anderen Sportplatz weiter. Aber ich frage mich, was diese Fans täglich an Alkohol (ver-)brauchen. Die meisten sahen so aus, als würden sie in Ausnüchterungszellen ein- und ausgehen. So hat der Pokalerfolg wenigstens etwas

Sonne in ihr erbärmliches Dasein gebracht." Aber auch dem Freund wilder post-sozialistischer Fotocollagen bietet Frösi Freude. Wo sonst gibt es eine Publikation, in der sich Erich Honecker (...seiner Seele gnädig) und Michail Gorbatschow (genau der) in strammen sozialistischem Zungenkuß ergehen und nebendran ein FDJ-Plakat wirbt mit der Aufschrift „Ich bitte um Aufnahme in die SED" („Ich auch", d.A.).

Aus dem Fanzine FRÖSI

Anmerkung: Eine Adreßliste ausgewählter Fanzines findet sich im Anhang dieses Buches.

Bodo Berg

»Schalke unser«
Unabhängige Fan-Arbeit »auf Schalke«

Am Anfang war das Feuer, und das war seit Kindheitsbeinen blau-weiß. International konnte man sich stets nur mit Freundin, nie mit dem Verein bewegen, außer vielleicht mal ins Trainingslager. Unvergessen der Absturz, fast in die Oberliga. Die wütenden Tränen am Zaun, die Zornesgesänge der Fans in Kassel, an die eigene Mannschaft gerichtet, und die noch lachenden Gesichter um Pele Wollitz herum. Seit dieser Zeit sind viele Spiele im Bewußtsein bangender blau-weißer Fans. Einzig und allein die Tatsache, daß die Zuckerpüppchen und Punktelieferanten aus einem Vorort bei Lüdenscheid einem seit Jahren nur Freude machen, ein schwacher Trost. Nichts unterschied uns von anderen Fans, deren Weg jeden Sonntag zur Bude führte, um die Gazetta dello Sport fürs Ruhrgebiet (Reviersport) zu kaufen. Ein paar von uns kickten die Kirsche noch selbst, leider kam aber mit zunehmendem Alter die Erkenntnis, daß es für Libuda II kein Comeback mehr gibt. Zu Beginn jeder Saison der Traum, vorne in der Tabelle zu landen. Neueinkäufe wurden liebevoll mit Hoffnung versehen. So auch dieses Mal: „Laß den Olaf erst einmal 'ne Nacht wieder auf Kohle schlafen!" Doch bevor die Schalker wieder von UEFA-Cup Plätzen träumen, ein Rückblick in das Jahr 1992.

Wir waren wieder da, und zwar erstklassig! Die Dauerkarte hatte eine neue Plastikhülle, und die 1a-Erbsensuppe aus Braunschweig war auch vom Schal verschwunden. Wir führten alle ein beschauliches Fan-Dasein, wäre es nicht durch gesellschaftliche Veränderungen, aufkommenden Nationalismus, Medien-Halali zur Menschenhatz auf Asylbewerber und letztlich dem daraus resultierenden Rassismus zu Stimmungsumschwüngen im Stadion gekommen. Kurvengesänge à la „Husch, husch, husch, Neger in den Busch" oder die imitierten Urwaldgeräusche, sobald ein schwarzer Spieler den Ball hatte. Von den unsäglichen „A-sy-lan-ten,-A-sy-lan-ten"-Rufen ganz zu schweigen. Dies alles nervte ja schon lange und vermieste einem so manches Spiel. Das waren Momente für jemanden, der sich in der Faszination kollektiven Jubels gerne tummelte, jetzt das Gefühl der Ohnmacht zu empfinden. Es mehrten sich die Gesänge, und die Einzelrufer wurden immer dreister: Rassismus pur war angesagt. Aus dem teuren glücklosen Mic wurde nicht wie früher aus harscher Kritik der „Lahmarsch", sondern die „Kroaten-Sau" (Mihajlovic ist im übrigen Bosnier). Diese Reaktionen und auch die dann folgenden Auseinandersetzungen in der Kurve blieben natürlich nicht am Abend in der Kneipe undiskutiert. Irgendwann, nach ein paar Pils und einer Flasche Wein, es war Anfang November, beschlossen vier Schalker Fans in der Kneipe „Vasco da Gama" (sinnigerweise der wahre Entdecker Amerikas) aktiv zu werden und ein Flugblatt zu drucken. An die Öffentlichkeit wollten wir damit erstmals am 9. November. Ausschreitungen gegen Ausländer, brennende Asylunterkünfte, Hoyerswerda und letztlich der Mob von Rostock und die schweigende Mehrheit – eine Zeit, die immer unerträglicher wurde.

Bis dato tat sich nichts im Ländle, eisige Stimmung und Ratlosigkeit machten sich breit. Das Wort „Lichterkette" gab es auch noch nicht. Freunde halfen uns beim Erstellen der Logos, ein Fußballstiefel, der das Hakenkreuz zertritt. Ein Transparent wurde in nächtlicher Aktion gemalt, auf dem geschrieben stand „Schalker Fans gegen Rassismus". Den Druck und das Layout fürs Flugblatt übernahm gerne ein Frankfurter Fan, der bis heute nicht vergessen hat, daß Schalker Bollos ihm als Kind die Fahne der Eintracht verbrannt hatten. Noch schnell all die Schalker angerufen, die für eine solche Aktion zu haben sind. Schal und Mütze auf, die Flugblätter und das Transparent unter'n Arm und hin zum Markt, wo sich schon 6.000 Leute eingefunden hatten, um gegen Ausschreitungen gegen ausländische Mitbürger am

Tag der Jährung der Nazi-Pogromnacht zu demonstrieren. Etwa 20 Schalker verteilten Flugblätter und wurden irgendwie wegen ihrer Exotik „Fußball-Fans und Demo" bestaunt. Lustige Episoden gab es natürlich auch, als Sport- und Sozialdezernent Neumann (nicht Charly) meinte, daß es ja auch mal an der Zeit sei, daß der Verein was Richtiges tue. Die Äußerung ist ja auch o.k., wenn sie nicht gerade vom „Sport-" „Sozial-"Dezernenten selbst gekommen wäre. Der Vorsitzende der VVN in Gelsenkirchen gab auch noch zum Besten, daß wir da wohl eine Marktlücke entdeckt hätten. Echt stark. Danke für soviel Hilfe. Ansonsten verlief alles wünschenswert.

Die Resonanz war gut, und wir merkten den Zusammenhang von Vereinstreue, Solidarität, Sportsgeist und Toleranz deutlicher denn je. Später nach der Abschlußkundgebung meldete sich der Fan-Beauftragte für den FC Schalke 04 und bekundete: Darauf habe er schon Jahre gewartet. Das war der Beginn einer kochenden Leidenschaft, die Leiden schaffte. Ein halbes Jahr später stellte sich dieser Sozialarbeiter tatsächlich mit dem Pressespiegel unserer Initiative bei seinem neuen Arbeitgeber vor und ward fortan in der Ini und im Stadion nicht mehr gesehen. Zurück blieben nur trauernde Hools! Ermutigt von so viel Resonanz bei der Kundgebung, fuhren wir drei Tage später auf die große Demo gegen Ausländerfeindlichkeit nach Bonn. Wir hatten über den Lokalfunk und über die Lokalpresse aufgerufen, mit Kutte, Schal und allem Blau-Weißen sich uns anzuschließen. Tatsächlich in Bonn angekommen, reihte sich mancher Blau-Weiße bei uns ein. Mönchengladbacher und Iren mit Schals schlossen sich uns ebenfalls an. Flugblätter (wir hatten nur noch 2.000 Stück) wurden mit der Aufforderung verteilt: „Jede Beziehung nur ein Blatt!" Dann brach ein ungeahnter Sturm herein. Dutzende von Lehrern wollten uns für ihren Unterricht gewinnen. Zig Adressen wurden ausgetauscht. Interviews verschiedener Fernsehsender folgten. ARD (Tagesthemen), ABC (VS Television), ZDF und WDR gaben sich die Klinke in die Hand (manchmal war es auch nicht so schlimm).

Viele Fans des Fußballs kamen spontan auf uns zu, und wir tauschten eine Menge Informationen aus. Geil! Auf dem Platz

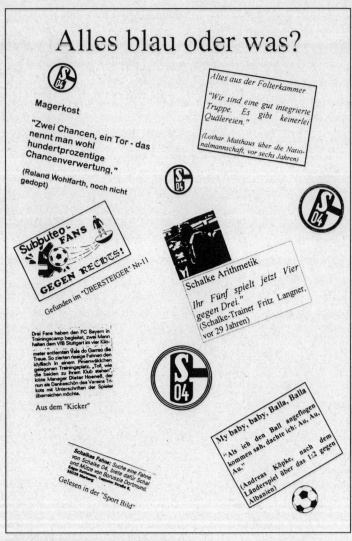

Aus dem Fanzine „Schalke Unser"

der Abschlußkundgebung (300.000 Leute) wehte mittendrin die IGBE-Fahne und oben angeknotet der Schal des FC Schalke 04. Fußballfans gegen Ausländerfeindlichkeit und Rassismus, das ist ein Zeichen, das viele verstehen. Gegen die Bollerköppe in den Stadien und außerhalb. Mein noch aus dem Inter-Shop stammender letzter Flachmann „Nica Rum Flo de Canja Black Label" rundete die Abschlußkundgebung ab und dann zurück Richtung Gelsenkirchen, den Kopf voller Eindrücke. Nichtsahnend ging ich am Montag zur Arbeit, um mich meinem Broterwerb zu widmen. Dazu sollte es in den folgenden zwei Monaten für Detlef und mich nicht mehr kommen. Da ging sie ab, die Luci! Der Anrufbeantworter war voll. Dutzende Interview-Wünsche, Presse, Funk, Fernsehen, alles geballt. Es war schon irre, was ein einziges Fluglatt auslösen konnte. Nicht nur, daß wir genug damit zu tun hatten, die nächste Aktion (Verteilen im Stadion) zu organisieren. Natürlich waren wir über das Presse-Echo erfreut, aber es vereinnahmte uns vollends. Abends schlief man mit heißen Wangen ein und morgens klingelte der Wecker umsonst, das Bett war längst leer und man selbst schon lange unterwegs. Der bislang unbekannte Filo-Fax wurde mein ständiger Begleiter. Kontaktgespräche führte man abends in der Kneipe.

Nach einem Gespräch mit einem Fan, die bei uns mitarbeiten wollte (heute ist sie nicht nur Mitglied, sondern der gute Geist der Ini – unser Ulla), also nach diesem Gespräch quatscht mich ein Typ mit roter Nase an und fragt, ob wir nicht tags drauf mal zum OB und zum Oberstadtdirektor kommen wollten. Durch Zufall ist man dem Fraktionsvorsitzenden der SPD Gelsenkirchen, Dieter Rauer, über den Weg gelaufen. Noch ein Beginn einer kochenden Leidenschaft. Das Treffen gestaltete sich illuster, aber wenig effektiv. Wohlwollendes Nicken ohne Aussicht auf irgendeine Unterstützung, um die Erfahrung reicher, daß die Tochter unseres Oberstadtdirektors uns auf der Demo in Bonn gesehen hat und uns toll fand, überkam uns ein seltsames Befremden. Außer Spesen nix gewesen!

Endlich war es soweit, neue Flugblätter (25.000 Stück) waren gedruckt, und der Tag nahte, das Stadion damit einzudecken. Ein glücklicher Zufall, daß der Dachverband der Schalke-Fan-Klubs seine Jahreshauptversammlung vor dem Spiel abhielt. Hier stellten wir unsere Aktion vor, und man unterstützte uns nicht nur inhaltlich. Zig Fan-Gruppen schnappten sich die Flugblätter, und so hatten wir im Nu Dutzende hilfreiche Hände zum Verteilen der Flugschriften. Vor Spielbeginn gegen die Eintracht aus Frankfurt hatten wir unser Transparent (mit Absprache des Vereins) in den Innenraum gebracht, um es der Sportpresse vorzustellen. Da standen wir nun, das Transparent in den Händen und das berühmte Auslöserklicken der Fotoapparate im Ohr. Ein wirklich seltsames Gefühl. 1, 2, 3 vielleicht 4 Minuten, alles klickt eine Ewigkeit. Kein Grinsen schafft man 4 Minuten lang. Plötzlich, wie von Geisterhand (es war wirklich nichts geplant), die Blauen liefen sich schon längst warm, eine Bewegung Richtung Mittelkreis, das Transparent in Händen. Und dann angekommen, einmal gedreht und jetzt? Wie ein Magnet zieht es uns in die Nordkurve. Mein Gott, was tun wir? „A-sy-lan-ten, A-sy-lan-ten" tönte es noch aus der Vergangenheit in unseren Ohren, doch da, je näher wir kommen, Beifall! Rechts Anderbrügge, der mit Ball und einem Seitstepp an uns vorbeisaust und auf Sendscheid paßt. Dann die Kurve, 20 Meter davor. Was nun? Knisternde Spannung und dann die Erlösung. Die Kurve aus einer Kehle, wohl auch aus Verlegenheit: „Wir scheißen auf den BVB!" Das war wohl auch für manchen Transparentträger das Signal, aus seinem Herzen keine Mördergrube zu machen und in diesen Tenor einzusteigen. Nazis raus, wäre uns sicher lieber gewesen, aber wie man weiß, dauern Wunder gerade in Schalke immer etwas länger. Danach nur noch Befestigung des Transparentes am Zaun und hin zum nächsten Bierstand, um das Erlebte erstmal zu verdauen.

Das Spiel ging im übrigen 0:0 aus. Nie werde ich diese Eindrücke auf dem Rasen und den Weg in die Kurve vergessen. Seit diesem Tag hängt unser Transparent bei jedem Spiel in der Nordkurve und hat dort im Schalker Bannerwald seinen festen Platz. Asylanten-Rufe oder dieses unselige Husch-husch-Gerufe gehören seit diesem Tag der Vergangenheit an, jedenfalls als fester Bestandteil Schalker Liedgutes. Einzelrufer, die ganz Bekloppten erreicht man natürlich nie! Letztlich ist noch anzumerken, daß das Flugblatt absolut positiv aufgenommen wurde. Ausnahmslos!

Wenn noch ein Hauch von Chance bestand, einer geregelten Arbeit nachzugehen, so war dieser Montag zunichte. Jetzt kamen die Schalker! Hunderte von Anrufen. Ein geiles Gefühl, den Hörer aufzulegen, um gleich wieder mit dem Nächsten zu telefonieren: Ingo aus Meschede und Gordon aus Lüdenscheid, Dank euch allen an dieser Stelle für euer Mut-Machen und euer Interesse. Gut zu wissen, daß Fußballfans noch etwas anderes sind als das, was ihnen oft die Presse nachsagt. In einer Zeit, wo Asylbewerberheime brennen, wo alles, was nicht weiß ist, in Deutschland Angst haben muß, wo ich Angst habe vor diesen Deutschen, stehen Fußballfans auf und halten die Tugenden des Sports, Toleranz, Fairness und Solidarität hoch. Die Aktion zeigt Wirkung. Hilfe, unser Briefkasten quillt über! Viele, sehr viele Briefe erreichten uns. Ganze Schulklassen schrieben uns mit unendlich viel Liebe gestaltete Post. Viele Schreiben, die einfach ausdrücken, daß eigene Wünsche und Gedanken sich mit denen der Initiative decken. Manch einer legt einfach einen Zehner bei, apropos Moos! Die Aktion kostet Geld, sehr viel Geld. Unsere Arbeit ist und bleibt unentgeltlich. Auslagen entstehen: Telefongeld, Porto, Flugblätter, Druckkosten, Erstellen von T-Shirts, Aufklebern etc. Alles kostet Geld. Außer Lippenbekenntnissen, Versprechungen und In-Aussichtstellungen bleibt alles heiße Luft. Die Amateur-Bühne Gelsenkirchen spendet ca. 700,– DM, und die Zeitschrift Reviersport beteiligt sich an der Finanzierung des ersten Flugblattes. Politiker und andere Phantasten können uns seit dieser Zeit...

Rita Süßmuth, in ihrer Eigenschaft als Bundestagspräsidentin, hat uns mal tatsächlich zum Kaffee eingeladen. Wir sollten einen schicken, der jung, unter 21, mit Führungsaufgaben in unserer Ini vertraut und redegewandt ist und aus der Szene stammt. Jedem Leser sollte zumindest jetzt klar sein, wofür die Mark pro Einwohner war, die das Land NRW gegen ausländerfeindliche Aktivitäten ausgegeben hat. Für Kaffee und Kuchen bei Rita und in Gelsenkirchen für die ABM eines Ausländerbeauftragten. Unsere Ini jedenfalls hat trotz aller Anstrengungen: Eintragung als e.V., volle Gemeinnützigkeit und Anträge ans Ministerium für Arbeit, Gesundheit und Soziales um Unterstützung, keine Puseratze erhalten. Längst sind wir schlau geworden und scheißen nicht nur auf den BVB.

Eigentlich ging erst jetzt die ganze Arbeit los. Briefe mußten beantwortet, Telefonate geführt, Rundbriefe erstellt und erarbeitet werden. Computertechnik war gefragt. Viele neue Gesichter hat die Initiative seither. Petra, die unerbittliche Kassiererin, die jedem schlamperten Chaoten von uns die Quittung zeigt. Peter und seine Software; Ulla, die Verbindungsfrau. All die Mitglieder, ohne die die Ini nicht leben könnte, seien erwähnt. Vom Kölner „Knappen Sieg" bis hin zu den Unncraner „Schalker Rebellen" und nicht zu vergessen der Düsseldorfer „Camen-Bär" – Danke! Ohne Euch könnte es kein „Schalker gegen Rassismus" geben. Natürlich gab es auch Rückschläge: Freunde, die sich zurückzogen, Privaties ohne Ende, oder einfach Leute, die in private Krisen stürzten. Eine Initiative ist halt auch nur das normale Leben. Fußball wurde im übrigen auch gespielt.

Auf der Fahrt nach Bayern am 12.12.92 waren wir natürlich dabei: Unterwegs klebten wir die Bahnhöfe mit unseren Spukkies nur so voll. Fünf Minuten Aufenthalt bedeutete: 100 Spukkies. Im Zug fuhren ziemlich viele Schalker nach München. In Stuttgart bekamen wir plötzlich Ärger mit acht Schalkern aus dem Berliner Raum. Neo-Nazi-Scheiße ergoß sich im Abteil. Großes Tohuwabohu, und die Situation spitzte sich zu. Plötzlich kamen mehrere Leute von Fan-Klubs hinzu und gaben den Neo-Nazis zu verstehen, daß es an der Zeit wäre auszusteigen. Aber für eine solche Aktion würde man den Zug nicht anhalten. Ruhe im Abteil. Die Fahrt verlief ab da sehr ruhig und im Sinne von Hansa Bräu. Der DFB stellte seine Kampagne „Mein Freund ist Ausländer" bundesweit in München vor. Viele Luftballons zierten den Himmel, den Zaun zierte unser Transparent. Zwei Jahre später untersagte uns Herr Oliver Mayer, Ordnungsdienstleiter in München, auf Anweisung des Herrn Roth (Geschäftsstelle) das Aufhängen unseres Transparentes an selbiger Stelle. „Mein Freund ist Ausländer", wir Dummköpfe hatten nicht begriffen, daß diese Aussage nur für den 12.12.1992 galt. Ein neues Flugblatt wurde erstellt, zusammen mit den Schalker Spielern Lehmann, Eigenrauch, Müller, Prus etc. Es kostete viel Kraft, bis alles so stand, wie es sollte. Dynamo Dresden kam: Wir verteilten 25.000 Flugblätter wie gehabt. Die Reaktion war positiv bei den Schalkern. Dresdener sagten uns, daß wir uns das wohl nicht im Osten trauen würden. Dazu fällt uns nicht viel ein. Zu dieser Aktion ist nur hinzuzufügen, daß ein „Fan"-Shop-Besitzer über unsere T-Shirts fuhr, um sie unbrauchbar zu machen (Arschloch), und uns der Verein, weil wir ihn über die Aktion nicht informiert hatten, die Reinigungskosten der weggeworfenen Flugschriften in Rechnung stellen wollte. Selbiger rief uns eine Woche später an (es ist im übrigen das einzige Telefongespräch in 1 3/4 Jahren, das der Verein mit uns geführt hat), um uns zu bitten, das gleiche Flugblatt unter Übernahme der Kosten noch einmal zu verteilen. Was war geschehen? Ein Schalker Bollo namens Christian zündete (laut Ermittlungen) in Solingen ein türkisches Wohnhaus an, in dem Menschen verbrannten. Einen Tag später schaute er sich seelenruhig die Partie Schalke 04 gegen 1. FC Köln an, bevor er in Kutte mit Schal verhaftet wurde. Auch diese Zusammenhänge überlasse ich der Phantasie des Lesers.

Verteilt wurde das Flugblatt zum Saisonausklang gegen Bayern. Satte 50.000 Stück, bestellt und beglichen durch den S 04. Anzumerken ist nur noch, daß wir den Bayern die Meisterschaft mit einem Sieg versauten. Ingo sei's gedankt. Seit dieser Zeit und unter diesen Umständen sind viele Leute enger aneinander gerückt. Die Initiative steht. Von Gelsenkirchen über Krefeld, Köln, Unna, Siegerland, Düsseldorf bis Bremen, man/frau kennt sich, und es ist wichtig geworden, Fußball zu leben. Kontakte zu anderen Inis wurden aufgebaut und als eine wichtige Form von Austausch erkannt. „Bündnis antifaschistischer Faninitiativen und Fanclubs" heißt bedeutungsschwanger die Organisation. „Reclaim the game" oder „Holt Euch das Spiel zurück" würde ich sie untertiteln. Wider den Rassismus in den Stadien zu kämpfen, ist wohl für uns das wichtigste Anliegen. Aber mittlerweile muß man erkennen, daß unsere Arbeit erst die Spitze des Eisberges ist. Katastrophale Fan-Betreuung, „Fan"-Projekte, die alles andere sind, als Projekte mit Fans, und Vereine, die die Fans nicht mal mehr als Kulisse brauchen, machen es unumgänglich, daß es uns gibt. Fan-Gewerkschaften, Vertretungen der Fans beim DFB. Die

Utopie ist greifbar. Wer ist der zwölfte Mann jeder Mannschaft? Wir natürlich. Ohne uns ist, wie einmal Rogan Taylor, Kenner der englischen Fußballszene gesagt hat: „...dieses Spiel ein müder Kick im Park von 22 Kurzbehosten". Wir machen das Spiel erst zum Ereignis. Diese und andere Erkenntnisse geben uns die Legitimation zum Weitermachen.

In unserem Fall, in Gelsenkirchen, versuchen wir auch mit dem Verein zusammenzuarbeiten. Was man so zusammen arbeiten nennt. Erst hieß es seitens des Verein, man wolle ein Fan-Projekt mit Fans machen und uns, bzw. den Dachverband darin integrieren. Gemeinsam wollte man dieses mit Leben füllen. Herausgekommen ist außer heißer Luft und einem „Fan-Projekt", das sich wieder mal mit den Hools und Kaffee ausschenkenden Sozialarbeitern beschäftigt, nichts. Für uns von der Ini ist das einzige, was vom Verein kam, die Begleichung einer Rechnung von Flugblättern, um deren Verteilen sie uns gebeten hatten. Bitten um Erlaubnis, vor dem Spiel den Innenraum zu betreten (Kontakt zur Presse, Aufhängen des Transparentes, Spielerkontaktpflege etc.) blieben bisher ungehört. Auf unserer Seite ist die Beharrlichkeit und die Kunst, keine wunden Finger beim Wählen der Telefonscheibe zu bekommen, um die Geschäftsstelle zu erreichen. Auch haben wir die Hoffnung nicht aufgegeben, daß der Verein, wie man hierzulande sagt, endlich Butter bei die Fische tut.

Unmöglich, all die Aktivitäten zu schildern, mit denen wir konfrontiert waren: Symposien, deutsch/türkische Seminare, als Gastredner bei Gewerkschaftsveranstaltungen, als Mitorganisation von Klassik- und Rockkonzerten gegen Rassismus, bis hin, ja, ich glaub' es auch kaum, zu Pfarrfesten. Bücher- und Infostände (mit Schalker Spielern zusammen) sind kaum zählbar. All diese Aktionen zeigten Wirkung. Die Einrichtung eines Postfaches war vonnöten, und der tägliche Weg dorthin lohnt sich. Hunderte von Interessenten und auch mittlerweile Mitgliedern wollen über die weitere Existenz der Ini informiert sein. Rundbriefe und kleine Infoblätter entstehen. Der Fan und die Initiative rufen nach einem Fan-Zine, einer Zeitung für den blau-weißen Fan. In den Anfängen der Ini geisterte dieser Gedanke bei uns allen schon in den Köpfen herum. Eine eigene Fan-Zeitung, voll mit

Fan-Interessen, anders als der „Kreisel" (offizielle Vereinszeitung), der ja bekanntlich Vereinsinteressen vertritt. Das war der Traum. „Tibulski" sollte sie heißen, weil er einer derjenigen war, der sich aus der alten Traditionsmannschaft abhob und sich nicht mit dem NS-Regime identifizieren mochte. Er hob angeblich nicht den Arm zum Hitlergruß, was sich jedoch eindeutig nie beweisen ließ. Und weil das so ist, kam der für diese Region so schöne Name für unser Fan-Zine nicht mehr in Frage. Nach langer und auch nicht immer schön geführter Diskussion einigten wir uns dann schließlich auf „Schalke Unser". Es war wahrlich eine jener schweren Geburten, von denen so oft die Rede ist. Um so schöner, das Baby in Händen zu halten. „Schalke Unser", das ging gut von den Lippen und in den Verkauf. 2.000 Exemplare gedruckt, geschnitten und geheftet. Ab zum Fan und in kürzester Zeit an den Mann, die Frau gebracht. Die Sportpresse würdigte unsere Null-Nr. als längst überfällig und das unbedingte Muß zum kleinen Preis (99 Pf.). Seitdem arbeiten wir an dem zweiten Heft, dem unsere ganze Liebe gilt. Doppelt so dick mit Klappbeilage und Comic. 3.000 Stück im Einzelverkauf. Welch ein Weg bis dahin!

■ Quo vadis Initiative?

Die neue Saison hat begonnen; und nicht nur sportlich ist ungewiß, wo man am Ende stehen wird. Die Versitzplatzung der Stadien (Sitzen ist für'n Arsch), die immer höher werdenden Zäune, oder die Diskussion über das Light-Bier für den Fan, während die VIP's fröhlich für lau zechen bei voller Umdrehungszahl. Auch die Gewaltfrage steht an (freie Parkplätze für freie Hools?) All diese Themen werden Teil auch unserer Vereinsarbeit sein und im „Schalke Unser" ihren Platz finden. Hauptaugenmerk bleibt natürlich für uns der Rassismus im Stadion. Die Illusion, durch die Ini eine gesellschaftliche Veränderung bewirkt zu haben, die uns überflüssig macht, wird sich wohl nie einlösen. Die Rassisten sind zwar leiser geworden, doch das Gift dieser Denkungsart wirkt noch immer. Der Fußballplatz zum Ausleben seiner Gefühle – im positiven, wie auch im negativen Sinne ist er der Spiegel unserer Gesellschaft. Längst sind die Rassisten nicht nur in den Kurven zu suchen. Salonfähig ist er geworden, der Rassismus, und so gröhlt es auch auf so manch teurem Sitzplatz. Feierabend wird sie nicht haben, unsere Initiative. Letztlich nur noch eins: der leidenschaftliche Appell zur Mitarbeit. Mit all ihren unterschiedlichen Leuten decken sich doch unsere Interessen. Die Liebe zum Fußballsport und die Vereinsverbundenheit gepaart mit der neu gewonnenen Erkenntnis der Verantwortlichkeit von Fans, ergibt den Lebensnerv unserer Initiative. Vorbei sind die Zeiten, wo man nur mit dickem Hals in's Stadion ging, wenn wieder Krieg angesagt war und sich die Polizei mit den Hools herumschlug. Ohnmächtig den rassistischen Schreihälsen ausgeliefert, oder wenn einfach der Verein wieder mal eine Kneipe im Stadion schließt, um einen VIP-Raum zu installieren. All diesen Frustrationen stellen wir uns jetzt gemeinsam. „Die da oben", oder „der Verein tut eh was er will", zählt nicht mehr. Ab jetzt kommt unser blau-weißer Senf auch an die Bratwurst von Sternfeld.

Günter Rohrbacher-List

Die Jusos im 1. FCK

Integrierte Fan-Arbeit am Beispiel des Fan-Beirates des 1. FC Kaiserslautern

■ Wo sind die Fans?

Als der 1. FC Kaiserslautern 1963 in die Bundesliga aufgenommen wurde, war Fußball in der „Mitte der Pfalz" noch überwiegend eine Sache der Väter und Großväter. Von Anhängern war die Rede. Und Fahnen, Mützen und Aufkleber gab es noch keine oder nur wenige. Auch die Scharen, die alle vierzehn Tage die Treppenstufen am Betzenberg emporstiegen, waren noch nicht ganz so gewaltig. Zum einen war das Freizeitverhalten noch ein anderes als heute, denn viele Fußballfreunde mußten an den Samstagen noch arbeiten. Zum anderen gab es damals rund um Kaiserslautern genügend ernstzunehmende Fußballkonkurrenz. Noch kurz vor dem Start der neugegründeten Bundesliga zweifelten in den Lokalblättern *Die Rheinpfalz* und *Pfälzer Tageblatt* Nostalgiker am künftigen Zuschaueraufkommen. Zu Recht, denn mit den Fußballanhängern aus der Stadt selbst war noch nie und ist auch heute noch kein Staat zu machen. Sie sind prozentual noch nie Spitze gewesen. Damals wie heute lebt der 1. FC Kaiserslautern von seinem Umland. Und der erst allmähliche und inzwischen totale Untergang des Fußballs an der Peripherie des rot-weißen Einzugsgebiets hat ihn und sie an das Tageslicht befördert: den 1.-FCK-Fan.

Waren Saarbrücken, Homburg und Waldhof Mannheim noch nie eine ernsthafte Konkurrenz im Ringen um die Gunst der Zuschauer, so trieb der unaufhaltsame Absturz des ehemaligen Erzrivalen FK Pirmasens die Fans aus dessen Reservoir gleich in

Scharen zum Betzenberg. Gleiches läßt sich behaupten vom ehemaligen Koblenzer Renommierverein TuS Neuendorf, von der Trierer Eintracht, Stefan Kunz' Stammverein Borussia Neunkirchen, Eintracht Bad Kreuznach, dem ASV Landau, dem FV Speyer und dem Ludwigshafener Traditionsverein TuRa, Phönix, LSC und BSC Oppau. Je weniger es sich für die jüngeren und mobilen Fußballanhänger lohnte, dort hinzugehen und einem meist trost- und perspektivlosen Gekicke ohne Atmosphäre zuzuschauen, desto mehr Nutzen zog der 1. FC Kaiserslautern aus dieser Situation.

Die Anzahl der FCK-Fans auch fernab des Betzenbergs wuchs beständig, doch an gemeinsame Aktivitäten und Aktionen war damals noch nicht zu denken. Die Existenz einzelner kleiner Fangruppen hier war in der Regel anderen versprengten Fans dort gar nicht bekannt. Und die Medien hielten sich in ihrer Berichterstattung noch sehr zurück, beschränkten sich meist auf den Spielbericht.

Als in den 70er und frühen 80er Jahren der Bekanntheitsgrad der Westkurve kontinuierlich zunahm und via „Sportschau" die Europapokalbegegnungen zum Begriff im bundesdeutschen Fußball wurden, lag immer noch ein enormes Sympathiepotential brach. An dessen Nutzung und Vermarktung zur Verbesserung des damals nicht sehr positiven Images des 1. FC Kaiserslautern dachten die damaligen Präsidenten mit ihrem eingeschränkten Blickwinkel nicht.

■ Kopfschütteln für Bremer Verhältnisse

Das änderte sich erst in der zweiten Ära des Präsidenten Jürgen Friedrich, als mit Norbert Thines ein Geschäftsführer „aus der Mitte des Volkes" auf den Berg hinaufstieg. Alles, was heute positiv mit der Fan-Arbeit des bzw. im 1. FC Kaiserslautern verbunden ist, hängt direkt oder indirekt, aber immer entscheidend mit der Person Thines zusammen. Der wertkonservative Katholik und Vereinsmensch (Kolping), der auch schon mal als „Herz-Jesu-Marxist" tituliert wird, erkannte als erster das schlummernde Potential Fans, das sich da (nicht nur) in der Westkurve auftat. Was Norbert Thines begonnen hatte, setzte nach dessen Inthronisierung als Präsident sein Nachfolger als Geschäftsführer, der heutige kaufmännische Direktor Klaus Fuchs fort: die Vernetzung der Fans in den Fan-Klubs, die seitdem lückenlos erfaßt werden. Ein völlig neues Arbeitsfeld tat sich auf. Als hauptamtlicher Fan-Beauftragter wurde Werner Süß eingestellt und auf die Fan-Szene angesetzt.

Trafen sich zuvor die Fans aus allen Himmelsrichtungen lediglich alle vierzehn Tage in ihren angestammten Blöcken, so fanden jetzt zwischendurch regelmäßig organisierte Treffen mit dem Fan-Beauftragten, mit Mitgliedern des Präsidiums, dem Trainer und Spielern statt. Nach und nach gelang es, wenn auch manchmal mühsam, für jede der damals acht Regionen einen Verantwortlichen zu finden, der im Fan-Beirat mitarbeiten wollte. Mit der Gründung des Fan-Beirats des 1. FCK am 16. Juli 1989 war die zuvor nur lose und unverbindliche Fan-Arbeit in Kaiserslautern beendet. Fortan galt und gilt das demokratisch gewählte Gremium als das vielleicht beste Organisationsmodell in der Arbeit mit Fans bundesweit. Der Fan-Beirat besteht aus dem Fan-Beauftragten sowie aus den neun regional gewählten Mitgliedern. Bei diesen Regionen handelt es sich um Rheinhessen, Kusel, Hunsrück, Landau/Germersheim, das Saarland, Pirmasens/Zweibrücken, die Sickinger Höhe, Ludwigshafen/Neustadt und Kaiserslautern. Hinzu kommt ein Vertreter für die überregionalen Fan-Klubs, die in allen Teilen des Landes, aber auch im Elsaß, in Luxemburg und in England zu finden sind. Die Amtszeit für die Mitglieder des Fan-Beirats beträgt jeweils zwei Jahre.

Um die Spitzenposition der Fan-Arbeit des 1. FCK zu unterstreichen, verweisen sowohl Werner Süß als auch das Beirats-Mitglied für Pirmasens/Zweibrücken, Alexander Lutz, auf das Chaos beim befreundeten Werder Bremen. „Es gibt dort zwar einen Fan-Beauftragten, aber der muß überwiegend der Geschäftsstelle zuarbeiten und hat wenig Zeit für die Fan-Arbeit. Außerdem läuft dort noch das Fan-Projekt mit Sozialarbeitern, und es existiert ein sogenannter Dachverband. Alle drei zeichnet aus, daß sie keinerlei Kommunikation untereinander pflegen, und das bei nur 29 (!) Fan-Klubs", hat Werner Süß nur Kopfschütteln für die Bremer Verhältnisse übrig. In der Praxis heißt das für den Lauterer Fan-Beirat, daß er bei Spielen in Bremen nie weiß, wer Ansprechpartner für gemeinsame Aktivitäten (Fußballspiel, Informationsaustausch) ist. „In der Regel läuft alles schief, wenn wir uns nicht an einen bestimmten Fan-Klub wenden", ist auch Alexander Lutz skeptisch beim Anblick der Bremer Situation. „Ich habe den Eindruck, das ist überwiegend so'n Psycho-Kram und dient dem reinen Selbstzweck."

Doch die gute Kommunikation und Koordination in der Pfalz hat auch ihren Preis. Außen vor bleiben die Fans, die dem urdeutschen Drang, sich in Vereinen und Vereinigungen zu organisieren, erfolgreich widerstehen. Sie erhalten weder das regelmäßig jeden Monat erscheinende „Fan-Info", noch sind sie bei den regionalen Wahlen ihres Vertreters im Beirat stimmberechtigt. So manchem individualistisch orientierten Fan wird so die Möglichkeit zur Mitbestimmung ohne vernünftigen Grund verweigert. Die Erklärung des Fan-Beauftragten („Wer Interesse an einer aktiven Arbeit hat, ist auch bereit, in einen Fan-Klub einzutreten.") kann hier nicht überzeugen.

Trotz der mittlerweile beachtlichen Anzahl von 182 betreuten Fan-Klubs beklagt Werner Süß die zuweilen mangelnde Bereitschaft der Fans, Verantwortung übernehmen zu wollen und sich für die entsprechenden Funktionen zur Wahl zu stellen. Dabei wächst dem Fan-Beauftragten die zu bewältigende Arbeit schier über den Kopf, ist er doch Ansprechpartner für ca. 8.000 Fans. Süß beklagt vor allem die antiquierte Altersstruktur, da sich – mit Ausnahmen – kaum jüngere Leute zur Verfügung stellen. Von Frauen ganz zu schweigen. Sie, die auch in der Westkurve zahlenmäßig gut vertreten sind, bleiben außen vor. Und an eine Aufstockung des Personalpostens Fan-Beauftragter um eine fußballfachkundige Frau ist derzeit aus finanziellen Gründen gar nicht zu denken. Der Stadionumbau! Dabei klagen Mitglieder des Fan-Beirats über die übermäßige Beanspruchung „ihres" Beauftragten durch sogenannte „fanfremde Arbeiten". So ist Werner Süß an den Spieltagen im Fritz-Walter-Stadion auch Sicherheitsbeauftragter und verbringt seine Arbeitszeit des öfteren statt im eigenen oder gegnerischen Fan-Block irgendwo sonst im Stadion.

Auch darüber hinaus werde Süß als „Mädchen für alles" eingesetzt, was viel über die Stellung des Fan-Beauftragten in der Hierarchie der Geschäftsstelle und des Vereins aussage.

■ Der Fan-Präsident

Das Verhältnis des Fan-Beirats zum Präsidium? „Zu Anfang war es schwierig, aber es hat sich gebessert", räumt Alexander Lutz, der einzige Beirat unter 30 ein. Er sah das Modell gerade zu den erfolgreichsten Zeiten mit dem Gewinn der Deutschen Meisterschaft 1991 bereits am Boden, als vor lauter Siegeseuphorie diejenigen vernachlässigt worden seien, die dem Verein auch in schlechten Zeiten die Stange gehalten hätten. Viel Druck aus den Fan-Klubs, eben von unten, sei notwendig gewesen, um die Relationen wieder zurechtzurücken. Einen verläßlichen Partner in guten wie in schlechten Zeiten sieht Alexander Lutz in Präsident Norbert Thines, der, selbst der größte und glaubwürdigste FCK-Fan, für die Menschen an der Basis immer zwei offene Ohren hat und zudem ihre Pfälzer Sprache spricht. Sein Wort gilt auch im Fan-Beirat, ob es um das Thema „Versitzplatzung" geht oder um Thines' Herzensanliegen, die Rollstuhlfahrer von den schlechten Plätzen vor der Osttribüne vor die Südtribüne zu „befördern". Auf Thines hören die Fans. Auf ihn lassen sie nichts kommen.

Auch die vielfältigen Aktivitäten des Fan-Beirats und der einzelnen Fan-Klubs zeigen die besondere Verbundenheit zwischen der rot-weißen Fangemeinde und ihrem Obersten. Der Fan-Beirat ist, immer im Namen aller FCK-Fans, auf verschiedenen gesellschaftlichen Spielfeldern aktiv. Da sind zunächst die diversen humanitären Aktionen, die am deutlichsten die verborgene Handschrift von Thines tragen.

Im Sommer 1992 schloß sich der Fan-Beirat einer Kroatien- und Slowenien-Sammlung der Kaiserslauterer Kolping-Familie an. Mit zehn Kleintransportern brachten Thines selbst, Mitglieder des Beirats und weitere FCK-Anhänger zwanzig Tonnen Kleidung, Hygieneartikel, Babynahrung und Medikamente in das Krisengebiet. Dies kostet Geld, Urlaub und Nerven, denn ganz ungefährlich war das Unternehmen nicht. Im Gegensatz zu anderen. Wenn etwa Fan-Klubs aus dem ländlichen Kreis Kusel die Auszeichnung des Fritz-Walter-Stadions als umweltfreundlichstes der Liga politisch so interpretieren, daß sie strahlengeschädigten Kindern in Polessje helfen, die unter den Folgen der Atomreaktor-Katastrophe von Tschernobyl 1986 leiden.

Und auch drei Jahre nach dem Auftritt im Europapokal der Landesmeister haben die Fans ihren damaligen Gegner FC Etar Veliko Tarnovo nicht vergessen. Nach dem Zusammenbruch des korrupten staatssozialistischen Systems mangelt es in der bulgarischen Provinz an vielem. So startet erneut ein Hilfskonvoi des Fan-Beirats mit lebenswichtigen Gütern in Richtung Balkan.

Wo bei manch anderem Verein, der ähnliche Aktionen plant und durchführt, ein schaler Beigeschmack aufkommt, weil soziales und ehrenamtliches Engagement rücksichtslos zur dringend notwendigen Imagepflege benutzt wird, steht in Kaiserslautern der Fan-Beirat für ehrlichen und selbstlosen Einsatz, der zwar in der Presse Erwähnung findet, aber nicht pausenlos wiedergekäut wird.

Der zweite Pfeiler der Fan-Beirat-Aktivitäten ist der eher gesellige und sportliche. Von der Teilnahme verschiedener Fan-Klubs an Turnieren in Luxemburg, Zürich, Stuttgart und anderswo bis hin zum „Offiziellen Fan-Club-Fußballturnier" des 1. FCK mit den Siegerteams aus den zwölf Regionen. Dann treffen „Balkan-Teufel" auf „Grünesputsche" und „Nahe-Teufel" auf „Die Derschdischen". Apropos „Nahe-Teufel": Die Fans aus der Region Kirn/Bad Kreuznach gaben sich im Dezember 1992 nicht mit Lichterketten und Erklärungen gegen Ausländerfeindlichkeit zufrieden, sondern verankerten in ihrer Satzung, „...daß die Belange und Interessen ausländischer Mitbürger ... im Vorstand durch einen Vertreter stets vorgetragen und gewahrt werden." Bei ihrem lokalen Fußballturnier nahmen mit Galatasaray und Fenerbahce auch zwei türkische Fan-Teams teil.

In diese Reihe paßt auch das Internationale Fan-Treffen „1. FCK für Europa", das Fan-Beirat und Verein im Juli 1993 auf der Burg Lichtenberg bei Kusel veranstalteten. Als großes Zeltlager verpackt, an dem rund 500 Anhänger teilnahmen, ging es über Rock, Pop und Bier hinaus um die Dauerthemen „Ausländerfeindlichkeit", „Drogenmißbrauch" und „Gewalt in den Stadien". „Wir wollen den Fans eine sinnvolle Freizeitgestaltung anbieten und dabei über gesellschaftliche Themen mit ihnen sprechen", läßt Werner Süß offen die pädagogische Katze aus dem Sack. Die Resonanz durch die Fans und durch die Presse – sogar die FAZ berichtete – gab den Veranstaltern recht. Der Fan-Beirat erlangte eine vorher nicht vorhandene Bekanntheit über den Rand der Vereinsbrille hinaus. Etwa alle zwei Jahre, so Süß und Lutz unisono, soll das Zeltlager wiederholt werden, unter noch besseren Bedingungen.

Eine Etage unterhalb des Zeltlagers rangieren die vielen lokalen Feste der Fan-Klubs, zu denen regelmäßig auch Funktionäre, Spieler und Trainer eingeladen werden. Doch manche Wünsche lokaler Organisatoren entlocken Werner Süß ein Kopfschütteln, wenn etwa immer wieder der eine Spieler gewünscht wird oder dreiste Kartenwünsche reklamiert werden.

■ Der alltägliche Rassismus, Sexismus, Nationalismus...

Höhepunkte der sportlich-geselligen Aktivitäten des Fan-Beirats sind die alljährlichen Treffen mit den Fans von Werder Bremen. In der Saison 1994/95 sind erstmals auch 1860 München und Borussia Dortmund besondere Gäste auf dem Betzenberg. Die Verbindung mit Dortmund ist neu und wurde nach dem letzten Heimspiel der Saison 1993/94 geknüpft. Vor dem Spiel, bei dem es noch um die Meisterschaft ging, verteilte der Fan-Beirat ein gemeinsam mit dem Trainer und dem Präsidium verfaßtes Flugblatt, das die Fans in der Westkurve und im Dortmunder Block 1 zur Besonnenheit aufrief. Trotz des Ärgers über das Unentschieden der Bayern beim KSC blieb es ruhig. Unter anderem solche Aktionen haben den Lauterern 1991 im Sog der Deutschen Meisterschaft die Auszeichnung als „Beste Fans der Liga" eingebracht. Werner Süß wehrt ab und will dies nicht als „Wertmesser" verstanden wissen. Er sieht die Fans anderer Klubs nicht als „schlechter" an. Ansporn sei es vielmehr, „so weiterzumachen und sich weiterzuentwickeln". Alexander Lutz drückt sich da drastischer aus: „Solange Leute unter uns sind, die dumme und rassistische Sprüche machen, halte ich von einer solchen Auszeichnung gar nichts." Dabei rief gerade der Fan-Beirat angesichts der DFB-Alibi-Aktion „Mein Freund ist Ausländer" die Kampagne „Rote Karte dem Rassismus" ins Leben, fertigte eine Riesenfahne mit diesem eher linken Slogan und präsentierte diese im März 1993 beim Heimspiel gegen Bayern München.

Doch daß Anspruch und Wirklichkeit, Selbstbild und Fremdbild auch auf dem Betzenberg manchmal weit auseinanderliegen, zeigten die Vorfälle im Umfeld des Gastspiels von Ajax Amsterdam im Dezember 1992 nur wenige Monate zuvor. Bereits auf der Fahrt nach Holland muß es in einigen Reisebussen zugegangen sein wie auf einem Gautreffen pubertärer Jung-Nazis. Der Student Patric Seibel vom Heidelberger Fan-Klub „Roter Stern" beklagte sich darüber in einem Leserbrief in der „*Rheinpfalz*": „Die ganze Fahrt über mußten wir uns rechtsradikale Parolen und Gesänge der anderen Insassen anhören wie zum Beispiel ‚Wir scheißen auf die Freiheit der Judenrepublik'." Dieselben Schreihälse beschwerten sich hinterher über die recht rüde Behandlung durch die Amsterdamer Polizei und rächten sich beim Rückspiel in Kaiserslautern auf ihre unintelligente Weise. Sobald die schwarzen Ajax-Spieler Edgar Davids und Marciano Vink am Ball waren, und das geschah in der ersten Halbzeit meist vor der Westkurve, erhallte ein vielhundertfaches „Haut den Neger um!" Als dies in einem Artikel mit der Headline „Anne Frank auf dem Betzenberg" in der „taz" thematisiert wurde, sahen sich die linken FCK-Freunde vom „Roten Stern" aufgerufen, ihre zaghafte, vor allem aber total unterlegene Gegenstrategie in zwei Leserbriefen zu dokumentieren. „Was allerdings ebensowenig [wie die rassistischen Sprechchöre, d.V.] verschwiegen werden darf, ist die Tatsache, daß die ‚Haut-den-Neger-um!'-Sprechchöre zum ersten Mal eine breite Gegenreaktion des nichtrassistischen Teils des Fan-Blocks hervorriefen." Tatsächlich berichtete auch eine Regionalzeitung über heftige „Nazis-Raus"-Rufe, die aber nur in der Nähe des Fan-Blocks selbst hörbar waren. Dabei hatte der Fan-Beirat vor dem Spiel Flugblätter für FCK-Fans und Ajax-Supporters verteilen lassen, um Emotionen aus den Blöcken zu nehmen und aggressive Handlungen zu verhindern. „Ein paar Deppen gibt es immer", weiß auch Werner

Aufkleber von Fans des FCK

Süß, daß die sich nicht von bestimmten Paragraphen der Stadionordnung beeindrucken lassen, so sie diese überhaupt kennen.

Dort ist in § 4 folgendes geregelt: „Zutrittsverbot besteht für Besucher, die durch Tragen/Mitführen neofaschistischer Embleme und sonstiger Propagandamittel von für verfassungswidrig erklärten Parteien oder Vereinigungen insbesondere ihre ausländerfeindliche Gesinnung zum Ausdruck bringen wollen." Und unter Punkt 14 des § 3 wurde das Tragen, Mitführen und Aufhängen der Reichskriegsflagge verboten. Für diese Maßnahmen steht der Fan-Beirat, wohl wissend, daß nicht jeder Fan im Stadion diese politischen Aussagen mitträgt und sich danach verhält.

Doch als „Fan-Polizei" wäre der Fan-Beirat auch überfordert. Letztlich setzt man auf Aufklärungsarbeit, die mit der Bereisung der einzelnen Fan-Klubs durch Werner Süß und den jeweiligen regionalen Beauftragten geleistet wird. Über das Vehikel soziales Engagement, sportliche und gesellige Aktivitäten, Fußballturniere und Veranstaltungen mit Prominenten aus der „FCK-Familie" kann hier meist mehr rüberkommen als durch ein dichtbedrucktes Flugblatt, das meist auf wenig Resonanz stößt. Nicht die Agitation, sondern soziales Handeln gemeinsam mit Menschen, die eine bestimmte Ausstrahlung und Überzeugung haben und eine klare Meinung vertreten, wie beispielsweise Norbert Thines, kann ein Umdenken langsam fördern, das sich dann im Block so äußert, daß der Nebenmann freundlich, aber bestimmt diszipliniert wird, wenn er bei nächster Gelegenheit wieder Rassistisches von sich gibt.

Bei den aktuellen Themen „Versitzplatzung/Erhalt der Stehplätze", „Fans brauchen keine Zäune" und „Gegen Ausländerfeindlichkeit" stehen die FCK-Fans und ihr Fan-Beirat mit in der ersten Reihe und bilden beim Thema „Zäune" gar die Speerspitze derer, die die „Falle für Fans" ganz abbauen wollen.

Und geht es in der Bundesliga auf Reisen in heikle Gefilde, greift der Fan-Beauftragte auch schon mal zeitig vorher in die Tasten, um das dortige Präsidium und die Fans des Gastgebers mit der „Philosophie" des Fan-Beirats vertraut zu machen. So geschehen im Herbst 1993, als das Gastspiel beim VfB Leipzig anstand und sich die reisewilligen Pfälzer Anhänger noch des Spießrutenlaufens beim vorangegangenen Spiel bei Dynamo Dresden erinnerten. Ein offener Brief an die Fans des VfB endete mit dem Satz: „Wir alle wünschen uns eine friedliche Begegnung..., bei der wir alle beweisen können, daß Gewalt und Randale beim Fußball keine Chance haben." Während und nach dem Spiel blieb es tatsächlich ruhig.

■ Wer macht „Die Welle"?

Als der Fan-Beirat sich am 14.8.1992 anläßlich des Bundesligaspiels gegen den 1. FC Köln erstmals publizistisch an das große Publikum wandte, sollte damit ein neues Kapitel aufgeschlagen werden. Aus der Selbstdarstellung in der ersten Ausgabe der Fan-Zeitschrift „Die Welle", die der bei Heimspielen kostenlos verteilten Stadionzeitschrift „Hinein" seither drei- bis viermal im Jahr beiliegt: „Der Fan-Beirat sieht sich als Bindeglied zwischen dem Verein und den Fan-Klubs. Eine geordnete Aufgabenverteilung innerhalb des Beirats garantiert dabei eine fruchtbare Zusammenarbeit ... Außerdem stehen die Zusammenarbeit mit Polizei und Ordnungsdienst im Mittelpunkt der praktischen Arbeit ... Die Pressearbeit (Erstellen einer Fan-Zeitschrift) gehört ebenfalls zu den Aufgaben des Fan-Beirats ... Damit die aktuellen Informationen an die Öffentlichkeit gelangen, erstellt der Fan-Beirat eine monatlich erscheinende Informationszeitschrift ..." Von einer Zeitschrift kann aber bei dem monatlich erscheinenden und von Werner Süß zusammengestellten „1.-FCK-Info" nicht die Rede sein. Aber es stellt immerhin eine kommunikative Verbindung her zwischen den weitverstreuten Fan-Klubs. Aber längst nicht alle Fan-Klubs, ja nicht einmal alle Regionalbeauftragten beteiligen sich aktiv mit Artikeln und zugesandten Zeitungsausschnitten über die diversen Fan-Klub-Aktivitäten, wie sich das Werner Süß und Alexander Lutz wünschen würden. Für viele Fans bleibt so der Griff zur Feder dann doch ein ungewohnter.

Bei dem Kummerkasten, den der Fan-Beirat bei seinem Info-Stand hinter der Westkurve eingerichtet hat, ist es ähnlich. Die Akzeptanz könnte größer sein, denn zu motzen gibt es immer etwas. Hier stehen vor jedem Heimspiel Mitglieder des Fan-Beirats der Basis bei Fragen und Problemen zur Verfügung.

Und wo bei den Münchner „Löwen"-Fans der „Löwenzahn" blüht, in St. Pauli ein „Übersteiger" über dem Stadion schwebt und auch in Düsseldorf, Schalke und Bochum die autonomen Fanzines boomen, begnügen sich Kaiserslauterns Fans immer noch brav mit dem Supplement „Die Welle". Zwar zählen die wenigen Spieltage im Jahr, an denen das Blättchen beiliegt, zu den seltenen Sternstunden des journalistisch gnadenlos schlechten „Hinein", doch das mag eben ob der mangelnden Qualität der Lauterer Stadionzeitschrift noch nicht viel heißen. Geplant war das Blatt „von Fans für Fans" einmal als eigenständige Zeitschrift. Doch aus wirtschaftlichen Gründen fielen die finanziellen Zuwendungen von Seiten des Vereins geringer aus, so daß ohne Werbung kein eigenes Fanzine auf die Beine zu stellen war. Noch in der ersten Ausgabe von „Die Welle" hatte der Fan-Beirat das ursprüngliche Konzept hoffnungsvoll bekräftigt: „... mußten wir aus wirtschaftlichen Gründen auf diese Art der Fankommunikation zurückgreifen. Das heißt nicht, daß das Projekt einer eigenständigen Fanzeitschrift gestorben ist, nein, mit eurer Hilfe bei der Gestaltung dieser Fan-Beilage können wir diese attraktiv und informativ gestalten, lesenswert machen und damit die Voraussetzung schaffen, daß es Partner gibt, die zusammen mit dem 1. FCK die sehr hohen Kosten einer eigenständigen Publikation finanzieren."

Dabei blieb es, denn leider wurden diese ersehnten Partner nicht gefunden. Was angesichts mangelnder Fußball-Konkurrenz in dieser Region sehr verwundert, denn potentielle Werbepartner und Klein-Sponsoren gibt es in (Rheinland-)Pfalz eigentlich genügend. Doch diese inserieren dann meist bereits in „Hinein" und im jährlich erscheinenden und für Werbekunden attraktiver gestalteten Saison-Magazin „Let's go Betze", so daß der Verein hier wohl sein Vetorecht wahrzunehmen scheint, um seine Werbepartner nicht mit einer Publikation zu teilen, auf die er dann keinen oder nur noch sehr wenig Einfluß hätte.

„Wir sind im Moment zufrieden", konstatiert Werner Süß, der Fan-Beauftragte auf der Gehaltsliste des Vereins. Und Alexander Lutz möchte „eigentlich möglichst wenig Werbung" im Blatt haben. So wird „Die Welle" auf absehbare Zeit Beilage bleiben müssen. Die Beiträge laufen alle über den Schreibtisch von Werner Süß und den des Kaufmännischen Direktors Klaus Fuchs. „Das Präsidium", so Süß, „ist oberste Instanz. Kritik am Verein, die manchmal geäußert wird, kann so umgehend aufgegriffen werden, um die entstandenen Dissonanzen nicht zu lange vor sich herzuschieben." Oberstes Gebot bei „Die Welle", die den 1. FCK pro Ausgabe um die 15.000 DM kostet und noch 10.000mal frei verteilt wird: Daß niemand diskriminiert werden darf und keine rassistischen Inhalte gedruckt werden dürfen. Doch gleich in der zweiten Ausgabe zeigten ein paar Entgleisungen, daß die Vorfälle beim UEFA-Cup-Spiel gegen Ajax Amsterdam keine einmaligen „Ausrutscher" waren und den „Zensurinstanzen" so manches durchgeht.

Ein gewisser Jochen Mayer vom FCK-Fan-Klub „Rote Wölfe Weiherhof" berichtete von der „Kult-Tour der Roten Wölfe in

Sheffield", und schon die Headline verhieß nichts Vernünftiges. Eine Portion Sexismus: „Die erste Raststätte ... verliert auch wertvolle Magazine mit reichlich nackten Tatsachen. Schon bald lernt der ganze Bus die harte Schwerstarbeit kennen, die die armen Engländer praktizieren müssen, um sich zu vermehren." Dazu eine Prise Nationalistisches: „Es [Sheffield, d.V.] ist eine von den Städten, die uns unmißverständlich zeigt, wie sauber die Behausungen in Deutschland sind." Und Rassistisches: „Wenig später erzählt uns der Alte (ein Engländer), daß der Neger, ca. 20 Jahre alt, der bei ihm am Tisch sitzt, ein Ersatzspieler ist..." Und all das mündet nach dem Weiterkommen gegen die „Owls" in der trunkenen Erkenntnis: „Denn wir alle wissen ja – Ajax ist zum Putzen da!!!"

Leider gab es auf diesen ausgesprochen dummen Beitrag der eher „Grauen Wölfe" aus Weiherhof weder eine Stellungnahme des Fan-Beirats noch des Präsidiums, wenngleich unterstellt werden kann, daß beide diesen Text ebenso abscheulich finden.

Anders in der ersten Ausgabe von „Die Welle" bei einem Interview mit dem damaligen Abwehrspieler des 1. FCK, Reinhard Stumpf. Der jetzige Kölner hatte damals dem Verein vorgeworfen, ihn zugunsten der Verpflichtung des Schweden Jan Eriksson fallengelassen zu haben und scharfe Angriffe geritten. Dies führte prompt zu Reaktionen beim Präsidium, die zur Folge hatten, daß seitdem mißliebige oder vermeintlich unwahre Behauptungen, die in der „Welle" aufgestellt werden, noch in derselben Ausgabe kommentiert bzw. zurechtgerückt werden können.

Kritik haben die Fans aus der Westkurve genügend anzubringen. Mit dem Einzug des 1. FCK in den UEFA-Cup-Wettbewerb 1994/95 drohen wieder Spiele am späten Nachmittag, der Werbegelder wegen. Für viele der Weitverstreuten eine Zumutung bei den großen Entfernungen zwischen Teilen des Umlands und Kaiserslautern. Auch die Verlegung der Spiele gegen Werder Bremen auf einen Sonntagabend (SAT.1) und 1860 München auf einen Freitagabend in der laufenden Saison stießen auf Empörung. „Ausgerechnet diese beiden Spiele zu verlegen, wo der Verein doch weiß, was da an Beziehungen zwischen den Fans und den Fan-Klubs alles dranhängt", schüttelt Alexander Lutz den

Kopf über soviel Ignoranz und mangelnde Sensibilität. Der Ärger der Fans ist programmiert. „Da ist es schwierig, ein Fußballspiel oder einen Informationsaustausch zu organisieren, denn bei solchen Terminen kommen ganz einfach weniger Fans mit hierher."

Bei Entscheidungen dieser Art ist auch der Fan-Beauftragte Werner Süß außen vor. Sie werden ausschließlich nach wirtschaftlichen Gesichtspunkten getroffen und letztlich auch von Süß unterstützt und begründet. „Das ist ein Kreislauf, den man den Fans erklären muß. Wenn sie die bestmögliche Mannschaft haben wollen, dann kostet das auch Geld. Und dafür verkauft man dann auch mal ein Spiel für viel Geld ans Fernsehen und geht Kompromisse ein."

■ **Nachahmer**

Die Münchner „Löwen"-Fans, die ihren „LöwenZahn" gleich 12.000mal im Stadion an der Grünwalder Straße unter die Leute bringen, werden sich nach dem Wiederaufstieg in die 1. Bundesliga ein Beispiel am 1. FC Kaiserslautern nehmen. Die Organisation eines blau-weißen Fan-Beirats nach dem Lauterer Modell soll in München neue Zeiten der Fan-Betreuung einläuten. Als befreundete Fans haben die Pfälzer bereits ihre Hilfestellung angeboten. „Wir haben hier alles optimal gelöst. Ich bin persönlich fest davon überzeugt, daß unser Fan-Beirat mehr für die Fans tut als die Fan-Projekte im ganzen Land", freut sich Werner Süß über die „Nachahmer" aus Giesing. Dabei wären die Münchner gut beraten, wenn sie sich zuvor klar darüber würden, wo die Vor- und die Nachteile des Lauterer Konzepts der „Integrierten Fan-Arbeit" liegen. Da auch die „Löwen"-Fans weit im ganzen Land verstreut sind, können sie von der Organisationsform des Fan-Beirats des 1. FCK nur profitieren.

Doch was die Unabhängigkeit der Fans, der Fan-Klubs und ihrer Publikation(en) vom Verein selbst angeht, müssen auch die Nachteile des Lauterer Modells näher beleuchtet werden. Dieses bietet durch die Installierung eines Fan-Beauftragten, der vom Verein bezahlt und instruiert wird und der im Gegensatz zu den Mitgliedern des Beirats und den meisten Fans full-time tätig sein kann, auch eine größtmögliche Kontrolle der Fan-Klubs und ihrer Aktivitäten. Daß dies nicht nur von Nachteil ist, zeigt die Möglichkeit frühzeitiger Interventionen, wenn es sich um nicht zu duldende Äußerungen aus den Reihen Unverbesserlicher handelt. Heikel wird die Angelegenheit bei der Frage der Publikation(en). In Kaiserslautern jedenfalls gilt: Was der Verein bezahlt, will er auch kontrollieren, und wenn es sein muß, zensieren. So bekommt der Fan-Beirat des 1. FCK spätestens an dieser Stelle einen leichten Touch à la „Jusos im 1. FCK". Denken darf man alles, doch beim Schreiben und Veröffentlichen wird es kritisch. Was der Partei/dem Verein nicht paßt oder zu heiß ist, geht nicht nach draußen. Dabei gibt es jenseits zu tilgender nationalistischer, rassistischer und sexistischer Äußerungen auch viele Fragen rund um Verein und Fußball, bei denen Fans und Verein, ja auch Fan-Beauftragter und Fans unterschiedlicher Meinung sein können oder gar müssen.

■ Alles Alibi?

Der 1. FC Kaiserslautern hat mit der Etablierung seines Fan-Beirats Pionierarbeit geleistet, die für andere Vereine, die Fan-Arbeit ähnlich betreiben wollen, Vorbild sein kann. Die Vernetzung der Fan-Klubs hat den Fans in der Pfalz und darüber hinaus viel mehr Service- und Artikulationsmöglichkeiten beschert, als dies vorher je der Fall war. Auch die Form der schriftlichen Informationen durch das „1.-FCK-Fan-Info" und „Die Welle" sind ein maßgeblicher Fortschritt im Vergleich zu dem, was vorher war.

Aber der Fan-Beirat ist, wie das Beispiel der sicher nicht unerheblichen Ausgaben für die Stelle des Fan-Beauftragten zeigt, nicht nur Spielwiese, sondern er wird vom Wirtschaftsunternehmen 1. FC Kaiserslautern zu seinem Nutzen und zur Verbesserung seines Images instrumentalisiert. Dies ist weder verwerflich noch ein besonders schlimmer Trick alerter Vereinsmanager. Zufriedene Fans haben eine positive Meinung vom Verein, transportieren diese weiter und werben somit für das Produkt 1. FCK.

Böse Zungen behaupten, der Fan-Beirat habe ausschließlich Alibi-Funktion.

Gegenfrage: Hätte es Aktionen wie „Rote Karte dem Rassismus", das permanente Engagement gegen die drohende totale

„Versitzplatzung" und die Kampagne „Fans brauchen keine Zäune" in dieser Form ohne die Existenz und den Einsatz des Fan-Beirats überhaupt gegeben?

Martin Krauß, Andreas Pfahlsberger

Vom Leiden der Hauptstadt-Fans

Eindrücke aus dem Hertha-geschädigten Berlin

Berlin ist eine große Stadt. Es gibt viele Menschen, viele Sportplätze, viele Fußballvereine. Berlin ist eine komische Stadt. Eine der wenigen Hauptstädte in der Welt, die keinen Erstliga-Fußballklub hat.

■ Entwurzelung und Langeweile: Hertha BSC

Berliner Fußball: Jahrzehntelang war das gleichbedeutend mit Hertha BSC. Der Traditionsklub wurde 1892 als Arbeiterverein gegründet und hatte in den 20er und 30er Jahren seine beste Zeit, an die er aber nach Kriegsende nicht mehr anknüpfen konnte. Seit den 60er Jahren entwickelte Hertha sich zum Skandalklub. Mit dem Umzug der Geschäftsstelle ins großbürgerliche Charlottenburg entledigte sich der Verein auch noch seiner proletarischen Wurzeln. Der Verkauf des Vereinsgeländes im Weddinger Gesundbrunnen erfolgte 1974. Er besorgte der Skandalnudel zwar kurzfristige Schuldenfreiheit, hatte aber zur Folge, daß Hertha kein eigenes und ständiges Trainingsgelände mehr besaß. Das Training der ersten Mannschaft findet auch heute noch über die Stadt verteilt statt. Das Heimstadion war meist das Olympiastadion, am Rande der Stadt gelegen. Von der Weddinger Heimstatt beispielsweise ist es ungefähr eine U- und S-Bahn-Stunde entfernt.

Dieser Ortswechsel hatte zur Folge, daß der Traditionsverein für die Fans nicht mehr identifizierbar war. Verstärkt wurde dies von anderen Aspekten der Vereinspolitik. Die Anhäufung von Skandalen und die Preisgabe der Identität ließ den Fan-Anhang verpuffen. Hinzu kamen bemerkenswerte Defizite bei der Talentsuche, die bewirkten, daß in der Bundesliga eine Reihe von gebürtigen Berlinern spielen, die aber nie im Herthadress gesteckt hatten. Stattdessen wurden eine Reihe von Spielern verpflichtet, die dem auch an der Spree nicht ganz fußballunkundigen Publikum kaum zu vermitteln waren und die die Liebe zum Verein erschwerten, wenn nicht gar verunmöglichten.

1963/64 war man noch Gründungsmitglied der 1. Bundesliga, doch nach der Saison 1964/65 folgte der erste Zwangsabstieg der Ligageschichte wegen eines Finanzskandals. In der Saison 1965/66 gab es dann als Berlinförderungsmaßnahme des DFB ein Gastspiel der sportlich nicht qualifizierten Tasmania 1900. Die Skandalnudel Hertha stieg 1968 wieder ins Oberhaus des deutschen Fußballs auf und blieb dort bis 1980. Noch 1969 stellte Hertha den bis heute gültigen Zuschauerrekord der ersten Liga auf: am 26.9.69 sahen 88.975 zahlende Zuschauer Herthas 1:0 über den 1. FC Köln. Was sich nach goldenen Zeiten anhört, ist aber der Beginn des Identitätsverlusts. 1971 war auch Hertha in den großen Bundesligaskandal verwickelt. Sportliche Erfolge dieser Zeit, wie 1978 der dritte Platz in der Meisterschaft, 1977 und 1979 das Erreichen (aber Verlieren) des Pokalfinales, 1979 sogar das UEFA-Pokalhalbfinale, erscheinen aber auch in der Rückschau nur als aufgesetzter schöner Schein, der von tieferliegenden Mängeln und Schwächen ablenkte – im Grunde bis heute. Ein Jahr nach dem Auftritt auf der internationalen Bühne folgte im nationalen Rahmen der Abstieg in die Zweitklassigkeit. Man verpflichtete in der Abstiegssaison einen renommierten Torwart. „Mit Schaudern erinnern sich die Fans an einige entscheidende Patzer des ehemaligen Nationaltorhüters Wolfgang Kleff, den der drohende Fall in die Zweitklassigkeit seltsam unberührt zu lassen schien", notieren die Berliner Fußballjournalisten Bernd Fischer und Rainer Nachtigall in ihrem Buch „Fußball in Berlin – Skandal ohne Ende", das 1992, im Jahr von Herthas Hundertstem, erschien. 1982 schaffte man zwar den Wiederaufstieg in die 1. Liga, aber der Ruf einer großen Fußballmannschaft war ein für allemal verspielt. Für die Saison 1982/83 wiederholte man den

Kleff-Fehler im Mittelfeld und holte Rainer Bonhof. Der absolvierte sechs nicht allzu überzeugende Spiele und war fortan verletzt. Es folgte der Abstieg als Tabellenletzter. Und auch in der zweiten Liga war kein Platz mehr für einen derart runtergewirtschafteten Klub wie Hertha. Absturz in die Berliner Oberliga im Jahr 1986: drittklassig, bittere zwei Saisons lang. Erst 1988 kehrte man in den bezahlten Fußball zurück. Doch die Jahre, in denen man in der Berliner Fußballprovinz kickte, hatten weder einen Modernisierungsschub ausgelöst, noch hatten sie, wie bei anderen zeitweilig drittklassig spielenden Traditionsklubs (z.B. 1860 München, Fortuna Düsseldorf), die Fans halten können. Die waren schon zu Erst- und Zweitligazeiten stetig weniger geworden. In der „Maueröffnungssaison" 1989/90 gelang, ungeplant und unverhofft, unter Trainer Werner Fuchs der Aufstieg in die 1. Liga. Die Saison 1990/91 schloß man mit 14:54 Punkten als Tabellenletzter und mit vier verschlissenen Trainern ab. Die Chance, das Umland mit vielen im Ostteil der Stadt lebenden Hertha-Fans für den Klub zu begeistern, wurde vertan. Und auch die Möglichkeit, Spieler aus der DDR-Oberliga und -Liga zu verpflichten, wurde nicht genutzt. Stattdessen holte man Dragutin Celic und Uwe Rahn an die Spree und hatte Kleff-Bonhof-ähnliche Effekte. Dank solcher Weitsichtigkeiten, die mit Bezugnahme auf Faninteressen und Fankompetenz nichts zu tun hatten, kickt man seit 1991 zweitklassig und faselt jede Saison vom Ziel Wiederaufstieg. Ein Ziel, das aber nur noch sehr wenige Hertha-Fans ernstnehmen.

Das Fernbleiben der Fans in einem Traditionsverein, der obendrein den Zuschauerschwund bis zum heutigen Tag nicht registriert und immer noch glaubt, im 70.000 Leute fassenden Olympiastadion antreten zu müssen, hat es seit etwa Ende der 70er Jahre Rechtsextremen, ob Fans oder nicht, leicht gemacht, den Berliner Fußball, namentlich Hertha, für sich zu instrumentalisieren. Der miese Ruf der Hertha-Frösche, den sie sich in legendär mutigen Schlachten gegen Zugabteileinrichtungen erworben haben, rührt aus dieser Zeit und wird bis heute gepflegt. Im immer leerer werdenden Rund des Olympiastadions wurde Platz geschaffen für Gruppen, die den Fußball von rechts funktionalisieren wollten.

Viele Herthafans sind zu den Eishockey-Preußen abgewandert, viele bleiben zu Hause. Wer heute noch zu Hertha geht, macht dies aus Liebe zum Fußball, selten aus Liebe zu Hertha und aus Alternativlosigkeit bezüglich anderer Vereine.

Andere Vereine gibt und gab es sehr wohl, aber die haben ihre speziellen Probleme und Geschichtchen, die ein Berliner Fanleben sehr schwer machen.

■ Retortenklub und leere Ränge: Blau-Weiß 90

Während Hertha, trotz aller Skandale immer noch der größte und wichtigste, gegenwärtig sogar der beste Berliner Fußballverein, von einer intensiven Cliquenwirtschaft gekennzeichnet ist, bemächtigten sich des anderen Berliner Erstligisten der 80er Jahre nur wenige Geschäftsleute. Blau-Weiß 90 war nur als Berlin-Mariendorfer Fußballklub ein Traditionsverein, als Bundesligateam war es bloße Retorte ohne Substanz. Den Charme eines großen und beliebten Vereins konnten die Mariendorfer nicht entwickeln. „Bei Blau-Weiß, da waren immer nur Lehrer, die eigentlich lieber Volleyball mochten", sagt ein langjähriger Fan.

Zu Blau-Weiß kamen auch Teile der Musik- und Kunstszene aus dem Berliner Bezirk Schöneberg und ihrer Kneipe „Kumpelnest 3000": Max Goldt, Trevor Wilson, Der Wahre Heino ... Überhaupt, Blau-Weiß ließ dank der wenigen Fans einfach gestrickte Träume der Funktionalisierung von Fußball wach werden. Aus der Tempelhofer UFA-Fabrik, einem dem alternativen Milieu entsprungenen Kulturzentrum mit dem über die Grenzen Berlins bekannten Impressario Juppi an der Spitze, zog eine brasilianische Sambatruppe zu Blau-Weiß ins fast leere Olympiastadion. Wenn die Musikanten und Gaukler der UFA-Fabrik ins Olympiastadion kamen, um mit Trommeln und Trompeten in der 70.000 Leute fassenden Arena „brasilianische Stimmung" zu verbreiten, dann wirkte das nur lächerlich. Bestenfalls mal tausend Zuschauer, aber Samba auf den Rängen. Der den Fußball nicht ernstnehmende Versuch, sich irgendeinen freien Platz in der bezahlten Kickerei auszusuchen und für sich zu reklamieren, der ging im Fall von Blau-Weiß 90 eindeutig schief. Gegen angewandten Funktionalismus ist Fußball offensichtlich ziemlich gefeit. Das gilt wohl auch für die geschäftliche Seite. Erst spät stellte sich heraus, daß der Blau-Weiß-Erfolg vor allem windigen Geschäftemachern zu verdanken war. Der Verein ging bankrott und mußte neugegründet werden. Heute spielt man in der Kreisliga.

■ Linke spielen selbst: der FC Internationale

Aachen, Köln und Freiburg. Lang ist die Liste der Städte, in denen Linke gegeneinander Fußball spielen, organisiert in einer eigenen Liga. Seit den Anfängen der achtziger Jahre schossen die Bunten Ligen wie Pilze aus dem linken Nährboden. Berlin aber blieb davon gänzlich unberührt. Sicher, es gab immer mal wieder Kneipenteams, die gegeneinander antraten oder Jurastudentinnen und -studenten, die sich auf der Wiese vor dem Berliner Reichstag zum Kicken einfanden. Auch eine Uni-Liga, in der sich linke Studis Burschenschaftlern und anderen unangenehmen Erscheinungen gegenüber sahen, bot die Möglichkeit zu kicken. Zu einem Zusammenschluß all dieser Bemühungen um das runde Leder ist es aber bis heute nicht gekommen. Linke Fußballspieler sind in Berlin immer noch heimatlos.

Keine Alternative bietet auch die Mitgliedschaft in den üblichen treudeutschen Vereinen. Vorstand, Mitglieder und Spieler – auf allen Ebenen herrscht ein abschreckendes Gemisch von Konkurrenz und Klüngelei. Und im Hintergrund steht als Sponsor der örtliche Autohändler oder Bauunternehmer bereit und versucht, den Spielern mit einigen Scheinen zu helfen, dieses Klima zu ertragen.

Deshalb gründeten 1980 einige Fußballbegeisterte, vorwiegend Studenten, den FC Internationale. Der Klub wurde den Regeln des deutschen Vereinsrechts entsprechend konstituiert und nimmt seither am normalen Spielbetrieb des Berliner Fußballverbandes (BFV) teil. Grundsatz der Vereinsgründer war, keinen Pfennig Geld für Spieler und Trainer zu zahlen. Echte Amateure wollten sie sein.

Bevor auch nur ein Spiel angepfiffen werden konnte, bekam Internationale aber erstmal Streß mit dem Verband. Zankapfel war das „e" am Ende des Namens. Der BFV sah sich politischer

Unterwanderung ausgesetzt und argwöhnte, das bekannte Lied, welches Kommunisten zu singen pflegen, sei Pate bei der Namensgebung gewesen. Zu dieser Zeit noch fern jeden politischen Engagements, hatten sich die Kicker jedoch lediglich Internazionale Mailand als Vorbild auserkoren.

Der Konflikt mit dem BFV bewirkte, daß sich die Inter-Mitglieder stärker politisierten. Nach und nach traten zudem Menschen aus der damals hochaktuellen Friedensbewegung und aus der Hausbesetzerszene dem Verein bei. Der Kampf auf dem Sportplatz wurde mit dem Kampf auf der Straße verbunden. Jedes Jahr zu Ostern veranstaltete Internationale ein Turnier unter dem Motto „Sportler gegen Atomraketen". Schon im ersten Jahr kam es zum Eklat: Die Staatsmacht ritt auf der Veranstaltung ein und beschlagnahmte mehrere Transparente. Rangeleien waren die Folge. Der Verein geriet in die Schlagzeilen, der Ärger mit dem Verband wurde zum Dauerzustand.

Keine Demonstration wurde ausgelassen, nächtelange Diskussionen schlossen sich dem Training an. Die gesamte Breite der innerlinken Konflikte spiegelte sich bei Inter wider. Egal wie hoch es auch hergehen mochte, eins war klar: Zum Spieltermin standen alle auf dem Platz. Morgens noch gemeinsam auf der Demo, mittags wurde gegen Vereine gespielt, deren Polizisten im Kader fehlten.

Mit den Jahren schwanden die politischen Aktivitäten, der Erhalt des Vereins und der geregelte Spielbetrieb traten in den Vordergrund. Doch auch heute ist nach wie vor vieles anders bei Internationale, wenngleich die Krisen der Linken ihre Spuren hinterlassen haben.

Das jährliche Turnier ist fester Bestandteil des Vereinslebens geblieben. Seit Jahren hat dabei der Kampf gegen Rassismus die Forderungen der Friedensbewegung abgelöst. Die Spieler tragen Shirts mit dem Aufdruck „Inter gegen Rechts" und dürfen sich dafür von den Gegnern beschimpfen lassen. Zwar hat sich der Verein 1993 zum ersten Mal in seiner Geschichte auf einen Trikotsponsor eingelassen, ohne jedoch den politischen Anspruch zu vergessen. Sponsor ist seitdem „Stattauto", ein alternativer Car-Sharing-Betrieb.

Legendär bis zum heutigen Tage ist die Spielschwäche von Internationale während der Semesterferien, wenn sich noch das halbe Team im Urlaub befindet. Nach wie vor bilden Studenten den Kern des Teams, trotz Aufstiegs in die Landesliga bekommen die Spieler, den alten Grundsätzen gemäß, kein Geld für ihr Engagement.

Nach Jahren der Stagnation und des Mauerblümchendaseins erlebt der Verein seit zwei Jahren eine Renaissance, nicht zuletzt getragen von einer anwachsenden Fangemeinde. Doch dazu später mehr.

■ Exkurs: Linke und Sport

Was sich zunächst als nahezu selbstverständlich anhört, nämlich daß Linke selbst kicken, wenn ihnen die restlichen Vereine unattraktiv erscheinen, ist in der Berliner Linken keineswegs selbstverständlich. Die Liebe zum Fußball muß immer wieder entschuldigt, gerechtfertigt oder gar bekennerhaft eingestanden werden.

Als sich in der Stadt via Olympiabewerbung eine Beschäftigung mit dem Sport aufdrängte, gab es im Vorwort einer autonomen Anti-Olympiabroschüre solche Bekennerworte: „Auch sitzen ein paar von uns samstags vor der Glotze, gucken Sportschau und finden kaum was dabei ..." Fußballeidenschaft als Sucht, entstanden durch männliche Sozialisation und dringend therapiebedürftig.

Als im Frühjahr 1994 nach Hamburger Absage das Fußballänderspiel Deutschland – England am 20. April, der bis heute umgangssprachlich „Führers Geburtstag" heißt, in Berlin stattfinden sollte und die linken Berliner Fans die letztlich erfolgreiche Mobilisierung dagegen trugen, handelten sie sich viel Kritik von autonomer Seite ein. In der INTERIM, dem wöchentlich erscheinenden autonomen Mitteilungsblatt, wurden sie zurechtgewiesen, daß man sich „Mackersprüche, wie 'Ihr habt von Fußball keine Ahnung'" verbittet.

Eine „Autonome Männergruppe" veröffentlichte aus diesem Anlaß einen „Diskussionsbeitrag, der speziell an Männer gerichtet ist" über „'Männerbünde', Faschismus und Fußball". Eine der dort vermeintlich festgestellten Gemeinsamkeiten war die „Leistungskomponente", die „mensch daran sehen kann, daß Fußballfans i.d.R. auf abstrakte Leistungsnachweise wie Tabellen, Spielergebnisse etc. abfahren."

Neu sind dieser Art Vorbehalte gegen Sport im allgemeinen und Fußball im speziellen nicht. Sie haben Vorläufer, wie die Frühformen linker deutscher Sportkritik, die im Fußball Ablenkung vom Klassenkampf witterte, fein Haupt- und Nebenwidersprüche ziselierte und Körperfeindlichkeit als Triumph der Aufklärung mißverstand. Dies war in den 70ern noch common sense in weiten Teilen der Linken. Noch 1969 war es für den Liedermacher Franz-Josef Degenhardt ein Ausweis höherer Bildung, den Vornamen Beckenbauers nicht zu kennen und auf „Fritz" zu tippen: Wer den richtigen Vornamen kannte, wies sich als von den wahren Interessen abgelenkter und systematisch verdummter Idiot aus; wer dies nicht wußte, deutete an, daß er sich für die wichtigeren Dinge interessiert und folglich gebildeter ist.

Dieses Verstecken der Fußballeidenschaft ist nicht mehr alltäglich und findet nur noch in wenigen linken Zirkeln statt. Rückzugsgefechte, so scheint's.

Der Sprung aber, vom nunmehr offenen Fernsehkonsum der Fußballbundesliga hin zum Selbst-Kicken, zum regelmäßigen Stadionbesuch, zu regelmäßigen Auswärtsreisen gar – der ist kaum vollzogen.

■ Kiezgefühle und Selbstbehauptung: Türkiyemspor

Wenn es *den* Verein der linken Szene in Berlin geben sollte, kann dies nur Türkiyemspor Berlin aus Kreuzberg sein. 1978 von türkischen Fußballfreunden gegründet, spielte sich dieser Verein Jahr für Jahr, Liga um Liga nach oben und in die Herzen der türkischen und deutschen Fußballanhänger. Erst in der obersten Amateurliga endete der rasante Aufstieg. Einige Male schon kratzten die Spieler von Türkiyemspor sogar an das Tor zur Zweiten Liga. Zum ganz großen Wurf reichte es (bisher) jedoch nicht. Die Qualifikation zur neugeschaffenen Regionalliga gelang dem Verein allerdings souverän. Die Türkiyem-Fans können somit weiter auf die Erfüllung ihres Traumes Bundesliga hoffen.

Fans von Türkiyemspor

Für die Gründung und den anschließenden Siegeszug des Vereins war vor allem eines maßgeblich: In fast allen Vereinen spielen ausländische Fußballer, jeder Vierte besitzt nach jüngsten Erhebungen keinen deutschen Paß. Doch mußten und müssen die ausländischen Spieler immer wieder Vorurteile und Einschränkungen ertragen. So kam es in den 70er Jahren häufiger vor, daß Spieler, deren Vereine Freundschaftsspiele oder ein Turnier in Westdeutschland austrugen, nur deshalb zu Hause bleiben mußten, weil sie von den gastgebenden Vereinen wegen ihrer Herkunft unerwünscht waren. Spielte ein türkischer Spieler im gegnerischen Team, wurden die eigenen türkischen Spieler wie selbstverständlich gegen diesen gestellt, egal ob auf der angestammten Position oder nicht. Derartige Diskriminierungen waren es, die zur Gründung des Vereins beitrugen und Saison um Saison gute und nicht nur türkische Fußballspieler von anderen Klubs zu Türkiyemspor wechseln ließen.

Mit den Erfolgen wuchs auch die Fangemeinde. Ohne ständige Diskriminierungen im Verein zeigen zu können: „Wir sind genauso gut wie Ihr" – die Spieler zeigten es, und sie waren sogar besser. Balsam für das Selbstwertgefühl der türkischen Fans, denen im Alltag immer klargemacht wird, welchen Platz sie in der Gesellschaft einnehmen dürfen. Mit den Siegen feiern sie fröhliche Feste – eine Stimmung, die auf keinem deutschen Fußballplatz so möglich wäre. Man geht nicht nur auf den Platz, um Fußball zu schauen. Das auch, aber man geht auch hin, um sich zu treffen. „Mavi – beyaz, en büyük – Türkiyem!" Wechselseitig erschallen die Anfeuerungsrufe von der Geraden zur Gegengeraden im heimischen Katzbach-Stadion in Kreuzberg, aber auch auf den gegnerischen Plätzen Berlins, auf denen die Türkiyem-Anhänger immer in der Mehrheit sind. Hat die Mannschaft verloren, doch gekämpft bis zum Umfallen, so ist dies verzeihlich. Wehe aber, sie haben sich in ihr Schicksal ergeben. Nichts kann die Fans mehr enttäuschen.

Die Fans haben beim BFV den Ruf als „Heißsporne". Vor einigen Jahren stürmten sie das Spielfeld, nachdem der Linienrichter einen offensichtlich regulären Treffer nicht anerkannte, drauf und dran, diesem seine verdiente Abreibung zukommen zu lassen. Türkiyem verlor dieses Spiel in der Nachspielzeit, die Fans kochten.

Nach wichtigen Siegen schwärmten die Fans auf den Platz, um die Spieler auf Schultern vom Platz zu tragen. Ungehörig sei das, ließen die Fußball-Oberen wissen. Setzten sich die Fans nach heftigsten rassistischen Pöbeleien zur Wehr, immer wurden sie als die Angreifer ausgemacht. Türkiyemspor wurde mit Auflagen überhäuft und mußte gar zu Auswärtsspielen eigene Ordner mitbringen.

Die Fans antworteten auf ihre Weise. Sportlich besonders stark und vom Verband gleichermaßen drangsaliert, beschloß man einen Auswärtsboykott. Für die Konkurrenzvereine, die ohne Türkiyem-Besuch zirka fünfzig zahlende Zuschauer gewohnt waren, war das Fernbleiben von bis dato durchschnittlich 1.800 Fans ein wirksames Signal und bewirkte einen Teilerfolg.

■ Die Szene entdeckt Türkiyemspor – Spiegel des Kreuzberger Kiezes

Hertha BSC, ein Ausbund an Berliner Spießigkeit, ist immer für einen Skandal gut, seit Jahren aber nicht mehr für guten Fußball. Blau-Weiß 90, dieser Retortenverein, der nur einen Sommer vor den leeren Rängen des Olympiastadions tanzte. Und an Tennis Borussia, den vom Schlagerproduzenten Jack White alias Horst Nußbaum hochgepäppelten Reiche-Leute-Klub, zu deren Stadion noch nicht mal ein Bus fährt, denkt sowieso keiner, wenn es um Berliner Fußball geht. Weit und breit kein Verein in Sicht, für den sich Freunde guten Fußballs begeistern konnten. Fast zwangsläufig fanden deshalb auch deutsche Fans den Weg zu Türkiyem. Sie wurden angezogen von der einmaligen Erfolgsserie der Underdogs aus dem Kiez, gefesselt von der Atmosphäre auf den Rängen. Gänzlich undeutsch waren die Tausende tosender Fans, und der Klub hatte nichts von der unsäglichen Vereinsmeierei, die die Deutschen so unvergleichlich perfektioniert haben.

Begeisterung weckte auch die Art, wie Türkiyem seine Siege errang. Fußball wurde gespielt, technisch schöner Fußball, immer volle Pulle nach vorne. Das Team sprühte vor Spielfreude. Da wurde nicht blöde draufgehämmert, sobald das Tor in Sicht kam. Nein, die Mannschaft war von dem Drang beseelt, den Ball noch schöner ins Tor zu tragen. Oft genug wurden so gute Chancen dutzendweise versiebt, seltene Fernschüsse jenseits des Strafraums waren zumeist ein Grauen. Doch wen kümmert's, Türkiyem gewann oft genug dank der Tor-des-Monats-reifen Treffer.

Türkiyemspor spielt in Kreuzberg und ist Teil des Kreuzberger Lebens. Weit mehr noch: der Verein ist Abbild des Kiezes. Deutsche und türkische Menschen leben und arbeiten hier zusammen, oft aber auch nur nebeneinander her. Im Stadion trefen sie sich wieder, der Punk seinen Imbiß-Verkäufer, der deutsche seinen türkischen Nachbarn, die Menschen, die sich jeden Tag auf der Straße begegnen. Kurzum: sie sind zu Hause. Ebenso, wie Kreuzberg sich als Schmuddelstadtteil gegen den Rest Berlins behaupten muß, muß dies auch Türkiyemspor gegen die anderen Vereine. Herkunft, Nationalität, in solch einer Situation verlieren sie ihre (trennende) Bedeutung.

Aber: Ähnlich, wie der deutsche Teil Kreuzbergs vor allem als Nutznießer türkischer Kultur und türkischen Handels in Erscheinung tritt, sind die deutschen Fans in erster Linie Konsumenten des Flairs von Türkiyemspor. Sie stehen mitten unter den türkischen Fans, jubeln mit ihnen, sind mit ihnen enttäuscht, selten aber existieren persönliche Kontakte zwischen deutschen und türkischen Anhängern. Lediglich der harte Kern der Fans, der das Team auf Auswärtsfahrten in das meist sehr feindselig eingestellte Umland begleitet, kam sich über die Jahre näher. Hier greift noch die verbindende Identität der Ausgestoßenen. Wer sich gemeinsam in die bedrohliche Situation in den Stadien Ostdeutschlands begibt, ist wirklich Fan seines Vereins.

■ Sportliche Stagnation – der Verlust der Anziehungskraft

Berliner Meister wurde Türkiyem noch nie, aber als Pokalsieger qualifizierte man sich schon dreimal für die Hauptrunde des DFB-Pokals. Einmal erreichte man sogar die zweite Runde und sorgte damit für bundesweite Aufmerksamkeit.

In der Saison 90/91 war Türkiyem eigentlich schon in der Aufstiegsrunde zur 2. Bundesliga, kurz vor der Berliner Meisterschaft. Wenige Spieltage vor Schluß lag der Klub deutlich in Führung. Am vorletzten Spieltag kam der Tabellenzweite Tennis Borussia ins Katzbachstadion, ein Unentschieden hätte genügt. Vorausgegangen waren ungeahnte Schikanen des Berliner Fußballverbandes. Weil Türkiyem einen Spieler, Petr Podkowik, eingesetzt hatte, dessen ursprüngliche Spielberechtigung nachträglich vom BFV zurückgezogen wurde, mußte man innerhalb kürzester Zeit etliche Partien nachholen. Doch auch diese Schikane schienen die Türkiyem-Kicker wegstecken zu können. Fast 8.000 Zuschauer säumten die völlig überfüllten Ränge und mußten mit ansehen, wie das von den Nachholspielen völlig ausgepowerte Team sang- und klanglos mit 0:5 gegen Tennis Borussia unterging. Die sicher geglaubte Meisterschaft war verspielt. Maßlos enttäuscht, stürmten die Zuschauer den Platz. Der BFV verbannte daraufhin Türkiyemspor für die folgende Saison in den weitab von Kreuzberg gelegenen Jahn-Sportpark im Ostberliner Bezirk Prenzlauer Berg, das ehemalige BFC-Dynamo-Stadion, das sogar eine PKW-Rampe zur Ehrentribüne besitzt, die vom Staatssicherheitsminister Erich Mielke benutzt wurde.

Von diesem Schock haben sich viele Fans bis heute nicht erholt, die Euphorie war verflogen, viele Anhänger zogen sich von Türkiyemspor zurück. Obwohl der Verein auch in den folgenden Jahren oben mitspielte, die große Anziehungskraft war unwiederbringlich zerstört.

Heute ist die Fangemeinde zwar kleiner, die Stimmung nicht mehr gar so euphorisch, aber alles, was Türkiyem ausgezeichnet hat, ist weiterhin zu finden. Die Fans lieben und leben diesen Verein. Als in der Saison 1993/94 während eines Spieles im Katzbachstadion ein heftiger Schauer mit murmelgroßen Hagelkörnern niederging, der die meisten der etwa 200 Zuschauer flüchten ließ, blieb eine Gruppe von vierzig Fans unbeeindruckt von den bösen Launen des Wetters. Sie sangen und feuerten ihr Team an – so lange ihre Spieler weiterspielen mußten, wollten auch sie bleiben. Für alle, die dabei waren, wurde der Geist von Türkiyemspor höchst lebendig.

Das angestammte Katzbachstadion in Kreuzberg mußte der Verein für die Regionalliga wieder verlassen. Neuer, ungeliebter Spielort ist seither erneut der Jahn-Sportpark im Osten Berlins. Zweifel sind angebracht, ob der Verein diese Entwurzelung überstehen wird. Wenn das Team an die erfolgreichen Zeiten anknüpfen kann, werden die Fans auch in Massen strömen. Andernfalls könnte der Traum vom Aufstieg und damit der Mythos von Türkiyemspor unwiederbringlich verloren gehen. Bleibt zu hoffen, daß er noch lange anhalten wird.

■ Proletarische Power und Gefahr der Herthaisierung: 1. FC Union

Nach DDR-Wende und Mauerfall ging ein kleiner Teil der Westberliner Linken dahin, wo die Ostberliner schon eine ganze Weile waren: zum FC Union, dem von den Oberen ungeliebten Traditionsklub im Ostteil.

Union war zu DDR-Zeiten stets der zweite Berliner Klub. Sportlich eine Fahrstuhlmannschaft, aber von den Fans geliebt und in einem schönen Stadion, der Alten Försterei in der Wuhlheide angesiedelt. Union, das waren die berüchtigten Fans, gelebte Opposition gegen Staat, Gesellschaft, Miefigkeit. „Eisern Union" war nicht nur ein im DDR-Fußball bekannter Ruf.

Da die Unioner die Hertha-Entwicklung im Westen nur aus der Ferne verfolgen konnten und auch, weil die enttäuschten Hertha-Fans aus Westberlin oft und gerne zu Union gingen, entwickelte sich auch die bis heute bestehende Freundschaft: „Hertha und Union". Nach der Wende droht nun Union eine Art Herthaisierung – und zwar im Schnelldurchlauf. Zweimal war man schon qualifiziert für die 2. Liga, zweimal ist man aus nicht sportlichen Gründen gescheitert. Einmal wegen eines bis heute nicht aufgeklärten Betrugsversuchs (eine gefälschte Bankbürgschaft war an den DFB gefaxt worden); einmal wegen eines nicht erbrachten Liquiditätsnachweises. Und immer wieder ruft der Vorstand, in Hertha-Manier, nach Senatsbürgschaften und kann mit dem ihm zugepumpten Geld nicht umgehen. Eine Berliner Großmannssucht, die der Klub nicht verdient hat. Union, der Underdog-Verein, spielt jetzt in der Regionalliga mit, hofft wieder auf den sportlichen Aufstieg und darauf, daß das Management diesen auch finanziell begleiten kann.

■ Ostalgische Schmuddelkinder: FC Berlin

Ein vergleichsweise größerer Teil der Kreuzberger und der Ostberliner Szene ging gar zum FC Berlin, dem früheren BFC Dynamo. Das ist das reine, pure Schmuddelkindermilieu. Der Verein des Erich Mielke war DDR-Abonnementmeister der letzten Republikjahre, wobei Gerüchte und Indizien, daß dies Mielkes Werk war, nie verstummen werden. Der BFC Dynamo wurde von den anderen, speziell von den Fans des Ortsrivalen Union immer geschmäht. So heftig, wie es sonst in der DDR kaum möglich war: „Tod dem BFC", „No Future BFC", „DDT für BFC" oder „Zyklon B für BFC" – das waren nicht nur Sprüche, das waren auch Aufnäher und sogar Tätowierungen, also ewige Feindschaft.

Nach der Wende konnte der in FC Berlin umbenannte Klub sich nicht für eine der zwei Bundesligen qualifizieren – einige sagen: wegen des fehlenden Protektorats aus der Normannenstraße (dort lag die Stasi-Zentrale), andere sagen: wegen der vielen Spieler, die den Verein verließen (Andreas Thom, Thomas Doll, Rainer Ernst etc.). Schlagzeilen machte der Verein, der seine Heimspiele im Jahn-Sportpark im Prenzlauer Berg austrug, nur noch mit seinen Hooligans. „Die Härtesten Deutschlands" – ist deren Selbstsicht. Allein sportlich boten sich nach Ende der DDR-Oberliga, die zuletzt auf Oberliga Nord-Ost sprachlich zurechtgestutzt wurde, keine Reisen zu vergleichbaren Hool-Gruppen an.

Dieses, auf den ersten Blick so durch und durch unattraktive Milieu, hatte seine Anziehungskraft. Hier, wo einfach aufgrund der heftigen Ausgrenzung alles DDR-Gewesenen sich ein Ort der Opposition auftut, der bei Union zum Beispiel verloren zu gehen droht, hier sammeln sich auch viele der linken Fanszene. Ostalgie im Stadion.

Doch zahlenmäßig gibt das alles nicht viel her. Viele linke Fans gibt es in Berlin ohnehin nicht. Und dann noch zersplittert in viele Klub-Vorlieben. Türkiyemspor, Union, FC Berlin –

einen gemeinsamen Klub fand man nicht, die Berliner Fußballmisere schlug sich auch in den Vorlieben der Fans nieder.

■ Viel Vielfalt: der Fußball-, Fan-, Infoladen „Anstoß"

Ein Ausdruck der speziellen Ost-West-Berliner Fußballfanszene, die sich nicht auf einen Verein verständigen kann, aber in ihrer Vielfalt besser ist, als es zunächst scheint, ist der „Fußball-, Fan-, Info-Laden Anstoß" in der Brunnenstraße im Ost-Berliner Bezirk Mitte.

Die Gründung war mehr politisch als fußballerisch motiviert. Aber so ganz ohne das eine kann man das andere nicht erklären. Während der WM 90, als es entlang des Triumphes Fußballdeutschlands auch erstmalig in größerem Ausmaß zu rassistischen Ausschreitungen in Berlin kam, überlegten sich einige Fans, daß man mehr braucht als lose Treffen, eine Anlaufstelle. Diese fand man in Form eines kleinen Ladenlokals, und am 24.1.92 eröffnete man mit irischem Essen. Seitdem trifft man sich hier regelmäßig, guckt Fußball im TV, trinkt etwas, empfängt Auswärtsfans, hängt seine Schals und Wimpel an die Wände und liest die auliegenden Fanzines: Der Laden wächst. Unter anderem von hier aus wurde auch erfolgreich die Kampagne gegen das geplante Länderspiel am 20. April getragen.

Ein bißchen orientiert sich der Anstoßladen am Fanladen des FC St. Pauli in der Hamburger Thadenstraße. Ja, ein bißchen sind die Fans von St. Pauli Vorbild für die Berliner. Vor allem wegen des Fußballflairs am Millerntor. Das Berliner Manko bestand und besteht aber vor allem im Fehlen einer Mannschaft, die zu unterstützen lohnt und die gleichzeitig das fußball-kritische Auge ein wenig erfreut.

Hardy Grüne

Fußballfans in der Provinz

Ein kleiner Hauch vom großen Fußball

Wenn man in den Niederungen der Regionalligen nachschaut, sieht es in punkto Fan-Klubs eigentlich ganz gut aus. Völlig klar, bei den klangvollen Namen, die manche Vereine aufweisen: Arminia Bielefeld, Alemannia Aachen, VfL Osnabrück, Eintracht Braunschweig, Union Berlin, Erzgebirge Aue, die Offenbacher Kickers, Darmstadt 98 – nur einige von vielen Ex-Zweit- oder gar Erstligisten. Logisch, daß diese Teams eine breite Fanschar hinter sich haben, die auch bei Auswärtsspielen in größerer Anzahl vertreten ist.

Doch wie sieht es hinter den großen Namen aus? Im Norden beispielsweise, wo neben Braunschweiger, Osnabrücker und Oldenburger auch andere Fanklubs ihre Regionalligateams unterstützen. Kickers Emden hat seinen „Ostfriesenpower", der VfL Herzlake seine „Schwarzroten". Im Celler Stadion tummeln sich die TuS FC-Fans, und auch aus Lüneburg und von Concordia Hamburg werden Fanaktivitäten gemeldet. Nicht zu vergessen der VfB Lübeck.

Und Göttingen 05.

Deren „Wildgänse" existieren seit mehr als drei Jahren, doch sie haben es nicht leicht. Denn im Gegensatz zu den Klassenkonkurrenten aus Braunschweig oder Osnabrück fehlt in Göttingen – neben einer schlagkräftigen Mannschaft – im Jahre 1995 vor allem eins: Publikum. Gegen den VfL Herzlake, seines Zeichens Tabellenführer und Aufstiegsaspirant Nummer 1, verloren sich gerade einmal 672 Zahlende im Jahnstadion. Aber der 05-Kassierer strahlte dennoch, denn das war immerhin die zweitbeste Saisonkulisse. Nur am ersten Spieltag hatten gegen den alten Rivalen aus Braunschweig mit fast 2.500 noch mehr Fans ihren Obolus entrichtet. Doch darunter waren auch gut 1.000 Braunschweiger gewesen.

Für die Wildgänse ist es schwierig, im riesigen und fast menschenleeren Jahnstadion so etwas wie Atmosphäre zu verbreiten. 24.000 passen hinein, doch bei derzeit durchschnittlich fünf- bis sechshundert Zahlenden kann natürlich keine Stimmung aufkommen. Soviele Wildgänse gibt es auch gar nicht. Zwanzig bis fünfundzwanzig „echte", also lautstarke Fans versammeln sich alle zwei Wochen auf der „Gegengerade, links", um ihre Schwarz-Gelben zum Sieg zu schreien. Was, nebenbei gesagt, in der laufenden Regionalligasaison noch nicht allzuoft gelungen ist. Von echter Fußballatmosphäre ist folglich wenig zu spüren, zumal das zwar wunderschöne, aber für derartige Zuschauerzahlen gänzlich ungeeignete Jahnstadion nicht gerade stimmungsfördernd ist. Neben Laufbahnen säumen nämlich Sprunggruben und sonstige Leichtathletikanlagen das Spielfeld, wodurch die wenigen Fans ziemlich weit entfernt vom Geschehen sind.

Insofern ist es durchaus verständlich, daß die Wildgänse lieber zu Auswärtsspielen fahren. Denn „da fahren nur echte Fans mit, und die Stimmung ist geil". Wie kürzlich in Braunschweig: Knapp zwanzig Fans hatten sich auf den Weg zur Hamburger Straße gemacht, wo sie sich lautstark über ein torloses Unentschieden freuen konnten. Sie hatten alles dabei: Konfetti, bengalisches Feuer, Trommeln, Tröten, Fahnen. „Das", so war zu hören, „hat Spaß gemacht", zumal auch auf Braunschweiger Seite ordentlich Fans vertreten waren. Mit denen gab es zwar nach Spielschluß einigen Ärger, aber das brachte eben auch Atmosphäre.

Atmosphäre, die beim Match gegen Klassenprimus Herzlake über siebzig Minuten lang fehlte. Die Emsländer hatten keinen sichtbaren und schon gar nicht lautstarken Anhang mitgebracht, die Wildgänse waren also unter sich. Erst als sich der Schiedsrichter einige fragwürdige Entscheidungen leistete, kam Stimmung auf. Doch die war keineswegs zur Unterstützung der eigenen

Mannschaft gedacht, sondern vielmehr gegen den Schiedsrichter gerichtet. Jedoch, das traditionell eher träge Göttinger Publikum mitzureißen, daran sind schon ganz andere und mitgliederstärkere Fanklubs gescheitert. Das wissen auch die Wildgänse, denn selbst zu großen Göttinger Fußballzeiten in den siebziger und achtziger Jahren war das Jahnstadion keineswegs als „Hexenkessel" verschrieen. Im Gegenteil: Sogar zu besten Oberligazeiten wollte einfach keine Stimmung aufkommen, und mehr als einmal mußte sich der Trainer nach Spielschluß schützend vor seine Mannschaft stellen, da sie ansonsten vom eigenen Publikum verspottet worden wäre. Das Göttinger Publikum ist kritisch. Im Sommer 1994 trafen die 05er im DFB-Pokal auf Eintracht Frankfurt, und mit über 10.000 Zahlenden war das Jahnstadion endlich einmal halbwegs gefüllt. Die Wildgänse waren besonders aufgeregt, denn mit solch einem Publikum im Rücken hatten sie noch nie Stimmung gemacht. Umso größer ihre Enttäuschung, als sich das Göttinger Publikum als völlig neutral entpuppte und nicht im Traum daran dachte, die heimischen Underdogs gegen Yeboah und Co. zu unterstützen. Artig klatschte man bei jedem der sechs Frankfurter Tore, pfiff bei den vergebenen Chancen der 05er und befand es nicht für nötig, der jungen 05-Elf gegen den übermächtigen Gegner den Rücken zu stärken. Da kommt Frust auf.

Es ist aber auch eine Crux. Göttingen als Universitätsstadt hat eine gewisse Fluktation bezüglich seiner Einwohnerschaft aufzuweisen, und mit Vereinstreue ist es dabei nun mal nicht weit her. Der Zuschauerstamm ist eher gering, und wenn studentisches Publikum die acht Mark Eintritt auf den Kassenteller legt, dann meistens, um die „eigene" Mannschaft zu sehen. Da taucht dann schon einmal ein „Emdener Studenten grüßen ihre Kickers"-Transparent auf, oder man wird in der Uni gefragt, wann 05 denn gegen Lüneburg spielt, weil „gegen den LSK muß ich, als Lüneburger, doch hin". Die Wildgänse haben sich daran gewöhnt und freuen sich über jeden zusätzlichen Besucher – auch wenn er nur für ein Spiel kommt.

Sie selber sind keine Studenten. „Die meisten von uns sind Auszubildende, alle Richtungen, Kaufleute, Mechaniker usw."

erzählt Tim, der seit drei Jahren dabei ist. „Der Freund meiner Mutter hat mich irgendwann mitgenommen, da bin ich dann dageblieben", sagt er, während Michael „beim Pokalspiel gegen den HSV zum ersten Mal da war, weil ich doch HSVer war." Das war 1982, seitdem ist er Schwarz-Gelber und sagt auch gleich, warum. „Es ist irgendwie was besonderes. So ein kleiner Klub, man kennt die Leute, irgendwie ist es schöner als bei den großen Vereinen." Obwohl er auch regelmäßig ins Dortmunder Westfalenstadion fährt, denn „die Atmosphäre dort ist einfach geil". Beide sind bereits eine gute Stunde vor Anpfiff im Stadion, um die Fan-Klub-Transparente aufzuhängen. Neben den schwarzgelben Stoffstücken wird auch ein blaurotes aufgehängt. „Für unsere Norderstedter Freunde", meint Kay, der auch einen Schal des Ex-Oberligisten aus dem Norden Hamburgs trägt. „Als wir da vor zwei Jahren gespielt haben, waren die einfach toll. Während des Spiels standen wir zusammen und verstanden uns prima, doch das Beste kam erst hinterher. Als wir nämlich zu unseren Autos kamen, stand da plötzlich so 'ne Horde Lübecker Hools. Da haben uns die Norderstedter kräftig geholfen, das war echt toll." Doch die Nordhamburger stiegen ab, und so trennten sich die sportlichen Wege zwischen 05 und dem SCN. Nicht so die der Fans. Regelmäßig besuchen Norderstedter die Göttinger Heimspiele und stehen den Schwarz-Gelben vor allem bei deren Auswärtsspielen in Hamburg zur Seite. Im Gegenzug unterstützen die Wildgänse ihre Freunde in der Oberliga Hamburg/Schleswig-Holstein, wo sie auf Gegner wie VfL Pinneberg oder TSV Pansdorf treffen. „In zwei Wochen wird's toll: Da gehen wir am Freitag zum Spiel Pauli gegen Rostock, am Samstag spielt 05 in Kiel gegen Holsteins Erste, und am Sonntag Norderstedt gegen Holsteins Zweite. Drei Spiele an einem Wochenende, das wird ein Fest!" strahlt Tim und freut sich über die gut funktionierende Fanfreundschaft. Horst Plambeck, Norderstedts finanz- und auch sonst allgewaltiger Präsident, hat den Wildgänsen sogar freie Busfahrt versprochen, wenn sie den SCN weiterhin beim Aufstiegskampf unterstützen.

Bezüglich Randale haben die Wildgänse ihre eigene und ziemlich konkrete Vorstellung: „Wer randaliert, wird aus dem

Fan-Klub ausgeschlossen", heißt es in der Satzung, die jedes neue Mitglied zu unterschreiben hat. Dann darf er – oder sie, denn auch Frauen gehören dem Klub an – für drei bis fünf Mark im Monat Wildgans sein. Bei Auswärtsspielen gibt es dafür schon mal 'ne Freikarte, ansonsten aber wird nichts weiter geboten. Auf die Frage, warum sie keinen freien Eintritt bei Heimspielen haben, verdunkelt sich Tims Miene: „Ach, vom Verein kommt nichts. Die wollen mit uns nichts zu tun haben, denen sind wir ziemlich egal. Seit Jahren versuchen wir, günstigeren Eintritt zu bekommen oder sogar einen Platz unter der Tribüne zu kriegen, weil wir da einfach besser Stimmung machen könnten. Doch von 05 kommt nichts. Die melden sich nur, wenn es mal wieder irgendwo Ärger gibt." In der Tat ist die Vereinsführung seit Jahren ziemlich ignorant gegenüber den Problemen der wenigen Fans. Das ist eigentlich verwunderlich, denn bei einem Zuschauerschnitt von vielleicht 600 sollte man annehmen, der Verein wäre daran interessiert, die wenigen Getreuen zufriedenzustellen.

Doch 05 scheitert immer wieder an der internen Cliquenwirtschaft. Vor Jahren kaufte sich Jürgen Beinling in den Verein ein und drohte damit, „jedem Stadionverbot zu erteilen, der negativ auffällt". Als 05 1989 in der Zweitligaaufstiegsrunde gegen den MSV Duisburg spielte, bezeichnete er deren Fans pauschal als „arbeitslose Idioten", und auch die eigenen Fans waren ihm reichlich suspekt. Vor zwei Jahren schmiß er die Brocken hin und hinterließ einen gigantischen Schuldenberg. Seitdem muß 05 Jahr für Jahr die besten Spieler ziehen lassen, und sein amateurhaftes Management hat mehr als einmal für Gelächter unter den Klassengenossen gesorgt. Jüngstes Beispiel war die Verpflichtung von Stephan Gollasch: DM 40.000 sollte der Torhüter kosten. Doch da die 05-Verantwortlichen nicht bereit waren zu zahlen, war der Ex-Bielefelder die gesamte Hinrunde über gesperrt. Dem eigenen Publikum jedoch erzählte 05-Manager Michael Wolter, er sei freigegeben! Tatsächlich saß Gollasch auch jedes Spiel auf der Bank, und 05 kann von Glück reden, daß Stammkeeper Bürger nicht verletzt wurde. Mit Gollasch im Tor hätte es garantiert Punktabzug gegeben.

Von einem Mitspracherecht in der Vereinspolitik können die Fans nur träumen. „Die da oben halten alle zusammen, ein eingeschworener Haufen alter Herren", ist zu hören, und es klingt resignierend. Verständlich, wie ein Vorfall beim Heimspiel gegen den VfB Oldenburg beweist. Tage zuvor war die erwähnte Lüge um Torhüter Gollasch bekanntgeworden. Einigen Fans war daraufhin der Kragen geplatzt: Ein Transparent mit der Aufschrift „Wolter raus!" wurde aufgehängt. Die Unmutsäußerung verpuffte jedoch wirkungslos: Nach wenigen Spielminuten war das Transparent verschwunden – abgenommen von einem Offiziellen des Vereins! Am nächsten Tag konnte man im Göttinger Tageblatt, indiskutables Monopolblatt der Universitätsstadt lesen, „daß alle vereinsinternen Probleme beseitigt sind und das Transparent damit hinfällig sei". Angesichts derartiger Zustände ist es eigentlich erstaunlich, daß die Wildgänse nicht auf die Barrikaden gehen. Doch dafür fehlt es ihnen sowohl an Lobby als auch an Mitgliedern.

Gezwungermaßen haben sie sich also mit der Situation abgefunden. Sie konzentrieren sich auf die Mannschaft und den Trainer. Der Kontakt zu denen ist hervorragend. Trainer Charly Mrosko, einst selber aktiv für Bayern München und Hannover 96, spricht nur lobend über die Wildgänse: „Sie sind immer da, unterstützen uns in jeder Situation und stehen wirklich zur Mannschaft. Solche Fans brauchen wir. Nur ein paar mehr könnten es sein." Auch die Mannschaft ist begeistert. Insbesondere Jan-Uwe Gundel, ostfriesischer Mittelfeldmotor, schwört auf die Wildgänse. Kein Wunder, erklingt doch vor jedem Spiel seine persönliche Hymne: „Eff Zee Norden" singen sie, wenn „Speedy" den Rasen betritt. Beim FC Norden ist er groß geworden und findet es „toll", daß die Göttinger Fans das wissen und nicht vergessen haben.

Bei den Heimspielen sind die Wildgänse eher unter sich. Links von der Mittellinie verirren sich im riesigen Rund eben nicht mehr allzuviele, und die, die es tun, verschwinden bald wieder. Denn ihre geringe personelle Stärke gleichen die 05-Fans mit fünf großen Trommeln aus. Damit fallen sie kräftig auf, wenn auch aus dem „normalen" Publikum schon mal Beschwer-

Der „Fanblock" bei Göttingen 05. Mancher Zuschauer hätt's gerne leiser.

den wegen der Lautstärke kommen. „Geh doch auf'n Friedhof", kommt dann zurück, und die Wildgänse trommeln nur noch lauter. „Schließlich ist dies hier ein Fußballspiel in einem öffentlichen Stadion", kommentiert Tim zwischen zwei Trommelschlägen, „soll er doch zu Hause bleiben, wenn's ihm zu laut ist!" Wenn die Streitereien eskalieren, greift Pattchen ein. Eigentlich heißt er Wolfgang, doch das weiß kaum einer. Pattchen ist ein echtes fußballerisches Urgestein, seit Jahrzehnten 05-Fan. Er ist Herz und Seele des Fan-Klubs. Pattchen hat für jeden ein nettes Wort, begegnet allen mit derselben Einstellung, egal ob versoffenem Pennbruder oder hochgestyltem Medizinersohn. Wenn er dich angrinst, kannst du nicht anders, als zurückzugrinsen. Seine Stimme hat Gewicht. Immerhin war es Pattchens Wunsch, den Fan-Klub eintragen zu lassen (e.V.), „damit alles seine Ordnung hat". Seither sind die Wildgänse einer der wenigen Fan-Klubs, die als richtiger Verein gemeldet sind und damit als gemeinnützig gelten. Und wieso ausgerechnet Wildgänse? „Weißt du," erzählt er, „das Gänseliesel ist Göttingens Wahrzeichen. Und wir dachten, irgendwie müssen wir uns danach benennen. Na und dann schlug Holger 'Die Wildgänse' vor. Alle waren sofort begeistert. Wir sind der einzige Fan-Klub in Deutschland mit diesem Namen!" Pattchen ist zudem Bindeglied zwischen Verein und Fan-Klub. Er ist der einzige, der Kontakt zu den Vereinsbossen hält und dank seiner kumpelhaften Art überall offene Türen einrennt. „Wenn ich auswärts mitfahre, will ich Stadt und Leute kennenlernen. Wir wollen als Fan-Klub Kontakt zu gegnerischen Fans aufnehmen, weil es einfach Spaß macht. Ist doch toll, wenn du zum Auswärtsspiel kommst und da stehen Freunde, die dir die Hand geben!" Pattchens Weg ist erfolgreich. In fast allen Regionalligastadien haben die Wildgänse ihre Freunde, warten gegnerische Fans auf sie, um gemeinsam ein Bier zu trinken.

Neben Pattchen steht Wolfgang, ein weiteres fußballerisches Urgestein. „Seit zwanzig Jahren habe ich kein Spiel mehr verpaßt, noch nicht einmal ein Freundschaftsspiel" erzählt er stolz und zählt dann auf, wo er schon überall mit den 05ern war: „Hertha BSC, Duisburg, Xanten, Neu-Isenburg; aber früher war es noch toller. Damals in der zweiten Liga: Dortmund, Aachen, Bonn. Ach, das war noch toll!" Er klingt ein wenig wehmütig, wenn er von „Auswärtsfahrten mit 200 Mann nach Bonn" oder Spielen im Berliner Olympiastadion schwärmt. Wolfgang hat sie alle mitgemacht, die guten und die schlechten Zeiten. Er war dabei, als 05 die Tabelle der 2. Bundesliga-Nord anführte und Borussia Dortmund mit 3:0 nach Hause schickte, er erinnert sich noch an die einhundertzweiundfünfzig Zahlenden im Ligakick gegen den MTV Gifhorn. „Drei Tage nach Tschernobyl war das. Alle hatten Angst rauszugehen, aber ich war trotzdem da!" Mehr als einmal brachte Wolfgang den Dienstplan auf dem Göttinger Bahnhof, wo er arbeitet, durcheinander. „Meine Kollegen wissen, wie verrückt ich bin. Wenn 05 spielt, kann ich eben nicht arbeiten." Und dann tauscht er schon einmal zwei Nachtdienste gegen einen freien Nachmittag, nur um seine Jungs zu einem Freundschaftsspiel in Delliehausen oder Fuhrbach zu begleiten.

Als Fußballfans sind sie wie alle anderen auch. Sie leiden mit ihren 05ern, freuen sich, ärgern sich. Streiten sich untereinander, versöhnen sich wieder, pfeifen den Schiedsrichter aus, wollen ihm auch schon mal an den Kragen. Für sie besteht kein Unterschied zwischen ihnen und Bundesligafans. Auch wenn statt dreißigtausend nur knapp fünfhundert Fans den 05ern zugukken, in punkto Zuneigung und Leidenschaft stehen sie den Dortmundern, Schalkern oder Lauterern in nichts nach. Und sie sind stolz darauf. Wie Ralf, der „jedes 05-Spiel einer Partie zwischen Bayern und Werder vorziehen würde." „Du könntest mir 'ne Freikarte neben Beckenbauer geben, ich würde zu 05 gehen. Das ist mein Team, da gehöre ich hin. Den anderen Fußball gucke ich im Fernsehen."

Natürlich haben die Wildgänse auch ihre Bundesligamannschaft. Borussia Dortmund liegt hoch im Kurs, nicht erst seitdem Hitzfeld die schwarzgelben Farbenbrüder zum Erfolg führte. Immerhin ist das Westfalenstadion quasi „um die Ecke", denn im Südniedersächsischen ist seit dem Abstieg von Hannover 96 und Eintracht Braunschweig weit und breit kein Bundesligafußball mehr zu bewundern. Zweieinhalb Stunden Autofahrt bis ins Dortmunder Westfalenstadion, das ist das mindeste, was ein Göttinger Fußballfan investieren muß, um Erstligagekicke zu sehen. Eigentlich recht gute Voraussetzungen, um die Fans ins Göttinger Stadion zu locken. Doch seitdem 05 nur noch in der unteren Tabellenhälfte der Drittklassigkeit herumkrebst, sind viele frühere Wildgänse abgewandert. Die Göttinger Busunternehmen haben die Fußballmarktlücke nämlich entdeckt und geschickt ausgenutzt: Jedes Wochenende kann man bequem per Reisebus ins Westfalen-, Park- oder Weserstadion fahren. Knapp einhundert Mark kostet der Spaß, Sitzplatz inklusive.

Pattchen reagiert trotzig auf diese Angebote. „Soll'n se doch fahren, ich bin und bleibe 05er." Aber es schwingt Trauer mit in seiner Antwort. Neidisch blicken die Wildgänse in die großen Bundesligastadien, wo Stimmung herrscht, das Publikum wirklich wie ein Mann hinter der Mannschaft steht. Das können sie nicht. Doch sie würden es gerne können und träumen davon, eines Tages auch so stimmgewaltig zu sein. Die Bundesligafanklubs sind ihre Vorbilder. Aktuelle Gesänge werden übernommen. Aus der „Nordseeküste" wurde der „Leinestrand", und sie sind natürlich die besten Fans der Regionalliga. Auch die Trommeln haben sie sich abgeguckt, manchmal kommt gar einer mit Trompete und bläst die „Schalke-Attacke"; die zwanzig-Mann-Version der „La-Ola" versuchen sie ebenfalls regelmäßig.

Grundsätzlich kann man sagen, daß ein Drittliga-Fanklub nichts anderes als ein Mikrokosmos eines Bundesliga-Pendants ist. Die „Fan-Qualität" ist vergleichbar, lediglich in der Dimension sind Unterschiede festzustellen. Wie jeder Bundesligafanklub starten auch die Wildgänse am Samstag- oder Sonntagmorgen, um zum Auswärtsmatch zu fahren. Die Fahrzeuge werden mit schwarzgelben Fahnen behängt, denn auf der Autobahn als Fan aufzufallen, ist wesentlicher Bestandteil einer Auswärtsfahrt. Auf den Raststätten die üblichen Protzgebärden, bei Ankunft im Stadion kommen die „Hurra, hurra, die Göttinger sind da"-Rufe. Man richtet sich auf der Tribüne – die nicht in jedem Regionalligastadion vorhanden ist – ein, hängt die Transparente auf und packt die Gesänge aus. Alles wie die großen Vorbilder aus der Bundesliga. Prinzipiell sind auch die Wildgänse tatsächlich nur ein Mikrokosmos eines Bundesligafanklubs. Die Liebe und Treue zum eigenen Verein, das Leiden bei Niederlagen, die Freude bei Siegen, der Ärger mit dem Vereinsvorstand und gegnerischen Fans – in all' diesen Dingen sind sich Drittklassigkeit und Erstklassigkeit absolut gleich. Nur das Drumherum ist anders: Statt 2.000 sind es nur 20 Fans bei Auswärtsspielen, statt großräumiger Stadien sind es bessere Sportplätze, statt nach München oder Hamburg fährt man nach Hoisdorf und Herzlake.

Stichwort Auswärtsspiele. Wenn es nach Braunschweig, Celle oder Hannover geht, haben die Wildgänse keine Probleme, Stimmung zu machen. Fünf bis sechs Autos stehen bereit, um alle Mitglieder zu transportieren, notfalls wird ein Kleinbus angemietet. Doch nach Kiel, Herzlake oder Emden sieht das anders aus. Um beispielsweise nach Kiel zu gelangen, geht nämlich der ganze Sonntag drauf. Da die dortige Holsteinelf aber beinahe noch mehr von ihrem einstigen Glanz verloren hat als die 05er, ist der Spielbesuch entsprechend unattraktiv. Da sind es dann oft nur vier bis fünf Wildgänse, die die Schwarzgelben begleiten. Man muß sich das vorstellen: Achthundert Kilometer zu fahren, um dann in einem fast menschenleeren Stadion drittklassigen Fußball zu sehen! Doch egal wo die 05er anzutreten haben, die Tage vor dem Spiel verlaufen immer gleich. Pattchen sitzt stundenlang am Telefon, um alle Interessenten zusammenzutrommeln und vor allem entsprechend notwendige Gefährte aufzutreiben. Wie einfach haben es da die Erstligafans: Platz im Bus sichern, zur angegebenen Zeit am richtigen Ort sein – und fertig.

Seitdem 05 im unteren Mittelfeld der Drittklassigkeit verschwunden ist, sind die Wildgänse einsamer geworden. Viele der früheren Stammbesucher steigen nun Samstagmorgens in die Bundesligaspielbusse oder bleiben ganz zu Hause. Es gibt jedoch auch eine positive Seite dieser Entwicklung: „Früher hatten wir 'ne Menge Skins und rechtes Gesocks hier, die sind nun weg. Na ja, welcher Hooligan will sich schon mit 400 ganz und gar nicht Prügelwilligen gegen den VfL 93 Hamburg langweilen?" Früher war das anders. Vor einigen Jahren, als der Zuschauerschnitt noch über 2.000 lag und bei Spitzenspielen schon mal 5.000 bis 6.000 Fans ins Stadion strömten. Da waren dann auch recht dubiose Gestalten dabei, die versuchten, sich unter die Fans zu mischen. Vor allem bei Auswärtsspielen gab es oft deftigen Ärger, und die „Löwen", so nannte sich der Fan-Klub seinerzeit, waren ziemlich gefürchtet. Anfang der achtziger Jahre kam es zum Eklat: Beim Spiel in Salzgitter hatten die Löwen das halbe Stadion auseinandergenommen, und es hagelte Stadionverbote. Danach war Schluß. Der Fan-Klub wurde aufgelöst, der Verein vergaß seine Fans. Nur wenige Ex-Löwen blieben übrig und bauten mühsam einen neuen Fan-Klub auf, vom Verein weitestgehend ignoriert. Bis 1986 tat sich kaum etwas. Erst nach dem Umzug vom kleinen schnuckeligen Maschparkstadion ins zweitligawürdige Jahnstadion tauchten wieder schwarzgelbe Fahnen auf, und auch der Urschlachtruf, das langgezogene „Nuuuul-Füüüünf", war wieder zu vernehmen. Der neue – namenlose – Fan-Klub wurde nach und nach größer. Sogar eine eigene Fußballmannschaft konnte gebildet werden, die gegen die Fankonkurrenz aus Lüneburg, Norderstedt, Arminia Hannover und Wolfsburg kickte.

1989 erreichten die Schwarz-Gelben die Zweitligaaufstiegsrunde. Mit dem Erfolg kam auch das Publikum zurück – und 05 wurde für die rechte Szene interessant. Gleichzeitig hatte nämlich ein gewisser Karl Polaczek im nahegelegenen Dorf Mackenrode ein FAP-Schulungszentrum aufgebaut. Dort hatten sich immer mehr Skins und andere rechte Schlägertypen versammelt; die sich nun auch im Jahnstadion blicken ließen. Plötzlich war faschistisches Gegröhle zu hören, Reichskriegsflaggen tauchten auf. Der etablierte Fan-Klub war ratlos, der Verein tat so, als wäre nichts geschehen, und die Situation drohte zu eskalieren.

Nun waren die ausgehenden achtziger und beginnenden neunziger Jahre in Göttingen hochpolitisch. Die Stadt fungierte als Treff- und Schmelzpunkt zwischen Rechten und Linken, tatsächlich kam es praktisch jedes Wochenende zu Schlägereien. Silvester 1990 schlugen die Rechten an mehreren Stellen gleichzeitig zu. Es gab Verletzte und sogar einen Toten. Göttingen war geschockt und ratlos zugleich. Man hatte die Gefahr, die von den Faschisten ausging, in der Stadt gänzlich unterschätzt. Nun bekam man die Rechnung präsentiert.

Regelmäßige Jahnstadionbesucher waren seinerzeit auch einige Linke, unter ihnen Mike, Knatter und Heino. Sensibilisiert durch die Geschehnisse, beobachteten sie die Vorgänge im Jahnstadion mit Sorgen und fragten sich, was man dagegen machen könne. „Es wurde an so etwas wie ein Fan-Projekt gedacht, um irgendwie an die Leute ranzukommen. Oder zumindest, um zu verhindern, daß sie sich weiter ausbreiten können", erzählt Heino, „doch ob die Stadt Göttingen dabei mitmachen würde, war ganz und gar nicht sicher." Tatsächlich zog die Stadt mit. Zwar sollte nur ein über die Betreuung von Fußballfans hinausgehendes Projekt unterstützt werden, aber immerhin standen Gelder zur Verfügung. Lediglich 05 zeigte die kalte Schulter. „Damals war Beinling noch Präsident. Der meinte nur, 05 bräuchte sowas nicht, weil es keine Hools oder Schläger gäbe. Noch nicht mal 'ne Freikarte haben wir gekriegt, obwohl wir ein offizielles Projekt waren!"

Gleichzeitig hatten andere aus der Gruppe eigene Konsequenzen gezogen und mit den „Fooligans" einen antifaschistischen 05-Fan-Klub gegründet. „Die haben sich so ein bißchen an St. Pauli orientiert, wollten halt Fußball gucken, Paadie machen undsoweiter." Während das Fan-Projekt (das offiziell eigentlich

„Projekt Jugendkulturen" heißt, doch so nennt es keiner) zum Laufen gebracht wurde, leisteten die Fooligans ihren eigenen Beitrag zur Fan-Verständigung. Sie wechselten zur „Gegengerade, Links" und standen nun gemeinsam mit dem 05 Fan-Klub und den Rechten. Es kam zu ersten Kontakten. „Die Rechten hatten uns natürlich vorher schon im Stadion gesehen, und manchmal waren da auch so Sprüche wie 'Guck mal, unsere Hafenstraße ist heute wieder da' gekommen", erinnern sich die Fooligans, und Heino meint, „mit dem Fan-Projekt hatten wir uns gedacht, Kontakte zu schaffen und Vorurteile abzubauen. Über Fußball Gemeinsamkeiten entdecken, sozusagen. Daß die Fooligans gleichzeitig mitmachten, war unheimlich hilfreich. Weil sie unsere Vorstellungen irgendwie vorlebten."

Bald war es „normal", linke und rechte Fans nebeneinander im Jahnstadion stehen zu sehen, wo sie ihrer Liebe zum Fußball, zu 05 und auch zum Bier gemeinsam frönten. Auch ein „05-Fans gegen rechts"-Transparent der Fooligans blieb unangetastet, während sich die Projektarbeit bald auszahlte. „Die FAP-Leute verschwanden wieder, weil wir uns breitgemacht hatten. Also die Fooligans und gleichzeitig das Fan-Projekt. Und zu denen, die blieben, entwickelte sich bald ein ziemlich guter Kontakt." Dazu kam, daß nach dem Mord von der Silvesternacht 1990 die rechte Szene kräftig in Bewegung kam. Einige der Schläger hatten kalte Füße bekommen und wollten aussteigen. Dazu brauchten sie Ansprechpartner, wozu die Fanprojektler wie geschaffen waren. Aus der hochbrisanten Mischung im Göttinger Fan-Block wurde nun eine ziemlich interessante Mischung, die phasenweise sogar Mini-St.Pauli Ausmaße annahm. Es wurden Auswärtsfahrten organisiert, bei denen alle gemeinsam feierten (damals gab 05 noch Anlaß zum Feiern). 1992 kam der bisherige Höhepunkt. Zwei Bullis wurden angemietet, und gemeinsam fuhren Fan-Projekt und Fans zur EM nach Schweden. Dort gab es dann zwar einigen Ärger und auch Prügeleien, doch „fürs Projekt war's absolut positiv". Am besten verstanden sich die Deutschen mit den schottischen Anhängern. „Die mit ihren Gesängen, das war schon einmalig", schwärmt Heino noch heute. „Unsere Jungs haben sich mit denen großartig verstanden, und 1993 sind wir dann auch nach Glasgow gefahren, als Deutschland da spielte." 1996 wollen sie wieder zur EM, gerade weil es in Schweden so toll gelaufen ist.

Im Göttinger Jahnstadion werden die Fanprojektler derzeit kaum gebraucht. „Unser Selbstverständnis ist die sozialpädagogische Arbeit mit rechtsorientierten und gewaltbereiten Jugendlichen", erklärt Heino, der selber „für sein Leben gerne" Fußball spielt und guckt. „Und bei den momentanen Leistungen der 05er ist unser Klientel derzeit eigentlich kaum im Stadion. Aber es ist natürlich noch in der Stadt. Wir haben den Kontakt zu ihnen, und wenn es eines Tages bessere Zeiten für 05 geben sollte, sind wir mit dabei."

Trotz allem ist Heino auch immer noch regelmäßiger Besucher der Regionalligaspiele. Er freut sich, weil das mit den Wildgänsen ziemlich gut klappt, ist ansonsten aber ähnlich enttäuscht über die leeren Ränge wie alle anderen auch. Auch die Fooligans sind nicht mehr da. „Einige von uns fahren regelmäßig zu St.Pauli. Und da wird man schon genug gequält, da muß ich nicht auch noch zu 05 gehen", heißt es auf Anfrage.

Fan eines Drittligisten zu sein, bringt allerlei Probleme mit sich. Das fängt schon bei den Fan-Utensilien an. Während man von den Erst- und Zweitligisten ein gigantisches Angebot an Schals, Mützen, Trikots etc. kaufen kann (was allerdings auch nicht so ganz unproblematisch ist), gibt es von Göttingen 05 praktisch nichts dergleichen. Da der Verein kein Interesse hat, beschränkt sich sein Souvernierangebot auf die vorsintflutlichen Aufkleber und Anstecknadeln. Wenn die Wildgänse andere Fan-Artikel haben wollen, müssen sie hart dafür arbeiten. Wie für einen Jacquardschal. Seit einigen Wochen haben sie endlich einen eigenen, doch es hat eine Menge Schweiß gekostet. Bei einer Mindestbestellmenge von 100 Stück stellte sich nämlich ein arges Finanzierungsproblem. Wochenlang wurde rumgefragt, Geld gesammelt, bis endlich genügend vorhanden war. Nächstes Problem war es, eine brauchbare Bezugsadresse zu organisieren, denn niemand hatte Erfahrungen bezüglich der Qualität, und schließlich wollte man nicht irgendwelchen Nepp kaufen. Über befreundete Duisburger Fans klappte schließlich auch dies, und im Heimspiel gegen den VfL Osnabrück hatten alle Wildgänse ihren Schal.

Eigentlich kann man Fan-Klubs wie den Wildgänsen nur dankbar sein. Ohne sie wäre die Drittklassigkeit um vieles ärmer. Sie geben ihren Vereinen einen besonderen Touch, vermitteln zumindest ein klein wenig den Hauch vom großen Fußball. Dabei haben sie es wahrlich nicht leicht. Denn in welchem Bundesligastadion fordert das Publikum die Fans schon auf, endlich ruhig zu sein? In der Regionalliga passiert es laufend. Sich dagegen zu wehren und unbekümmert weiter die eigene Mannschaft anzufeuern, dazu gehört einiges mehr, als mit drei- oder viertausend Gleichgesinnten zu supporten.

Doch Fußballfan in der Provinz zu sein, hat nicht nur Nachteile. In Göttingen braucht man garantiert keine Dauerkarte, um sich seinen Stehplatz zu sichern. Im Normalfall reicht es, fünf Minuten vor Anpfiff im Stadion zu sein, Platz genug ist da. Allerdings ist das aus Stimmungsgründen nicht unbedingt von Vorteil. Wirklich vorteilhaft sind die kurzen Wege. Vor allem zu den Spielern, denn bei knapp zwanzig Fans ist der Erkennungsmoment natürlich recht groß. Die Spieler kennen ihre Fans und suchen auch den Kontakt zu ihnen. Im Klartext heißt das, daß man schon einmal mit dem aktuellen Mittelstürmer einen Kaffee trinken geht, wenn man sich zufällig in der Stadt trifft. Oder in die Disco, wie Tim und Kay, die regelmäßig mit Jan-Uwe „Speedy" Gundel im Göttinger Nachtleben verschwinden. Die Distanz zwischen „den" Spielern und „den" Fans ist eben nicht annähernd so groß wie bei den Bundesligisten.

Man stelle sich vor, Kalle Riedle in der Fußgängerzone zu treffen und von ihm zum Kaffee eingeladen zu werden. Mit Sylvio Hoffmann geht's!

Katrin Weber-Klüver

Fanfreundschaften

Wenn Frankfurter mit Duisburgern mit St.-Paulianern mit Löwen mit Dortmundern mit Freiburgern...

Der Abend war schon fortgeschritten, und wir hatten – weil Winterpause war und es an aktuellen Ereignissen mangelte – bereits eine akzeptable Nationalmannschaft aufgestellt, die Absteiger und den Meister festgelegt und bald auch über die absurdesten, spektakulärsten und rührendsten Erlebnisse gesprochen, die sich im Laufe vieler Spielzeiten angesammelt hatten. Selbst die nützliche Einheit Dehnübungen für das Erinnerungsvermögen, das Memorieren sinnloser, folgenloser und mithin nicht unwesentlicher Daten des Fußballkosmos lag bereits hinter uns. Gerade widmeten wir uns genüßlich den Geschichten, die von großen persönlichen Begegnungen mit großen persönlichen Helden handeln. Im sakralsten Moment zog einer behutsam einen Schnappschuß aus der Jackentasche, der ihn selbst Arm in Arm mit Erwin Kostedde auf einem Dorfplatz in Westfalen zeigte. Kurz und gut: Die Stimmung am Tresen war bei intimer Rührung und Offenherzigkeit angelangt.

Und deswegen wohl packte Karl (wie er hier zur Verschleierung seiner Identität genannt werden soll) plötzlich halb lustvoll, halb beschämt der Drang, sich zu den dunklen Seiten seiner Fanseele zu bekennen. Karl, respektabler Student und bekennender Anhänger des 1. FC Köln, beichtete dies: Vor einigen Jahren hatte er in der Südkurve auf dem Bökelberg in Mönchengladbach eine herbe Kölner Niederlage erlitten. Allein schon die zahllosen himmelschreienden Ungerechtigkeiten auf dem Platz tatenlos mitansehen zu müssen, wäre ausreichend für eine gepflegte

Depression gewesen. Aber es kam noch viel schlimmer, denn direkt vor Karls Nase – und das auf der Gästetribüne, also dem ihm zur Auslebung aller parteiisch-cholerischen Bedürfnisse zustehenden Revier – schwenkte ein Kind quietschvergnügt bei jedem Treffer der Gastgeber eine kleine grün-weiß-schwarze Gladbach-Fahne hin und her.

Karl rang quälende Momente mit sich und der moralischen Konvention, nett zu wehr- und ahnungslosen Kindern zu sein, bis er sich eines Besseren besann. Er riß die Fahne an sich, brach den Stab entzwei und – glasklar erinnert er sich dessen noch heute – gab dem Kind die traurigen Überreste mit einem Seufzer tiefster Befriedigung zurück.

In der Kneipe lachten wir alle über diese Erzählung herzlich und in vollem Einverständnis mit der Untat. Schon aus der trivialen Seelenkunde weiß der Laie schließlich, daß zur Erhaltung der psychischen Hygiene Ausleben viel, viel besser ist als mühevolles Unterdrücken. Und genau diesen Akt zur Rettung seines seelischen Gleichgewichts hatte der gequälte Karl ja getan. (Natürlich soll hier nicht der enthemmten Gewalt gegen Kinder das Wort geredet werden; aber es ist nicht vermessen anzunehmen, daß die Aktion dem Kind gezeigt hat, wo es seinen Jubelplatz im Stadion hat – und wo eben nicht.)

Doch einmal abgesehen von diesen pädagogischen Allgemeinheiten – was sagt uns das Karlsche Bekenntnis wesentlich? Zunächst erinnert es einmal daran, daß kein ernstzunehmender Fußballanhänger ein Spiel seiner Mannschaft besucht, um bei einer Niederlage dem gegnerischen Kinderanhang sanft übers Haar zu streichen und ein christliches „Herzlichen Glückwunsch, toll gespielt!" herauszuhauchen. Jeder Mensch, der bei Sinnen ist, besucht Fußballspiele, um sich bar jeder Objektivität und Toleranz des Sieges seiner Mannschaft zu freuen. Wer einen siegreichen Fußballnachmittag richtig zu genießen weiß, der verwendet zudem erhebliche Energie darauf, über die Niederlage des Gegners zu frohlocken, dessen Stars zu verspotten und beim ohnehin düpierten Anhang nochmal mit Beleidigungen nachzutreten. Grundregel: Wir sind hier weder bei der Rhythmischen Sportgymnastik noch beim Golfen, wo der Gegner nur Konkurrent ist, mit dem man friedfertig die sportlichen Kräfte mißt und wo das Publikum nichts weiter tut, als anerkennend in die Hände zu klatschen, bestenfalls einmal zu jauchzen. Nein! Beim Fußball geht es ums Siegen, darum, den Gegner in die Knie zu zwingen, während möglichst viele Anhänger auf den Rängen sich lautstark, genüßlich und gemein an der Demütigung der anderen erfreuen. Letzteres trifft besonders in Fällen traditioneller Abneigung zu, wie sie beispielsweise zwischen dem 1. FC Köln und Bayer Leverkusen, zwischen Borussia Dortmund und Schalke 04 herrschen. Derart rein mental ausgelebte Kriegsgelüste des normal begabten Fußballanhangs steigern außerhalb des Stadions garantiert das friedfertige Wohlbefinden. (Denn eine ordentlich kultivierte Feindschaft ist mitnichten gleichzusetzen mit Gewaltexzessen.)

Nur Zuschauer, die das Spiel nicht verstanden haben, gefallen sich in der Pose des vermeintlich Objektiven und geben Blödsinn wie „Der Bessere soll gewinnen" von sich. In Wahrheit können sie sich nicht entscheiden. Niemanden interessiert es wirklich, ob der eigene Triumph verdient war oder nicht. Kein Fan geht deprimiert nach Hause, weil seine Mannschaft gegen einen übermächtigen, brillanten Gegner wegen eines unberechtigten Elfmeters und drei fragwürdiger Feldverweise gewonnen hat.

Und so kommen wir nochmal zum Grundsätzlichen. In der parteiischen, intoleranten, engstirnigen, mit einem Wort: sinnstiftenden Subjektive des klassischen Fans geht es nicht um das Goutieren ästhetischer Aktionen, sondern ums Siegen. Und der Gegner ist eben einzig und allein dazu da, als solcher gesehen, benannt, beschimpft und schließlich bezwungen zu werden.

Und nun heißt es: Höchste Vorsicht! Der Verfall droht! In jüngster Zeit greift unter Fußballanhängern das Verlangen um sich, den Gegner zum Freund zu machen. Nicht etwa in der akzeptablen Form, daß immer mehr Fans darauf verzichten, minderjährigen Anhängern gegnerischer Vereine die Fahnen zu zerstören. Nein, es kommt zu kollektiven Ausfallerscheinungen. Statt sich ganz dem verbalen oder anderswie symbolschwangeren Scharmützel hinzugeben, sind massenweise Fans von dem Wahn besessen, in innige Liebe zu massenhaft vorhandenen Nächsten zu verfallen. Sie nennen diese Erscheinung – jetzt kommt das böse Wort für den Index – Fanfreundschaft.

Jedem sachfremden Ethnologen, der gerade erst die Grundlagen des Fußballspiels vor Publikum verstanden und das Ereignis als wichtigen Teil der hiesigen Alltagskultur begriffen hat, müßte die Beobachtung dieses Phänomens absurd anmuten. Eigentlich und völlig zu Recht müßte er annehmen, daß in unserem Kulturkreis Vereine so etwas wie Clans oder Stämme sind. Folglich müßte er einen Fan für jemanden halten, der sich leidenschaftlich, rückhaltlos und vor allem ausschließlich dem Wohl und Weh seines eigenen, angestammten Vereins verschreibt. Wozu auch gehören müßte, sich als Fan eines bestimmten Vereins dadurch kenntlich zu machen, daß man sich gegen alle anderen vor allem optisch (Vereinsfarben, -logos), mythologisch (Heldensagen, Erinnerungen an große Schlachten) und rituell (Vereinsgesänge) klar abgrenzt. Staunend also sieht der Ethnologe, daß es neben dieser im Stadionleben immer noch überwiegenden Stammestreue doch auch einen kollektiven Drang zur seligen Verbundenheit zwischen lauter Fans zu geben scheint, die unterschiedlichen Stammvereinen angehören. Die schlüssige Diagnose: Es liegt eine schwere Degeneration des Fanwesens vor. Kulturverfall der traurigsten Sorte. Tendenz: Grassierend.

Wäre die Abweichung, um die es hier geht, nur eine modische Petitesse wie etwa La Ola – die Welle der kollektiven Sehnsucht nach der Rückkehr in den Kindergarten (erinnert sei an Spiele wie 'Alle Vögel fliegen hoch') –, müßte über diese Verfallserscheinung nicht weiter gesprochen werden. Aber Fanfreundschaften gefährden die Sache des Fußballs substantiell.

Ein Beispiel: Am 25. April 1994 kam es im Wilhelm-Koch-Stadion zur Zweitligabegegnung zwischen dem FC St. Pauli und 1860 München. Die 20.500 Menschen fassenden Tribünen waren ausverkauft, das Spiel – eines mit großer Bedeutung im Kampf um die Aufstiegsplätze. Und die Stimmung? Nicht hitzig, nicht fiebrig, nicht erregt; von keiner Seite ein Einschwören auf die Beschimpfung des Gegners und seines Anhangs, keine Gesänge „Ihr seid doof", kein „Ihr könnt nach Hause fahr'n" – nichts, nichts, nichts. Das ganze Stadion waberte in einer an Sek-

Ausnahmsweise keine Fanfreundschaft herrscht zwischen den Anhängern von Werder Bremen und den Bayern...

tenekstasen gemahnenden Eintracht vor sich hin. Und als wollten die sich liebenden Hamburger und Münchner ihre Vereinigung auch noch optisch untermalen, trugen sie in Massen Schals, die halb braun-weiß, halb blau-weiß waren. Freundschaftsschals heißt diese Schändung von Vereinsfarben.

Als der Hamburger Stadionsprecher für „unsere Freunde, die 60er" deren Vereinslied „Löwenmut" ankündigte, empörte sich kein Einheimischer gegen dieses Sakrileg, und bei den Mannschaftsaufstellungen wurden die Namen aller 22 Akteure brav von einer Vielzahl von glücklichen Zuschauern mitgerufen. Nicht ein winziges „Arschloch" verschaffte sich Gehör. Kurz und quälend, die klebrige Atmosphäre an diesem Abend läßt sich trefflich mit einem Paar-Reim aus dem Kindergarten erfassen: Piep, piep, piep – wir ha'm uns alle lieb.

Und wie ging die Schnulze aus? St. Pauli gewann das Spiel 2:1 (wie sich viel später herausstellen sollte, umsonst, denn die 60er stiegen trotzdem auf und St. Pauli deshalb nicht). Und die meisten St. Paulianer waren darüber dann – dem Himmel sei Dank für diese Rückbesinnung auf ihre wahre Identität! – wohl doch sehr froh. Hingegen einige 60er nur ein bißchen traurig. Sie verkündeten, ganz und gar freundschaftlich: Schön wäre gewesen, wenn man remis gespielt hätte. Das muß man sich mal vorstellen! Zwei Mannschaften treten gegeneinander an, um miteinander keinen Sieger und keinen Verlierer auszuspielen? Damit alle froh sind, soll keiner mehr verlieren müssen? Wenn Punkteteilung das neue Ziel ist, kann man nach allen Regeln der Logik die Punkte auch abschaffen, sich seine verschiedenfarbigen Leibchen umhängen und trotzdem immer so den Ball zuspielen, daß am Ende beide Seiten gleich viele Tore erzielt haben. Noch besser: Alle 22 Spieler kleiden sich in Einheitstrikots. Damit wäre final die Idee der Brüderlichkeit verwirklicht und das kriegerische, verwerfliche Gegeneinander durch ein ewiges Miteinander ersetzt. Amen.

Die ganze Untiefe der Freundschaft zwischen St. Pauli und München 1860 entfaltete sich im übrigen am letzten Spieltag der erwähnten Zweitligasaison. Als damals die Hamburger in Wolfsburg schändlich 1:4 deklassiert worden waren und somit den

Münchnern der Weg in die Erstklassigkeit geebnet war, entblödeten sich nicht wenige Hamburger Anhänger, noch vor dem Abpfiff in Jubelgesänge für die „Löwen" auszubrechen. Vielleicht hatten sie einen Sonnenstich. Es war ein überraschend heißer Junitag.

Oder ist das vielleicht das traurige Geheimnis der Neigung zur Preisgabe des Fanseins zugunsten der Freundwerdung? Daß man immer noch einen anderen Klub (oder gar mehrere) in der Hinterhand hat, über dessen Wohl man sich ergötzen kann, wenn's im eigenen Stammverein nicht läuft? Ewig gut drauf, statt dem unwägbaren Auf und Ab zwischen Triumphen und Tragödien ausgesetzt? Denkbar auch, daß die Verbrüderungen ein Surrogat sind, das genau wie die Freude am eigenen Verein eben nur dann richtig toll wirkt, wenn ganz, ganz viele andere Menschen mit der gleichen Gesinnung um einen herumstehen. Beispielsweise BVBler auf der Südtribüne des Dortmunder Westfalenstadions zu sein, ist ja auch vor allem deswegen so erhebend, weil man kaum Platz hat vor lauter Genossen.

Aber halt! Schon haben wir wieder eine Wucherung der Fanfreundschaft am Wickel. Wer die drangvolle Enge der Südtribüne aufsucht, ist Anhänger der dort beheimateten Borussen, und alle anderen sind es auch, und damit hat es sich. Jetzt muß man sich aber einmal zum Beispiel einen Fan des VfL Bochum auf der seit dem erfolgreichen Kurzabstieg ebenfalls immer drangvoller enger werdenden Osttribüne vorstellen, der nichts für den FC Bayern München übrig hat. Armer Kerl, umgeben von lauter Ruhrpottkumpeln, die sein Auge mit roten Opel-Trikots beleidigen! Seit ein paar Jahren sind sich die Anhänger dieser beiden definitiv recht unterschiedlichen Klubs durch Freundschaft zugetan. Im Frühjahr 1993 führte das dazu, daß sich im Münchner Olympiastadion tapfer dem Abstieg entgegensehende Bochumer bei ihrem vorerst letzten Erstliga-Auswärtsspiel von lauter bierseligen Bayern, die an diesem Tag noch von der Meisterschaft träumten und generös gestimmt waren, trösten lassen mußten. Derart insultiert zu werden, war für manchen Bochumer fast so schwer zu ertragen, wie einige Wochen später der Gang nach Meppen. Trotzdem drängte bedenklicherweise kein

Bochumer darauf, die Münchner Aufdringlichkeit mit Aufkündigung der Beziehung zu quittieren.

Man kann im übrigen nur vermuten, wie diese eigentümliche Freundschaft überhaupt zustande gekommen ist. Vielleicht haben die Bayern mal an der Ruhr angefragt, weil sie ja grundsätzlich sonst nur Feinde haben, und die immer graue Maus genannten Bochumer haben sich über diese Aufmerksamkeit von der Isar furchtbar gefreut und gleich eingeschlagen, weil sie ja sonst von allen immer übersehen und vergessen wurden.

Zugegeben beginnt eine Fanfreundschaft in der Regel eigentlich harmlos. Auf irgendeine zufällige Weise treffen angelegentlich eines Spieles kleine Anhängergruppen beider Lager aufeinander und finden – so von Peter zu Heinz und von Bier zu Bier – Gefallen aneinander, trinken, fachsimpeln, trinken mehr und weihen sich gegenseitig in ihre Mythologie ein. Und weil die anderen eben nett sind und lustige Geschichten zu erzählen wissen, toleriert man fortan auch ihren Verein. Das hört sich ungefähr so an: „Wir haben da ein paar Offenbacher kennengelernt, echt stark... doch, doch die Kickers sind schon o.k."

Weil man aber spätestens seit Beginn des Privatfernsehens im Fußball nichts mehr privat halten kann, sind in den vergangenen Jahren die intimen Freundschaften zu öffentlich zelebrierten Lallereien ausgeartet. TV-Kommentatoren gefällt es, wenn sie zugleich mit vermeintlichem Wissen prahlen und die doch eigentlich auf Siegen oder Untergehen angelegte Konfrontation zur pittoresken Show umwidmen dürfen: „Da, sehen Sie, was für ein schönes Bild, wie die Blau-Weißen mit den Grün-Gelben Arm in Arm zusammen feiern. Es geht auch friedlich miteinander." Herr, hilf!

Eingedenk dieser Medienrührung über innige Kontakte zwischen Fußballfans, liegt zudem der Verdacht nahe, daß mancher Fan von der großen, tiefen, unauflöslichen Verbindung zum anderen Verein erst aus dem Fernsehen erfahren und sich schnurstracks pflichtschuldig in die Reihen der liebenden Massen eingereiht hat. Im Grunde ist wahrscheinlich das Gros der Freundschaftsbetreiber Opfer dieser Propaganda und des eigenen Nachahmungstriebes. Die mediale Fanlosung der Gegenwart heißt:

Jeder sollte einen Freund haben, ihm ständig in den Armen liegen und viel darüber reden.

Und deswegen ist es soweit gekommen, daß, kaum treffen einmal ein paar Fans aus verschiedenen Vereinen unter entspannten Bedingungen aufeinander und verleben einen netten Abend, schon ihr Freundschaftsclub in der Gründung begriffen, der Freundschaftsschal in Auftrag gegeben ist.

Die öffentliche Wahrnehmung der modischen Verbrüderungsarien variiert selbstredend. Unangefochtene Nummer eins in den Freundschaftscharts sind die Anhänger von Schalke 04 und dem 1. FC Nürnberg, sozusagen die ultimative Verbindung im grandiosen Scheitern vereinter Altmeister. Ihre Zuneigung zueinander ist ein veritables Medienspektakel, denn erstens sind sie unheimlich viele, zweitens ist ihre Beziehung die exklusivste auf dem Freundschaftsmarkt, und drittens ist mit Schalke 04 der Verein beteiligt, dem im normalen Fußballeben, abgesehen von Bayern München, am geballtesten Verachtung und Haß entgegenschlägt. Irgendwie sind die Gelsenkirchener fraglos stolz, Objekt der zumindest ruhrgebietsweit gültigen „Keiner-mag-die-Schalker"-Bekenntnisse zu sein. Aber nur immer angefeindet zu werden ist ja auch nicht schön, und so halten sie ihr seelisches Gleichgewicht durch diese eine exzessive Freundschaft.

Obzwar schon Bestrebungen zur Kontrolle von oben, quasi zur elterlich bestimmten Zwangsehe, beobachtet worden sind (Werder Bremens Manager Willi Lemke soll einmal in aller Form bei München 60 nachgefragt haben, ob eine Freundschaft zwischen den Anhängern angebahnt werden könnte), ist das Positivste an Fanfreundschaften derweil noch, daß sie einen Hang zum Chaos haben. Einmal abgesehen von der alle anderen Vereine ausgrenzenden Liaison zwischen Schalke und dem Club gibt es zahlreiche Freundschaftsüberlappungen und kurzfristige Anbandeleien, die keinen rationalen und auch keinen anderen Regeln folgen.

Eine kleine Beispielskette: Es mögen sich die Frankfurter und die Duisburger (wahrscheinlich ist das Klischee vom ehrlichen Arbeiter für die Etepetete-Hessen ein echter Kitzel), die MSVer haben zugleich auch einen Draht zu den St. Paulianern (so von

Binnenhafenstadt zu Welthafenstadt), deren Freundschaft zu München 60 schon erwähnt ist (und wohl etwas mit der Idee von der Solidarität der subersiven Kraft der jeweils kleineren Metropolenvereine zu tun hat); die Münchner sind auch mit Dortmund verbrüdert (warum auch immer), das seinerseits, schon etwas angestaubt, mit dem HSV verbandelt ist, jüngst noch das nebenbei mit Karlsruhe befreundete Freiburg hinzugenommen hat und überhaupt parallel zum sportlichen Hype eine nachgerade pathologische Freundschaftsmanie entwickelt. (Gleichwohl muß hier der Vollständigkeit halber erwähnt werden, daß mit steigendem Dortmunder Erfolg auch die Gemeinde der überzeugten BVB-Feinde stetig wächst und gedeiht.) Und noch ein putziger Freundschafts-Seitenstrang: Die augenscheinlich auf dem Markt sehr beliebten München 60er unterhalten auch Kontakte zu Kaiserslautern, das nebenbei ein wenig mit Wattenscheid liiert (etwa wegen der charismatischen Ausstrahlung des Hannes Bongartz?) ist. Über der Zweitbeziehung der Wattenscheider liegt definitiv ein Hauch von desperatem Zwang, hier vereinigen sich die beiden Fangemeinden, die so unbedeutend sind, daß keiner sich die Mühe macht, sie zu ernstzunehmenden Feinden zu erklären: Bei den Freunden handelt es sich um den Anhang von Bayer Uerdingen (vielleicht sind die ungefähr zwei bis vier initiierenden Fans irgendwie verwandt oder verschwägert und damit entschuldigt – oder auch nicht.) Offensichtlich aber werden Fanfreundschaften nicht wirklich ernst genommen – oder die Beteiligten neigen zu großer Toleranz. Andernfalls, so offenbart es sich an dieser Reihe schon auf den zweiten Blick, müßte es zum Beispiel in Dortmund gelegentlich Ideologiedebatten geben zwischen Freunden des HSV und solchen, die mit München 60 und mittelbar also St. Pauli befreundet sind, welches bekanntlich den HSV abgrundtief verabscheut (und umgekehrt). Bisweilen stellt sich natürlich auch die Gewissensfrage: Was soll denn bloß ein freundschaftsfreudiger 60er beim diesjährigen Pokalviertelfinale zwischen Kaiserslautern und St. Pauli tun? Hoffen, das Spiel werde nie zu Ende gehen?

Was also bringt eine Fanfreundschaft? Nun, man kann unter Umständen bei weiten Auswärtsfahrten Geld für Übernachtungen einsparen, weil man ja beim Fanfreund logiert. Zudem kann der Bochumer, zurück aus München, erzählen, was für eine nette Biergarten-Sauftour er mit den Bayern gemacht hat. Aber im Ernst: Wer unterhält sich denn länger als drei Minuten über solche Nettigkeiten? Wohingegen der überzeugte VfLer garantiert für Stunden in wohlige Verzückung gerät, wenn er sich mit Seinesgleichen über die Dummheit, Schlechtigkeit und Überflüssigkeit des Schalkers als solchem auslassen kann. Lästern macht wirklich mehr Spaß als Lobhudelei.

Dies belegt auch ein kurzer Blick ins Mutterland des Fußballs. Denn, was sehen wir? Nichts. Keine Fanfreundschaften auf der Insel. Jedenfalls ist der britische Fan klug genug, offizielle kollektive Beziehungen zu Fans aus Vereinen der gleichen Liga zu unterlassen. Allenfalls lockere internationale Bande in der Art der europäischen Städtefreundschaften sind nachweisbar. Ein sehr schönes Beispiel für die internationale Fußballvölkerfreundschaft ist die Bindung von Celtic Glasgow und – ja da sind sie wieder, die emsigen Hamburger – St. Pauli. Die p.c.sten deutschen Fußballfans haben von den Schotten schon sehr viel gelernt: geschichtlich zum Beispiel, was man sich unter einem katholisch-protestantischen Grabenkrieg vorzustellen hat; sprachlich viele fußballerisch relevante Ausdrücke der in der Welt führenden Sprache; musikalisch eine Menge schmissiger Lieder, die sich auf englisch immer viel schöner anhören – und politisch ist auch das wesentliche vermittelt: Ein überzeugter St. Paulianer versicherte einmal schwer ergriffen, was die Seinen mit den Celten im Herzen verbinde: „Die sind ja auch Anti-Royalisten."

Das ist nun wirklich toll! Mehr als ein dreiviertel Jahrhundert nach der Flucht des letzten deutschen Kaisers ist der Widerstand wiederbelebt. Ohne Fanfreundschaft wäre das nicht passiert.

Mike Ticher

Heysel, Hillsborough und die Folgen

Die Fan-Bewegung in Großbritannien

Die gesamte neue Geschichte des britischen Fußballs läßt sich zu einem gewissen Maße anhand von zwei schrecklichen Daten erklären: 29. Mai 1985 und 15. April 1989. Die Ereignisse von Heysel und Hillsborough, oder besser die Reaktionen darauf, haben den britischen Fußball und das Verhältnis der Fans ihm gegenüber innerhalb von nur zehn Jahren grundlegend verändert – ein Verhältnis, das man zuvor stets für unveränderlich gehalten hatte. Die Entwicklung der Fan-Bewegung ist unmittelbar von den Katastrophen in Heysel und Hillsborough geprägt worden, so daß ihre Stärken und Schwächen ohne die Berücksichtigung dieser Ereignisse kaum zu verstehen sind.

■ Heysel und die Ursprünge der Fan-Bewegung

1985/86 befand sich der britische und hier besonders der englische Fußball in seiner tiefsten Krise seit langem. Die gesamte Zuschauerzahl der Saison, die seit 1968 jedes Jahr abgenommen hatte, erreichte mit 16 Millionen einen neuen Tiefpunkt. 1967/68 hatte sie noch 30 Millionen betragen.

Nach Heysel empfand man als Fußballfan Schuld, Empörung und Ohnmacht zugleich. Schuld, weil die Katastrophe offensichtlich von Leuten verursacht worden war, die sich auch als Fans verstanden; Empörung aufgrund der Maßnahmen, die als sogenannte Lösung für Heysel eingeführt wurden (s.u.); vor allem aber Ohnmacht, weil man sich nicht dazu in der Lage fühlte, die künftige Entwicklung des Fußballs positiv zu beeinflussen. Aus dieser Mischung von Gefühlen entstand die Entschlossenheit einiger Fans, sich nicht länger als bloße Objekte behandeln zu lassen, die allein die Verantwortung für die Probleme des Fußballs zu tragen hätten. Doch wollten sie nicht nur über Hooliganismus in der Öffentlichkeit vernünftiger sprechen, als dies damals üblich war, sondern auch völlig neue Themen aufarbeiten: so zum Beispiel den Rassismus unter Fans und Funktionären, das Verhalten der Polizei, die mangelhaften Sicherheitsvorkehrungen in den Stadien und natürlich das Recht der Fans, Einfluß auf die Politik ihrer Vereine auszuüben.

Konkret bedeutete dies zwei Entwicklungen, die man als formell und informell charakterisieren könnte. Auf der einen Seite wurde 1985 die Football Supporters Association (FSA) in Liverpool gegründet. Sie ist in den ersten Jahren ziemlich schnell gewachsen, ohne allerdings bis heute eine Massenbewegung zu werden. Auf der anderen Seite fingen kleine Gruppen von Fans an, Fußballfanzines zu veröffentlichen. Diese stammten aus der Tradition der Musikfanzines, fanden aber ein völlig neues und unerwartet großes Publikum.

Die Fanzine-Szene wuchs zuerst eher langsam, dann breitete sie sich plötzlich wie ein Lauffeuer aus. Heute existiert mindestens ein Fazine pro Verein. Das erfolgreichste ist „When Saturday Comes" (WSC), von dem monatlich ca. 40.000 verkauft werden. Durch diese zwei einander ergänzenden Stränge der Fan-Bewegung konnte die Stimme der Fans zum ersten Mal in der Geschichte des britischen Fußballs in der Öffentlichkeit vernommen werden, auch wenn sie am Anfang noch etwas schwach und unsicher wirkte.

■ Wie man von der falschen Katastrophe lernte...

Im Mai 1985 ereigneten sich eigentlich zwei Fußballkatastrophen. Kaum zwei Wochen vor Heysel kamen 57 Menschen im Valley Parade Stadion zu Bradford (Nordengland) ums Leben, als die alte aus Holz gebaute Haupttribüne innerhalb von fünf Minuten niederbrannte. Hunderte von Fans entkamen den Flammen nur, weil sie das Spielfeld betreten konnten.

Bradford und Heysel demonstrierten sehr deutlich die zwei unterschiedlichen Bedeutungen des Begriffs „Sicherheit" im Zusammenhang mit Fußball. Auf der einen Seite (Heysel) gab es Zuschauer bzw. Hooligans, die die Sicherheit von anderen Zuschauern bedrohten. Um dieses Risiko zu beschränken, hielt man es für notwendig, die Fans immer stärker zu kontrollieren. Auf der anderen Seite (Bradford, wo mehr Menschen getötet wurden als in Heysel) wurde deutlich, daß Fußballstadien auch ohne irgendwelche Fanausschreitungen ziemlich gefährliche Orte sein können.

Man hätte noch zwei weitere Lehren aus Bradford ziehen können: Erstens hängt vom Zustand des Stadions und von der Sicherheitsmentalität des Vereins wesentlich die Sicherheit der Zuschauer ab. (Der Brand entstand im Müll unter der Tribüne, der nie weggeräumt worden war. Alle Ausgangstore waren verschlossen.) Zweitens benötigt man im Notfall einen Fluchtweg – in einem Fußballstadion besteht dieser hauptsächlich aus dem Spielfeld. Man kann sich gut vorstellen, daß Hunderte, möglicherweise gar Tausende getötet worden wären, wenn es im Valley Parade Zäune um das Feld herum gegeben hätte.

Doch wurde aus den Katastrophen nur bedingt gelernt. Bradford wurde sofort von Heysel überschattet, so daß nicht die allgemeine Sicherheit von Fußballfans im Stadion zum Hauptthema wurde, sondern die Sicherheit des „Publikums" vor der angeblich immanenten Gewalt der Fans. Trotz der schrecklichen Szenen in Bradford wurden Zäune nicht abgebaut, sondern vielmehr überall aufgebaut! Stadien, in denen dies nicht geschah, wurden als für die „großen Anlässe" der Saison „ungeeignet" betrachtet. Highbury, das Stadion von Arsenal London, durfte keine Halbfinale des FA-Cup veranstalten, weil es dort keine Zäune gab.

So mußte nur vier Jahre später die gleiche Lehre zum zweiten und noch viel bitteren Male gelernt werden, als 96 Menschen ausgerechnet anläßlich des FA-Cup-Halbfinales zwischen Liverpool und Nottingham Forest im Sheffielder Hillsborough-Stadion ums Leben kamen – zu Tode gequetscht an den Zäunen, die sie schützen sollten.

Das bekannteste Fanzine in Großbritannien, „When Saturday comes", wird in einer monatlichen Auflage von 40.000 Exemplaren verkauft.

Man hatte die Katastrophe vorhergesagt, ohne allerdings zu wissen, wie entsetzlich sich die Wirklichkeit erweisen würde. Ich verspüre nicht die geringste Häme dabei, wenn ich daran erinnere, daß ich selbst vor Hillsborough in WSC (Mai 1988) gefragt habe, ob man mit der Errichtung von Zäunen nicht exakt die Umstände in den Stadien schaffen würde, unter denen sich Tragödien à la Heysel noch einmal ereignen könnten. Vor allem versuchte die damalige Fan-Bewegung ein skeptisches Publikum zu überzeugen, daß nicht alle Fußballfans Hooligans seien. Es ging nicht nur um die Zäune, es ging generell um die Art und Weise, wie man ein Fußballspiel erlebte. Daß die Vorstellungen, die die Polizei von uns hatte, von ihrer Erinnerung an Heysel und nicht an Bradford geprägt wurden, zeigte sich in Hillsborough, wo die erste spontane Reaktion der Polizei in der Versicherung bestand, die Türen des Fan-Käfigs fest geschlossen zu haben.

Leider waren weder die FSA noch die Fanzines stark und laut genug, das Bild der Fans als Menschen und nicht als Hooligans innerhalb von vier Jahren zu rekonstruieren. Es bedurfte des Todes von 96 Menschen, um noch einmal zu beweisen, daß Sicherheit im Fußball-Stadion eine doppeldeutige Angelegenheit ist. Aber ohne eine Betrachtung der Vorgeschichte der Hillsborough-Tragödie vom Standpunkt der Fans ist ihre Reaktion auf die mittlerweile ungeheuren Veränderungen im britischen Fußball, sowohl konkret wie auch psychologisch, kaum zu verstehen.

■ Die Auswirkungen der Hillsborough-Tragödie

Die direkten Ergebnisse von Hillsborough und des Taylor-Reports, der die Tragödie im Auftrag der Regierung untersuchte und Vorschläge unterbreitete, sind im wesentlichen die folgenden:

1. Mit Beginn der Saison 1994/95 dürfen in den Stadien der Premier League und der Ersten Division (2. Liga) keine Stehplätze mehr angeboten werden. Dieser Forderung nach einer Versitzplatzung fielen u.a. die legendären Stehtribünen The Kop (Liverpool) und Stretford End (Manchester United) zum Opfer.

2. Gleichzeitig wurden fast alle Zäune um die Spielfelder herum abgebaut.

3. Die Haltung in Sicherheitsfragen hat sich wesentlich geändert. An die Stelle von einst Hunderten von Polizisten sind jetzt zum Teil Ordner getreten, die von den Vereinen selbst ausgebildet werden. Die Absicht, die damit verbunden ist – und teilweise auch verwirklicht wurde – lautet, das Verhältnis zu den Fans zu verbessern, statt auf Konfrontation zwischen Fans und Polizei zu setzen.

Als indirekte, aber offensichtlich ganz wichtige Folge des massiven Umbaus der britischen Stadien muß hinzugefügt werden, daß die Eintrittspreise enorm gestiegen sind. Beispielsweise kostet bei Chelsea (Premier League) die billigste Karte aktuell ca. 25 DM. Auswärtsfans müssen gar mit 60 DM rechnen, für Kinder, Rentner und Arbeitslose gibt es keine Ermäßigung. Obwohl dies ein besonderer Fall von Ausbeutung ist, spricht er doch Bände für die generelle Haltung der Vereine in Bezug auf Eintrittspreise.

■ Die gegenwärtige Lage der Fan-Bewegung

An dieser Stelle muß zunächst einmal erklärt werden, wie sich die Struktur der britischen Vereine von der der deutschen unterscheidet. Entscheidend ist dabei, daß sie eigentlich keine Vereine sind, denn sie haben keine Mitglieder, die zumindest theoretisch die Politik ihres Klubs bestimmen könnten. Eher ähneln sie GmbHs, die ganz einfach gekauft und verkauft werden können, genauso wie alle anderen Unternehmen. Einige von ihnen, u.a. Manchester United, Tottenham und Millwall, sind jetzt sogar Aktiengesellschaften, d.h. ihre Anteile werden an der Börse notiert – bislang allerdings ohne großen finanziellen Erfolg.

Dies bedeutet u.a., daß viele Fan-Kampagnen nur das Ziel haben oder haben können, einen reichen Mann gegen einen anderen auszutauschen. Ein gutes Beispiel für dieses Dilemma ist Manchester City, wo die Fans in der letzten Saison eine entscheidende Rolle spielten, als der langjährige erste Vorsitzende, Peter Swales, der als eine Art englischer Jesus Gil galt, sich endlich von dem Verein verabschiedete. Nach vielen Kundgebungen, Protesten im Stadion etc. wurde er vom ehemaligen Fan-Idol Francis Lee ersetzt.

Für die Fans war wichtig, daß Lee einer der populärsten Spieler des Vereins gewesen ist. Aber möglich wurde sein Engagement an der Spitze des Vereins nur, weil er zudem ein sehr erfolgreicher Geschäftsmann ist. Die Struktur des Vereins und die Mitwirkungsmöglichkeiten der Fans haben sich seit der Inthronisierung von Lee nicht verändert. Wenn Lee sich auch als diktatorisch entpuppen sollte, was nicht ausgeschlossen werden kann, sind die Fans genauso benachteiligt wie vorher.

Ähnlich war die Erfahrung bei Celtic Glasgow, wo man seit langem gegen die Männer gekämpft hatte, die den Verein quasi als privaten Familienkonzern geführt hatten. Endlich mußten sie den Verein verkaufen, hauptsächlich wegen ihrer Unfähigkeit in finanziellen Fragen. Aber nur ein Millionär, der sich natürlich als ewiger Celtic-Fan präsentierte, war in der Lage, ein glaubwürdiges Angebot zu unterbreiten. Dieses Muster wiederholt sich ständig im britischen Fußball, ohne daß die Fans eine Chance erhalten, eine aktivere und positivere Rolle in der Vereinspolitik zu spielen.

Auch die FSA hat sich nicht besonders gut entwickelt. Seit Hillsborough stagniert ihre Mitgliedschaft eher. Doch ist sie zumindest insoweit erfolgreich gewesen, daß sie der Meinung der Fans in der Presse einen festen Platz verschafft hat. Des weiteren gelang es ihr, Verbindungen zur Spielergewerkschaft (PFA) aufzubauen und diverse Initiativen, z.B. gegen den Rassismus, zu gründen oder zu unterstützen.

Vielleicht wichtiger als sozusagen „politische" Akteure sind die Fanzines und die kleineren vereinsbezogen arbeitenden Gruppen, die sich anläßlich eines besonderen Themas oder in einer Krise organisierten. Beispiele aus den letzten Jahren sind die Kämpfe gegen die sogenannten „Bond Schemes" bei Arsenal und West Ham (wo die Fans jeweils 2.500 DM zahlen sollten, nur um das Recht zu erhalten, eine Dauerkarte zu erwerben – auf diese Weise gedachte man den Umbau der Stadien zu finanzieren); die Kampagne in Zusammenarbeit mit der Stadtverwaltung gegen den Rassismus bei Leeds United; und die Kampagne der Fans von Charlton, den Verein in sein ehemaliges Stadion The Valley zurückzubringen. Diese und andere Aktionen haben bewiesen, daß die Fans zumindest vorübergehend und punktuell bereit und fähig sind, sich effektiv und ziemlich erfolgreich zu organisieren.

Ich gehe davon aus, daß die Fan-Bewegung besser lokal als überregional funktioniert, daß sie von lockeren und ständig wechselnden Strukturen geprägt ist und daß sie viel effektiver ist, wenn sie um konkrete und anschauliche Themen kämpft, als wenn sie versucht, die Gesamtstruktur der Vereine und Fußballverbände zu beeinflussen. Deshalb war sie auch nicht in der Lage, den Empfehlungen des Taylor-Reports effektiv zu begegnen.

■ Die Reaktionen auf den Taylor-Report

Gegen den Abbau von Stehplätzen wurde kaum gekämpft. Das mag in Deutschland etwas schwer zu verstehen sein, hatte aber zwei wesentliche Gründe:

1. Der Taylor-Report ist nicht vom Verband oder den Vereinen, sondern von der Regierung in Auftrag gegeben worden. Etwaige Kampagnen hätten sich nicht gegen die Fußballfunktionäre gerichtet, sondern hätten die Änderung eines Gesetzes, das im Parlament verabschiedet worden war, fordern müssen. Weder die FSA noch die Fanzines waren dazu in der Lage, eine entsprechende Kampagne erfolgreich durchzuführen. Gleichzeitig waren vereinsspezifische Aktionen, den Abbau zu verhindern, so gut wie hoffnungslos. Die Vereine konnten sich darauf zurückziehen, daß die Entscheidung, die Stehplätze abzubauen, eine der Politik war, mit der sie nichts zu tun hatten.

2. Vielleicht noch wichtiger, obwohl schwieriger zu erklären, waren die psychologischen Auswirkungen der Tragödie. Nach Hillsborough existierte auch unter den Fans selbst das Gefühl, daß sich nun alles ändern muß. Diesmal war es allen (oder fast allen) klar, daß die Fans nicht die Täter, sondern die Opfer waren. In einem gewissen Sinn schien es so, als ob die lange Kampagne für ein bißchen Würde und Achtung der Fußballfans nun endlich von Erfolg gekrönt werden sollte. Allerdings unter den grausamen Umständen einer Katastrophe. Es konnte einfach nicht so weitergehen wie in den vorangegangenen vier Jahren. Wenn Stehplätze nun zur Vergangenheit gehörten, dann galt dies auch für einige traditionelle fanfeindliche Mentalitäten.

Fans von Celtic Glasgow

Die Gefahr war jetzt nicht, daß die Vereine, die Fußballverbände, die Regierung und die Polizei mit sogenannten Sicherheitsmaßnahmen gegen die Fans reagieren würden, wie dies nach Heysel der Fall gewesen war, sondern daß ihre ewige Vernachlässigung erneut die notwendigen wie auch die unerwünschten Änderungen (wie eben den Abbau der Stehplätze) behindern würde. Wenn die Vereine von der Politik nicht gezwungen worden wären, wäre vermutlich kaum etwas passiert.

Man war bereit, dramatische und grundsätzliche Maßnahmen zu akzeptieren, wenn diese wirklich bedeuten würden, daß so etwas wie Hillsborough nie wieder geschehen könnte. Das war nicht unbedingt eine logische und vernünftige, sondern mehr eine emotionale Reaktion, die wesentlich vom Schock des schrecklichen Ereignisses geprägt war. Danach konnte man es einfach nicht übers Herz bringen, für den Erhalt der Stehplätze zu kämpfen. Die Stärke dieses Gefühls ist vielleicht vom deutschen Standpunkt her nicht nachvollziehbar.

Man muß auch daran erinnern, daß die Thatcher-Regierung bis Hillsborough entschlossen war, persönliche Ausweise (sogenannte „ID-Cards") für Fußballfans einzuführen. Doch der Taylor-Report empfahl, diese Idee zu beerdigen. Man hatte so vehement gegen die „ID-Cards" gekämpft, daß man bereit war, wenngleich mit Bauchschmerzen, den folgenden Kompromiß zu akzeptieren: Nichteinführung der Ausweispflicht gegen den Abbau der Stehplätze. Mag sein, daß dies ein Fehler war. Aber meines Erachtens lohnt es sich jetzt nicht mehr, das zu verurteilen. Es war eine historisch einmalige Situation, und der von den Fans eingegangene Kompromiß läßt sich nur damit erklären. Wichtiger ist zu erkennen, daß, obwohl die Frage der Stehplätze bereits erledigt ist, immer noch Entscheidungen anstehen, die das Wesen des englischen Fußballerlebnisses im 21. Jahrhundert entscheidend prägen werden.

■ Wie geht es weiter?

Die Zeitung „The Independent" berichtete anläßlich des letzten Spiels an der Liverpooler Anfield Road, bei dem der alte „Kop" noch „intakt" war, folgendermaßen:

„Nur 15.000 Leute dürfen jetzt auf dem Kop stehen, wo es einst 28.000 waren (nach Heysel und Hillsborough wurde die Kapazität der Stehtribüne erheblich reduziert), und dies ist ein wichtiger Grund dafür, warum sein ursprünglicher Charakter nicht mehr existiert... Der Zauber kann nie wieder hergestellt werden, weder in Anfield noch in irgendwelchen anderen Fan-Kurven. Es wird nie und nirgendwo wieder dasselbe sein – nicht in Ibrox, Bradford oder sogar Hillsborough. Und es ist eigentlich bereits seit Jahren nicht dasselbe gewesen. Besser, daß sie verschwinden. („The Independent" vom 2.5.1994)

Auf manche Leute mögen diese Zeilen wie Blasphemie wirken. Aber ich selbst würde sogar noch weitergehen. Wir sind vielleicht jetzt endlich in der Lage, nicht nur zu beurteilen, ob der alte Zauber wieder herzustellen ist (er ist es nicht), sondern auch, wie zauberhaft es eigentlich wirklich war auf dem Kop und anderen riesigen Stehplatztribünen. Es war schon immer eine besondere Atmosphäre, aber die Legende von der immer freundlichen, leidenschaftlichen Gemeinschaft auf den Rängen ist eine Lüge. Nicht nur meiner Erfahrung nach war Anfield genau so viel von Rassismus, Gewalt und mangelnder Sicherheit geprägt wie von der legendären Stimmung. Schaut man sich die Bilder von „The Kop" aus den „guten alten Tagen" an, dann wurde die Tribüne fast ausschließlich von weißen Männern zwischen 16 und 50 Jahren besucht. Sie haben zweifellos eine besondere Stimmung innerhalb Anfields und anderer Stadien geschaffen. Aber das war auch eine Stimmung, die ganz viele Leute ausschloß.

Deshalb muß man hier ganz vorsichtig und zugleich sehr deutlich sein. Die Vereine versuchen jetzt, eine enge Verbindung zwischen Stehplätzen und Fans aus der Arbeiterklasse aufzubauen, sowie auch zwischen solchen Fans und Hooliganismus. Ihre damit verbundene Absicht lautet, ein neues Publikum anzulocken, nämlich mittelständische Familien. Mit dem Taylor-Report sehen sie die Möglichkeit, Stadien zu bauen, die für dieses Publikum geeignet sind, mit den entsprechenden Eintrittspreisen. Damit drohen sie, das traditionelle Publikum, und hier insbesondere die niedrigen Einkommensgruppen und die Arbeitslosen, von den Stadien fernzuhalten. Gegen eine derartige Strategie muß selbstverständlich entschieden angegangen werden.

Aber man darf auch nicht nostalgisch die „guten alten Tage" verklären. Diese Haltung bedeutet nämlich nicht nur ratlose Ohnmacht, in einer Situation, wo die Stehplätze bereits verschwunden sind, sondern sie entspricht auch historischer Ungenauigkeit. Man sollte auch nicht annehmen, daß der Abbau von Stehplätzen von allen Fans als negativ betrachtet wird. Nach einer in „When Saturday Comes" (August 1994) veröffentlichten Meinungsumfrage waren 80% der Leser mit den Veränderungen im eigenen Stadion im allgemeinen zufrieden, trotz der nun höheren Eintrittspreise. Interessanterweise waren auch 76% mit der Aussage einverstanden, daß „es heutzutage mehr Frauen beim Fußball gibt".

Die Debatte über die Stehplätze gehört in Großbritannien nun der Vergangenheit an. Es macht überhaupt keinen praktischen Sinn mehr, gegen Sitzplätze zu sein, auch wenn man es persönlich noch ist. Man muß nun versuchen, zu erkämpfen, was noch zu erkämpfen ist. Und vielleicht ist es auch gar nicht so schlecht, daß einige der alten Mentalitäten sowohl bei den Vereinen wie bei den Fans zerstört worden sind. Unter solchen Umständen besteht die Möglichkeit, etwas ganz Neues zu schaffen.

Was denn? Der Ausgangspunkt muß folgender sein: Niemand darf vom Stadion ausgeschlossen werden. Das heißt, weder durch weiter steigende Eintrittspreise, noch durch Rassismus oder Frauenfeindlichkeit oder unzulängliche Anlagen für Behinderte. Auch mittelständische Familien sollen willkommen sein, sofern dies nicht zu Lasten der ärmeren Leute geht.

Ein neues Publikum für den Fußball sollte nicht als Bedrohung, sondern als willkommene Chance betrachtet werden. Die Zuschauerzahlen der letzten Jahre deuten an, daß das Wachstumspotential vorhanden ist – erstaunlicherweise hat die Gesamtzahl in jedem Jahr nach der Katastrophe von Heysel zugenommen. Fußball ist irgendwie wieder salonfähig oder sogar trendy geworden. Die Aufgabe der Fan-Bewegung in Großbritannien muß jetzt sein, die noch engstirnigen und kurzsichtigen Vereine zu überzeugen, daß es noch mehr Möglichkeiten gibt, um die Menschen in die Stadien zu locken, die die Vereine noch nie im Blick hatten.

Dietrich Schulze-Marmeling

Fans, Spieler und Funktionäre

Vom Dribbeln in der schönen neuen Fußballwelt

■ Prolog

Der Brasilianer Joao Havelange ist Präsident des Weltfußballverbands FIFA. Seine erneute Wiederwahl 1994 sichert sich der mittlerweile 78jährige, indem er den Vertretern der fünf Kontinentalverbände die Aufstockung des Weltturniers um weitere acht Teams versprach. Mit dem gleichen Trick eroberte der Brasilianer bereits 1974 den Präsidentenstuhl.

Joao Havelange ist ein Diktator, ein korrupter noch dazu. Den ehemaligen Weltstar Pelé, vielleicht der beste Fußballer aller Zeiten, behandelt er wie ein weißer Herr seinen schwarzen Sklaven. Als Pelé, eine moralische Instanz des brasilianischen und des Weltfußballs, sich über die Korruption im brasilianischen Verband beschwerte, dessen Vorsitz Havelanges Schwiegersohn Ricardo Texeira innehat, lud ihn der Fußball-Diktator von der WM-Auslosung in Las Vegas kurzerhand aus. Der Patriarch: „Als ich ein Junge war, gab mir mein Vater eine Ohrfeige, wenn ich mich respektlos benommen habe. Genauso habe ich es mit Pelé gemacht. Er muß lernen, Respekt zu haben. Wenn Herr Nascimento wieder Pelé sein wird, mich um Entschuldigung bitten und beweisen wird, daß er gelernt hat, Respekt zu haben wie gute Kinder, dann werde ich ihm wieder mit Liebe begegnen."

Ricardo Texeira, der für die Vergabe von TV-Rechten Schmiergelder erpreßte, wurde von Havelange mittlerweile in das Exekutivkomitee der FIFA geholt. Im brasilianischen Verband setzt Texeira, der sich auch schon mal vor laufender Kamera prügelt, auf großzügige Geschenke an seine 27 Landesfürsten.

Der Großgrundbesitzer und Rüstungsindustrielle Havelange, der zu den reichsten Männern im von Inflation und Armut geplagten Brasilien zählt, verdankt seinen Aufstieg u.a. dubiosen Geschäften mit einem aus Portugal geflüchteten Minister des faschistischen Salazar-Regimes. Bevor Havelange 1974 den FIFA-Vorsitz übernahm, plünderte er die Kasse des brasilianischen Verbands. Nur dem damaligen brasilianischen Regierungschef und Diktator, General Ernesto Geisel, hatte Havelange es zu verdanken, daß ihm nicht die Bürgerrechte entzogen wurden. Havelange unterhält auch heute noch dubiose Freundschaften. Zum Beispiel zu Castor de Andrade, dem Kopf des illegalen Glücksspiels in Brasilien, der z.Zt. in Untersuchungshaft sitzt. Von seinem Busenfreund Andrade erhielt Havelange für die Karnevalsfeier im Sambadrom zu Rio Logenkarten im Wert von 17.460 Dollar. Dafür stellte Havelange dem Gangster, der auch mit der kolumbianischen Drogenmafia zusammenarbeitet, wiederholt für dessen zahllose Prozeßauftritte Empfehlungsschreiben aus.

Sein Faible für faschistische Diktatoren demonstrierte Havelange während der WM 1978 in Argentinien. Seine Freundschaft mit dem FIFA-Funktionär brachte dem argentinischen Junta-General Carlos Lacoste den Posten des FIFA-Vizepräsidenten und einen persönlichen Kredit des Fußballdiktators über 500.000 Dollar ein. Nach dem Sturz der Junta mußte sich Lacoste vor Gericht wegen Mordes und Steuerbetrugs verantworten. Dem bolivianischen Diktator Hugo Banzer lieferte Havelanges Waffenschmiede 80.000 Granaten.

Havelanges Gegenspieler Pelé ist mittlerweile Sportminister in der neuen sozialdemokratischen Regierung Brasiliens. Zu seinen wichtigsten Aufgaben wird die Befreiung des brasilianischen Fußballs vom Joch der Korruption gehören.

Silvio Berlusconi ist Präsident des AC Mailand. 1994 wurde der Medienmogul zudem Ministerpräsident einer Koalition aus seiner Partei „Forza Italia" – benannt nach dem Schlachtruf der italienischen Fußball-Fans –, rechten Separatisten und Neofaschisten. Zu den ersten Amtshandlungen des korrupten und totalitären Ministerpräsidenten, der es „zum Sterben schön" findet, populär zu sein, gehörte die Freilassung krimineller Politiker und Industrieller sowie die Gleichschaltung der staatlichen TV- und Rundfunk-Anstalten mit seinen privaten Sendern. Berlusconi gilt als Erfolgsmensch, aber ohne die Eroberung der politischen Macht wäre sein windiges Finanzimperium möglicherweise zusammengebrochen. Denn Berlusconi ist hoch verschuldet.

Seinen Aufstieg zum Medienmogul und führenden Politiker Italiens hat Berlusconi aber nicht nur der Korruption – Berlusconi war Mitglied der berüchtigten P2-Loge, einem Staat im Staate, die auch vor Mord nicht zurückschreckte –, sondern auch dem Fußball zu verdanken. Den AC Mailand erwarb Berlusconi 1986, weil er zwecks Finanzierung seiner Fernsehsender Einnahmen aus der Werbung benötigte. Die Werbung lockte er mit hohen Einschaltquoten an, die ihm die Übertragung von Fußballspielen garantierten.

Die Landesmeisterschaft ist für das Labor-Team aus Top-Stars längst Pflicht. Berlusconis Hauptinteresse gilt allerdings dem Landesmeistercup bzw. der Champions League, da ihm die Übertragung internationaler Begegnungen noch höhere Einnahmen beschert. Die von ihm favorisierte geschlossene Gesellschaft einer Europaliga, in der nur die größten und finanzkräftigsten Klubs Berücksichtigung gefunden hätten, konnte gerade noch einmal verhindert werden. Trotzdem bedeutet der neue Modus im Landesmeisterwettbewerb eine weitgehende Kapitulation vor seinen Plänen, da acht der 16 Mannschaften, die an der Champions League teilnehmen dürfen, gesetzt werden. Am alten Modus hatte Berlusconi stets kritisiert, daß sein Team aufgrund miserabler Bodenverhältnisse, einer Fehlentscheidung des Schiedsrichters, eines schlechten Tages oder eines starken Gegners bereits frühzeitig ausscheiden könnte. Dadurch sah er die Refinanzierung seiner Investitionen gefährdet. Für Berlusconi stand das alte System, das auch Überraschungen zuließ, im Widerspruch zu dem, was er für „modernes Denken" hält. Aber auch für den Europacup galt bislang, daß er seinen Reiz nicht zuletzt aus der Möglichkeit bezog, daß der Kleine den Großen überraschend stolpern ließ. In Irland redet man noch heute darüber, wie Shamrock Rovers 1966/67 lediglich sieben Minuten fehlten, um in der 2. Runde den FC Bayern München, den späteren Gewinner des Pokalsiegerwettbewerbs, auszuschalten.

Mit der Champions League ist der Meisterwettbewerb nun langweiliger und sind die anderen Europapokalwettbewerbe entwertet worden. Viele der Gruppenspiele finden in halbleeren Stadien statt, aber die Macher und die beteiligten Vereine ficht dies nicht an. Hauptsache, die Kohle stimmt.

Berlusconis „modernes Denken" steht im Widerspruch zum Wesen und der Faszination des Spiels. Berlusconi ist nicht nur ein Feind der Demokratie und Pressefreiheit, sondern auch des Fußballs. Als Ministerpräsident sind die Italiener Berlusconi zunächst los geworden, dem Fußball blieb er leider noch erhalten.

Die von Berlusconi auf höchster Ebene erfolgreich praktizierte Verbindung von Fußball, Geschäft und Politik findet hierzulande mittlerweile Nachahmer, wie das Kreiselspiel zwischen Leo Kirch und seinem Sender SAT.1, der CDU und dem DFB während der WM 1994 dokumentierte.

Gerhard Mayer-Vorfelder ist Präsident des VFB Stuttgart, Vorsitzender des Ligaausschusses, DFB-Vizepräsident, Vertreter des Fußballverbands bei der FIFA sowie CDU-Landesminister in Baden-Württemberg. Der Multifunktionär, der, so der SPIEGEL, „daherkommt wie ein Unterweltler: Goldkettchen, Rolex am Arm, Hemdknopf offen", zählt zu den bekanntesten Repräsentanten der Braunzone zwischen den Unionsparteien und den Rechtsradikalen. Die NPD schickte „MV" ob seiner knallrechten Gesinnung schon einmal einen Aufnahmeantrag zu.

Auch Mayer-Vorfelder, der Ambitionen auf den DFB-Präsidentenstuhl hegt, versteht etwas vom Geschäft. In der Stuttgarter Kantorstraße 36 fungiert er als Namensgeber eines Klubs (mit Barbetrieb...) der landeseigenen Lotto-Gesellschaft („MV-Keller"), dessen Renovierung 494.000 DM kostete. Aufsichtsratsvorsitzender der Gesellschaft ist MV. Als die Machenschaften der Lotto-Gesellschaft ins Blickfeld von Landesrechnungshof und Staatsanwaltschaft gerieten, ließ Mayer-Rolex in seinem Ministerium einen Toto-Lotto-Prüfbericht, der Filz und Verschwendung kritisierte, kurzerhand frisieren, wofür er sich den Spitznamen „Mayer-Kujau" einhandelte. Der Finanzminister kann bisweilen nicht einmal rechnen, wie ein Bericht seiner Lotto-Gesellschaft belegte.

Wesentlich kleinere Nummern als Havelange oder Berlusconi, weil lediglich Profilneurotiker, sind die Herren Voack und Böbele, die sich bis vor kurzem im Vorstand des 1. FC Nürnberg tummelten. Gerhard Voack ist Bauunternehmer, Professor Dr. Dr. Böbele ein sogenannter Wirtschaftsexperte. Echte Fachleute also, die wissen, wie ein mittelständisches Unternehmen zu führen ist. So sollte man jedenfalls meinen. Der unendlich eitle Selbstdarsteller Voack, dem schon die Medienpräsenz des bescheidenen und redlichen Trainers Willi Entenmann zuviel war, weshalb er ihn kurzerhand feuerte, wurde mittlerweile mit Schimpf und Schande selbst aus dem Amt gejagt. Für den hochverschuldeten Klub kam dies zu spät. Der Abstieg war nicht mehr zu verhindern. Der Schuldenberg des Traditionsklubs wuchs unter der Regentschaft Voack/Böbele auf ca. 20 Mio. DM.

Professor Dr. Dr. Böbele wurde mittlerweile zu einer Haftstrafe verurteilt. Ca. 800.000 DM soll er nach eigenen Angaben der Klubkasse entnommen haben, um seinen Lebensstil aufzupäppeln und mit dem der anderen Vorstandsmitglieder konkurrieren zu können. Eine Rechtfertigung, die zu denken gibt. Voack und Böbele sind bei weitem keine Einzelfälle im deutschen Profifußball – siehe Otto und Konrad in Dresden, Eichberg und Schwan auf Schalke…

In manchen Funktionärsetagen des Fußballs tummeln sich knallrechte und/oder korrupte Typen. Der Fußball befindet sich vielerorts in schlechten Händen. Er wird von Funktionären kontrolliert, die das Wohl des Spiels nicht wirklich interessiert und die den Fußball lediglich als Spielball für ihre politischen und geschäftlichen Interessen und Eitelkeiten betrachten. Ihr Führungsstil ist von unerträglicher Selbstgerechtigkeit gekennzeichnet. Von Demokratie – innerhalb wie außerhalb des Vereins – halten sie wenig, und die Fans mögen sie nur als zahlende Staffage. Funktionäre diskutieren über Alkoholverbote für die „Kurve", während in den VIP-Räumen Pils, Sekt und Cognac in Strömen und zum Nulltarif fließen. Funktionäre bauen teure VIP-Logen, während sie die Fans in der „Kurve" im Regen stehen lassen. Funktionäre verfallen in Sicherheitshysterie, sofern es die „amorphe Masse" auf einer Stehtribüne betrifft, haben aber keine Probleme, eine Mannschaft in einem Kriegsgebiet antreten zu lassen (so geschehen im UEFA-Cup 1993/94 mit Borussia Dortmund). Der DFB jettet mit einem Tross von 49 Funktionären zur WM in den USA, während die Fanbetreuer daheim bleiben müssen. Ganze 50.000 DM hätten den steinreichen Verband die vier Betreuer gekostet. Aber das gelegentliche soziale Engagement des DFB ist oft nicht mehr als PR in eigener Sache.

Funktionäre mokieren sich über Hooligans, aber ihre Mentalität ist den Bekenntnissen von „Hools" oft nicht unähnlich. Der englische Journalist Dave Hill: „Sehen Sie sich die Männer in den Direktorenlogen genauer an, und Sie finden so ziemlich die gleiche Mentalität wie hinter den Toren; die gleiche Einstellung gegenüber Frauen, gegenüber Ausländern, die gleichen unerschütterlichen Stereotypen über das, was es heißt, ein richtiger Mann zu sein. Oft besteht der einzige Unterschied zwischen dem Vorsitzenden und dem Rowdy darin, daß letzterer über das Team besser informiert ist."

Die Wurzeln des Übels heißen Selbstherrlichkeit und Selbstgerechtigkeit. Typisch für das bei Funktionären vorherrschende Denken ist der folgende Ausspruch des ehemaligen DFB-Präsidenten Hermann Neuberger (1975-1992), ein weiterer aus der Riege der Knallrechten: „Spieler sind zu ersetzen, Funktionäre nicht." In Wirklichkeit verhält es sich natürlich genau umgekehrt: Ohne die Spieler gäbe es für die Funktionäre überhaupt keine Existenzberechtigung. Nicht die Funktionäre verschaffen den Spielern ihre Jobs, sondern umgekehrt. Aber selbst das ist nur die halbe Wahrheit; denn zum Fußball gehören vor allem die Fans. Ohne sie ist das Spiel kein kulturelles Ereignis, sondern lediglich ein Kick von 22 Kurzbehosten auf irgendeiner Wiese. Erst durch die Anwesenheit der Fans wird das Spiel für das Fernsehen und die Sponsoren interessant. Und wäre der Fußball kein Zuschauersport, bedürfte er keiner besonderen Administration. Kein Funktionär könnte sich in seiner Popularität sonnen.

Funktionäre sind dazu da, dem Wohl des Spiels zu dienen und die Träume seiner Fans zu erfüllen.

■ Von den Schwierigkeiten eines Dialogs

Fans und Funktionäre/Sponsoren führen seit vielen Jahren – genauer: seitdem der Fußball ein Zuschauersport ist und professionell betrieben wird – immer wieder den gleichen verbalen Schlagabtausch:

Fans: „Der Vorstand investiert nicht genug Geld. Und wenn er neue Spieler kauft, sind es die falschen. Der Vorstand hat von Fußball keine Ahnung."

Vorstand und Sponsoren: „Die Fans haben keine Ahnung davon, wie schwierig es ist, einen Profiverein zu führen. Die wenigsten von ihnen verstehen etwas von wirtschaftlichen Fragen."

Fans: „Der Vorstand ist eine elitäre Clique. Wir wissen nie, was wirklich vorgeht. Es gibt in diesem Verein keine Demokratie und keine Mitbestimmung."

Vorstand und Sponsoren: „Schließlich ist es unser Geld, das der Verein ausgibt. Was hat das mit Demokratie und Mitbestimmung zu tun?"

Unter Fans ist die Meinung weit verbreitet, daß Funktionäre und Sponsoren vom Fußball keine Ahnung haben. Funktionäre und Sponsoren reagieren, indem sie gegenüber den Fans ihre organisatorische und wirtschaftliche Kompetenz geltend machen. Dabei geben sie sich oft äußerst verletzt. Die Fans seien undankbar und ungerecht, würden vor persönlichen Attacken nicht zurückscheuen, würden es sich mit ihrer Kritik viel zu leicht machen, würden nicht anerkennen, wieviel Arbeit der Vorstand in den Verein investiert etc.

Solch ein Mimosentum ist allerdings völlig unangebracht. Es sagt mehr über die Mentalität der angegriffenen Personen als über die der Angreifer aus. Bei den Funktionären und Sponsoren handelt es sich oft um Leute, die von ihrer beruflichen Tätigkeit her Kritik nicht gewohnt sind, sich in ihren Betrieben statt mit der Basis bestenfalls mit zahmen Gewerkschaftsfunktionären auseinanderzusetzen haben und nun wie selbstverständlich erwarten, daß sie von den Fans Wochenende für Wochenende mit donnerndem Applaus und Liebesbekundungen bedacht werden. Die schroffe und respektlose Sprache des „Kurven-Pöbels" wirkt da wie ein Kulturschock. Funktionäre und Sponsoren müssen zu ihrem Leidwesen feststellen, daß der Fußballverein ein Unternehmen ist, in dem der Pöbel zwar keine Aktien besitzt, aber trotzdem wie ein Aktionär agiert. Ständig wird an der Betriebsführung und an der Produktqualität herumgemäkelt. Der Vorstand sieht sich einem permanenten Rechtfertigungsdruck ausgesetzt. In kaum einer anderen Branche verfügen die Kunden (!) über die Möglichkeit, den Vorstand der Firma des von ihnen konsumierten Produktes zu stürzen.

Nur: ist dies nicht die logische Kehrseite dessen, was Leute aus der Wirtschaft immer wieder veranlaßt, sich im Fußballgewerbe zu engagieren? Die Leitung eines Fußballklubs verursacht halt erheblich mehr Kribbeln als die einer Wurstfabrik. Man ist in ungefilterter Weise mit Menschen konfrontiert, hat erheblich größere Herausforderungen in Sachen Menschenführung zu bestehen. Der Erfolg läßt sich nur bedingt planen, was bedeutet, daß die Unwägbarkeiten erheblich größer sind. Vor allem aber: Man steht ständig im Rampenlicht von Öffentlichkeit und Medien, wobei dies halt stets auch – wie beim Politiker – die Gefahr negativer Schlagzeilen und massiver Unmutsäußerungen des „Pöbels" bedeutet. Wer kennt schon den Boß einer mittelständischen Wurstfabrik? Aber nahezu jeder Fußballfan kennt die Namen der Bundesliga-Präsidenten und -Manager. Die Funktionäre möchten von den Fans anerkannt, verehrt und geliebt werden. Aber beinhaltet dieser Wunsch nicht stets auch die Möglichkeit, daß der Schuß nach hinten losgeht?

Die Geschichte gibt eher den Fans als den Funktionären Recht. Die Beispiele, wo Fans vor negativen Entwicklungen vorzeitig gewarnt haben, von den Funktionären jedoch arrogant abgeblockt wurden, sind zahlreich. Dies betrifft nicht nur die sportliche Entwicklung von Klubs, sondern auch deren wirtschaftliche. Natürlich benötigt man im heutigen Profi-Fußball Leute, die über betriebswirtschaftliche Kenntnisse verfügen. Nur: Da es sich beim Fußball um ein Business mit besonderen Gesetzen handelt, sind derartige Kenntnisse allein nicht ausreichend. Ganz abgesehen davon, daß nur relativ wenige von denen, die wirtschaftliche Kompetenz behaupten, diese auch tatsächlich besitzen. Oft handelt es sich dabei nur um Wichtigtuerei, die von sportlicher Inkompetenz und persönlichen Defiziten ablenken soll. Ein permanenter Konsultationsprozeß zwischen Fans und Funktionären ist allein schon deshalb angebracht, weil Fans ein Korrektiv darstellen können; ein Frühwarnsignal, das zur permanten Überprüfung der eigenen Politik auffordert. Ganz gleich, wie ungehobelt die Kritik der Fans auch daher kommen mag.

■ Werden die Fans überflüssig?

Da der Anteil der Zuschauer an den Gesamteinnahmen eines Vereins in den letzten Jahren stetig gesunken ist (im Schnitt dürfte er aktuell zwischen 35 und 50 Prozent liegen), der des TV und anderer Sponsoren hingegen im gleichen Maße gewachsen ist, greift die Furcht vor einer weitgehenden Enteignung der Fans um sich. Das ignorante Verhalten vieler Funktionäre, die – wie etwa der ehemalige HSV-Manager Bruchhagen – ihren Spielern zwar Verhaltenskataloge für den Umgang mit den Sponsoren, nicht aber mit den Fans aushändigen, scheint dies zu bestätigen.

Trotzdem ist diese Entwicklung nicht so dramatisch, wie weithin angenommen. Die Zuschauer im Stadion bleiben in zweifacher Hinsicht ein ökonomischer Faktor. Zum einen natürlich durch die Eintrittsgelder, deren Summe immer noch erheblich ist. Selbst bei Borussia Dortmund, einem Verein, der in den letzten Jahren mit TV-Geldern nur so überschüttet wurde, beträgt er immerhin noch ca. 35%. Daß ein Klub wie beispielsweise Uerdingen nicht im gleichen Maße investieren kann wie die Borussia oder Bayern München, hat ja nicht nur mit TV- und Sponsoren-Geldern, sondern auch mit dem unterschiedlichen Zuschauerzuspruch zu tun. Ein Klub wie Schalke 04 wäre ohne seine Fans vermutlich längst im Amateurlager. Zum anderen bestimmt die Anwesenheit der Fans den Vermarktungswert der Ware Fußball bzw. eines Klubs. Ein Verein wie Borussia Dortmund wird immer einen höheren Vermarktungswert besitzen als beispielsweise die Bayer-Teams aus Leverkusen und Uerdingen. Mit der attraktiven Atmosphäre im Westfalenstadion läßt sich eine ungleich höhere Zahl von potentiellen Kunden (ob als TV-Zuschauer oder Käufer eines bestimmten Produkts) erreichen als mit der Friedhofsruhe in einigen anderen Stadien. Sponsoren und TV würden sich nicht für den Fußball engagieren, gäbe es nicht die Fans im Stadion. Der 1.FC Kaiserslautern wirbt für die Logen auf seiner neuen Haupttribüne mit einem Faltblatt, dessen Titel die prall gefüllte Stehkurve (Westtribüne) zeigt. Ein weiteres Foto zeigt die gleiche Kurve beim Abbrennen von pyrotechnischen Gegenständen. Zum Zeitpunkt der Veröffentlichung des Faltblatts war dies bereits per Stadionverordnung verboten!

Aber die Fans sind nicht nur ein wirtschaftlicher Faktor. Die Fans nehmen auch auf den Spielverlauf Einfluß. Deshalb sieht die Heimbilanz vieler Vereine besser aus als ihre Auswärtsbilanz. Fans peitschen ihre Mannschaft in Richtung gegnerisches Tor und helfen durch ihre Unterstützung, schwierige Phasen des Spiels zu überstehen. Und nicht selten beeinflussen sie auch Gegner und Schiedsrichter. Der Umzug von 1860 München aus dem engen Stadion an der Grünwalder Straße ins Olympiastadion war unter wirtschaftlichen wie sportlichen Aspekten ein Flop. Ins „fremde" Olympiastadion, Heimat des Lokalrivalen Bayern, kamen nur wenig mehr als in das eigene Stadion passen. Insider sind überdies der Auffassung, daß der Umzug den „Löwen" Punkte kostete. Denn in der Aufstiegssaison hatte die Mannschaft an der Grünwalder Straße stark von der hautnahen Atmosphäre und deren aufpeitschender Wirkung gelebt. Die Grünwalder Straße mußten die Gegner fürchten, das Olympiastadion hingegen nicht. Ihr erstes Erfolgserlebnis feierten die „Löwen"

Bremer Fan, mit individueller Bedachung.

1994/95, als sie zum Pokalspiel gegen Bayer Leverkusen wieder in der eigenen Kampfbahn antraten. Schalkes Trainer Jörg Berger behauptet, die Betonschüssel des Gelsenkirchener Parkstadions, die Distanz zu den Spielern herstellt, koste sein Team pro Saison vier Punkte. Bremens Manager Willi Lemke sieht den Heimvorteil seiner Mannschaft durch die fehlende Überdachung der Ostkurve – der grün-weißen Fan-Kurve – relativiert. Die 10.000 Fans würden deshalb weder auf den Tribünen noch von den Spielern wahrgenommen.

Durch den neuartigen Einfluß von TV und Sponsoren erweitert sich für die Fans das „Angriffsziel". Galt noch in den 70ern und 80ern die Kritik der Fans vorwiegend bis ausschließlich den Funktionären, so geraten nun auch die Sponsoren und das TV ins Visier. Aber auch diese sind alles andere als unantastbar. Fan-Kampagnen können die Refinanzierung der von TV und Sponsoren getätigten Investitionen wie die Verquickung von Fußball, Politik und Geschäft empfindlich stören. Was spricht beispielsweise dagegen, die Berlusconis, Kirchs und Co. unüberhörbar als Totengräber des Fußballs anzuklagen? Gegenüber derartigen

Vorwürfen pflegen TV und Sponsoren zuweilen durchaus sensibel zu reagieren. Der Imageeffekt geht flöten, wenn die Fans, weil sie die Fußballpolitik des Sponsors nicht mögen, gegen diesen lautstark agitieren und zum Boykott seiner Produkte aufrufen.

Für das wachsende Unbehagen unter den Fans gibt es gute Gründe, denn die „Revolution", die der Fußball seit einigen Jahren durchmacht, hat zahlreiche fragwürdige Aspekte. Soll die von den TV-Anstalten, Sponsoren und Funktionären betriebene Neustrukturierung des Fußballs nicht dessen Seele zerstören, sondern einen Fortschritt darstellen, ist die Einmischung der Fans gefordert.

Bevor ich mich den negativen Aspekten der „Revolution" widme, einige Anmerkungen zu deren positiven Begleiterscheinungen; auch auf die Gefahr hin, bei mancher/m Leser/in anzuecken:

1. Der Fußball hat in den letzten Jahren eine größere gesellschaftliche Akzeptanz errungen, was auch mit seiner anderen (moderneren) Präsentation und dem Typenwandel bei den Kikkern zu tun hat. Dies bedeutet nicht nur eine Zunahme von farblosen „middle class-" und Schicki-Micki-Zuschauern in den Stadien, sondern auch mehr kritische Geister und möglicherweise auch mehr Frauen beim Fußball. Daß der Fußball aktuell unter den Intellektuellen und Linken ein gewisses Revival erfährt, hat ja auch damit zu tun, daß es gesellschaftlich hoffähiger geworden ist, „Fußballpolitik" zu diskutieren und zu betreiben.

Allgemein könnte man sagen, daß der Fußball hierzulande „italienisiert" wurde. In Italien war der Fußball schon immer gesellschaftsfähiger, mobilisierte stets auch die oberen Etagen der sozialen Hierarchie sowie die Kulturschaffenden und Intellektuellen und war nicht nur Arbeiterkultur. Die WM 1990 in Italien mit ihren modernen Stadien und den drei Tenören im kulturellen Beiprogramm lockte auch hierzulande ein neues Publikum an. Auf der Haupttribüne des Mailänder Meazza-Stadions gesehen zu werden, hat längst den gleichen Stellenwert wie die Anwesenheit bei einer Premiere in der berühmten Scala. Wenn das Dortmunder Westfalenstadion mittlerweile als „Fußball-Oper" gepriesen wird, dokumentiert dies den gesellschaftlichen und sozialen Wandel, den der Fußball und sein Image auch hierzulande und selbst in einer traditionsreichen Arbeiterregion erfahren haben.

Man wird hier zwischen zwei Formen von Entwicklungen unterscheiden müssen: solchen, die von einigen Fußball-Oberen und Sponsoren bewußt herbeigeführt wurden, sowie solchen, die lediglich gesamtgesellschaftliche Trends wiedergeben, für die der Fußball nicht selbst verantwortlich ist.

Der Fußball war schon immer ein ziemlich getreues Abbild der sozialen und kulturellen Entwicklung der Gesellschaft, weshalb er auch verschiedene soziale Phasen durchlaufen hat. So wie die Industrialisierung und die Verkürzung der Arbeitszeit auf ihn Einfluß nahmen und seine Entwicklung zum Arbeitersport förderten, so bleibt auch die Entwicklung zur Dienstleistungsgesellschaft für ihn nicht ohne Auswirkungen. Das soziale und kulturelle Umfeld des Fußballs ist nicht erst seit einigen Jahren in Bewegung. Da er ein „Volksspiel" ist, bleibt er von Veränderungen im Volke nicht unberührt. Eine Rückkehr zu den „guten, alten Tagen" wird es deshalb flächendeckend nicht geben; sofern überhaupt, besteht diese Möglichkeit nur in bestimmten Regionen und in den unteren Ligen.

Außerdem ist Tradition nicht etwas, was per se positiv ist. Es kommt immer auf ihren Inhalt sowie den Blickwinkel an, aus dem man die „guten, alten Zeiten" betrachtet. Für das traditionelle Publikum war nicht nur charakteristisch, daß es ganz überwiegend aus „kleinen Leuten" bestand. Es fehlten auch die Frauen, da Fußball ganz allgemein als „Männersache" galt, bei der das andere Geschlecht nur störte. Aufgrund von Veränderungen in den Geschlechterbeziehungen ist dies nun nicht mehr ohne weiteres durchzuhalten. Früher galt es als selbstverständlich, daß Mann Samstag morgens Frau und Kinder verließ, um sich mit seinen Geschlechtsgenossen in der Nähe des Stadions zu treffen. Erst Stunden nach dem Spiel kehrte der Göttergatte heim, oft in einem ziemlich angetrunkenen Zustand. Natürlich war auch am folgenden Morgen mit ihm nichts anzufangen, und am Sonntagnachmittag stand nicht selten bereits das nächste

Spiel auf dem Programm. Heute erfolgt die Planung des Wochenendes gemeinschaftlich, weshalb die Vereine ihre Haltung gegenüber Frauen überdenken müssen. Was ihnen dazu einfällt, ist allerdings oft mager und zeugt von Chauvinismus. So beispielsweise, wenn Geschäftszonen unter den Tribünen geplant werden, damit die Gattin – die Kinder im Schlepptau – ihrem traditionellen „Hobby" nachgehen kann, während der Gatte dem Spiel beiwohnt. Aber manches, was *man* als Verlust von Atmosphäre bedauert, wird von vielen Frauen begrüßt, weil es für sie den Besuch des Stadions überhaupt erst akzeptabel macht.

2. Die Modernisierung der Stadien bedeutet nicht nur Versitzplatzung, sondern auch mehr Komfort, wogegen per se nichts einzuwenden ist. Natürlich werden beim Anblick der alten Schalker Glückauf-Kampfbahn nostalgische Empfindungen geweckt, aber modernere Stadien haben den unschätzbaren Vorteil, daß man tatsächlich das gesamte Spielfeld im Blick hat, dem Vordermann nicht stillschweigend in die Hosentasche pinkeln muß und auch schon mal die Kids beruhigt mitnehmen kann, was – aufgrund der bereits erwähnten Veränderungen in den Geschlechterbeziehungen – zuweilen unumgänglich ist.

Das Beispiel England, wo die Modernisierung der Stadien bzw. deren Umrüstung zu reinen Sitzplatz-Arenen schon erheblich weiter fortgeschritten ist als hierzulande, zeigt, daß die Fans in dieser Frage gespalten sind. Bei einer Umfrage des Fanzines „When Saturday Comes" (WSC) wurde beispielsweise das modernisierte Stadion von Arsenal im nahezu gleichen Ausmaß gelobt wie verdammt. Die einen schwärmten von den exzellenten Sichtverhältnissen und den fantastischen Toiletten, während die anderen den Verlust von Atmosphäre bedauerten.

Als negativ gilt hingegen zu vermerken:

1. Der Fußball wird immer teurer. Aus dem Versprechen, die immensen TV-Einnahmen würden die Eintrittspreise senken, ist nichts geworden. Bestenfalls sind sie stabil geblieben. (Die einzige mir bekannte Ausnahme ist Bayern München, allerdings in Verbindung mit einer Dauerkarte.) Da die Stehbereiche ge-

schrumpft sind, die Zahl der billigeren Tickets also abgenommen hat, haben sich die Eintrittspreise für viele Zuschauer faktisch sogar erhöht. In Dortmund beispielsweise kann der Auswärtsfan nur noch sitzen und muß dafür 35,- DM und mehr (statt der 10,- DM für einen Stehplatz) berappen. In England korrespondierten die Umwandlung der Stadien in reine Sitzplatzarenen und ihre Ausstattung mit mehr Komfort gar mit drastischen Preiserhöhungen.

2. Die Klubs widmen immer mehr Aufmerksamkeit dem konsumfreundlichen Schicki-Micki-Publikum. Aber haben die Stehkurven nicht das gleiche Recht auf Komfort – Komfort nach ihren Vorstellungen versteht sich – wie die Haupttribünen? Niemand fragt die Fans, welche Art von Stadion sie denn überhaupt haben möchten. Immerhin sind es doch die Fans und nicht die Funktionäre, die die Stadien füllen. Ein Konsultationsprozeß zwischen Funktionären, Investoren und Architekten einerseits sowie den Fans andererseits findet in der Regel nicht statt, obwohl es bei der Modernisierung der Stadien doch auch um Fragen geht, die die Zukunft des Spiels betreffen.

An einigen Orten läßt sich eine Vernachlässigung bis Verdrängung des traditionellen Milieus beobachten. Gegen eine soziale Ausweitung des Fußballpublikums ist per se nichts einzuwenden, aber dies darf nicht auf Kosten der weniger zahlungskräftigen Zuschauer gehen.

Die Mobilisierung eines neuen Publikums und der Ausbau der VIP- und Sitzbereiche geht mit einer Privatisierung der Klubs und ihrer Stadien einher. Den Stehplatztribünen ergeht es momentan wie den öffentlichen Schwimmbädern. Immer mehr Schwimmbäder werden geschlossen, weil ihre Unterhaltung den Kommunen zu teuer ist. Gleichzeitig entstehen von privater Hand betriebene Spaßbäder, in denen man zwar kaum noch schwimmen kann, die aber den Ansprüchen der „konsumfreundlichen" und verwöhnten Mittelschichten eher Rechnung tragen. Für das gemeine Volk ist der Zutritt jedoch oft nicht erschwinglich. Während die Bäder für das gemeine Volk ihre Tore schließen, dürfen die Besserverdienenden fröhlich weiterplanschen und werden dabei auch nicht mehr vom Pöbel gestört. Willi

Lemke ließ zwar in Bremen für 10 Mio. DM Logen bauen, aber einen Umbau der Fan-Kurve, wo die Fans z.Zt. nicht einmal ein Dach über dem Kopf haben, möchte er nicht bezahlen. „Das Geld, welches wir in den Bau der Haupttribüne und der Logen gesteckt haben, bekomme ich wieder. Wenn ich von vorneherein weiß, daß ich 25 Mio. zahle, damit die Fans ein Dach überm Kopf haben, ich aber gleichzeitig nicht die Eintrittspreise erhöhen kann, dann lohnt sich dies nicht." Sicherlich hat Lemke nicht ganz Unrecht, wenn er eine Verantwortung der öffentlichen Hand einklagt. Trotzdem bleibt ein fader Beigeschmack.

Da die Top-Klubs der Liga längst nicht mehr auf die öffentliche Hand angewiesen sind, sondern vielmehr ihrerseits die öffentlichen Haushalte subventionieren, werden die Privatisierungstendenzen weiter zunehmen. Hinzu kommt der Legitimationsdruck, der angesichts der immensen Einnahmen und Ausgaben der Profi-Klubs noch weiter gewachsen ist. Die Forderung elitärer Fußball-Banausen, Fußballklubs als normale private Betriebe zu betrachten und entsprechend zu behandeln, ist unüberhörbar. Diese Entwicklung muß nicht per se schlecht sein, da sich im Zuge eines Privatisierungsprozesses auch neue Formen der Einbindung und der Mitsprache von Fans entwickeln könnten. Aber zunächst werden Fans dafür kämpfen müssen, daß sie überhaupt weiterhin an Bord bleiben.

3. Das leidige Dauerkartensystem führt zu geschlossenen Gesellschaften in den Stadien. Kundenfreundlich ist es nur für die Fans, die sich glücklich schätzen können, eines der begehrten Tickets zu besitzen. Allerdings ist dieses System nur ein logisches Produkt der wirtschaftlichen Entwicklung des Fußballs. Dauerkarten versprechen auch unabhängig vom Saisonverlauf erhebliche Einnahmen, erleichtern somit die Refinanzierung der immensen Investitionen und die Kalkulation. Dauerkarten sind ein Instrument, die finanziellen Risiken besser kontrollieren zu können. Das Fußballpublikum bedarf jedoch stets einer Verjüngung. Wo soll der Nachwuchs herkommen, wie sollen neue Zuschauer gewonnen werden, wenn der gelegentliche Besucher – gelegentlich, weil noch nicht ganz gewonnen oder weil er es sich anders nicht leisten kann – ausgesperrt bleibt? So entsteht bei

einigen Klubs eine Zwei-Klassen-Gesellschaft, eine im Stadion und eine, für die nur das Pantoffelkino, die Freundschaftsspiele ihres Klubs und der Fuji-Cup übrig bleiben.

4. Des weiteren droht die Tendenz, Spiele dorthin zu verlegen, wo sie das meiste Geld versprechen. Denn nicht die Resonanz vor Ort ist für die finanzielle Bilanz von entscheidender Bedeutung, sondern die TV-Einschaltquoten und Werbeeinnahmen. Die Vergabe der WM in die USA ist ein Beispiel dafür. Organisationschef Alan Rothenberg vor der WM: „Unser Ziel ist es, den weltgrößten Markt für den weltgrößten Sport zu öffnen." Ein weiteres Beispiel ist der hirnrissige FIFA-Plan, eine Vereins-WM auszuspielen. Diese würde unvermeidlich zu einer Abwertung der nationalen Wettbewerbe führen, die jedoch für viele Fans allein schon deshalb die Basis darstellen, weil sie die einzigen sind, die für sie erreichbar und finanzierbar sind. Wer kann schon seine Mannschaft rund um den Globus begleiten? Im Weltpokal der Vereinsmannschaften ist diese Politik längst Realität. Das Finale zwischen dem europäischen Meister AC Mailand und der argentinischen Mannschaft von Velez Sarsfield fand 1994 sinnigerweise in Tokio statt.

5. Jeder Boom hat irgendwann ein Ende. Das gilt auch für die Bundesliga. Das Beispiel Italien, vor einigen Jahren noch das Fußball-Paradies schlechthin, sollte eine Mahnung sein. Die steigenden Zuschauerzahlen reflektieren möglicherweise mehr eine Modeerscheinung, als daß sich wirklich von einer stabilen und dauerhaften Entwicklung sprechen ließe. Es ist gegenwärtig einfach „in", in die Bundesligastadien zu pilgern. Was aber, wenn die Mode das Schicksal aller Moden erfährt? Nur die wenigsten Klubs sind hierauf eingestellt.

Die Umgestaltung der Medienlandschaft hat ein Überangebot an Fußball bewirkt. Es vergeht kaum ein Tag, an dem nicht irgendein Fußballspiel übertragen wird. Mittelfristig dürfte dies auch auf den Preis der Ware Einfluß haben. Pay-TV wird möglicherweise noch eine weitere Steigerung bei den TV-Geldern bedeuten. Allerdings dürften hiervon – noch mehr als bislang – vornehmlich die Großen und Attraktiven der Branche profitieren, da Pay-TV nach den Regeln von Angebot und Nachfrage funktioniert. Nur wenige Klubs sind darauf vorbereitet, daß die TV- und Sponsoren-Gelder auch mal wieder weniger werden können.

Die Qualität des Fußballs wird durch das Überangebot nicht besser. Gleichzeitig schwindet die Fähigkeit, die Qualität eines Spiels sachlich zu beurteilen. Denn die Konkurrenz der Sendeanstalten und deren Investitionen bedeuten, daß die Ware schön geredet werden muß. Vereine und TV-Anstalten bilden hier eine verschworene Gemeinschaft. Wenn ein Jörg Dahlmann bei einer Aufzeichnung (!!!) des Spiels Leverkusen-Frankfurt Bernd Schusters Treffer als ein Tor anpreist, von dem „wir noch in 50, ja 100 Jahren reden", ist das allergrößter journalistischer Schwachsinn bzw. typisches BILD-Niveau. (Es ist wahrlich ein Dilemma: Die verkrusteten Strukturen der öffentlich-rechtlichen Anstalten und ihre chronische Geldknappheit trieben und treiben deren qualifiziertesten Kräfte in die Arme der Privaten, wo sie dann auf billigen Boulevard-Journalismus und Kohl-Nähe umgeschult werden. Gleichzeitig erweisen sich ARD und ZDF als unfähig, eine attraktive Alternative zur Berichterstattung der Privaten zu entwickeln, die modern, kompetent und seriös ist.) Auch für den Fußball gilt: Weniger bedeutet manchmal mehr.

6. Kurz- bis mittelfristig mag die neue Macht der TV-Anstalten für die Vereine von Nutzen sein. Bezahlt wird dies allerdings mit dem Verlust von Autonomie. Die Vereine müssen aufpassen, daß sie sich nicht in Abhängigkeit von einigen Medienkonzernen begeben. Längst sind die Medienkonzerne vom indirekten zum direkten Organisator von Fußballereignissen aufgestiegen. Nicht nur die Vereine, sondern auch der DFB verfügt kaum noch über Einfluß auf die Termingestaltung. Spiele werden zu Terminen angesetzt, die für die Klubs, vor allem aber für die Fans unmöglich sind. Beim FC Bayern, der einen Vertrag mit der Rechteverwertungsgesellschaft UFA abgeschlossen hat, greift diese bereits in die Saisonvorbereitung ein. Vor Beginn der Saison 1994/95 mußten die Bayern eine Reihe von aufreibenden Vorbereitungsspielen absolvieren. Entsprechend platt ging die Mannschaft in die Meisterschaftsrunde. Volker Finke, dem Trainer des SC Freiburg, ist zuzustimmen, wenn er von den Verantwortlichen in den

Vereinen fordert, „eine klare Grenze zwischen Fußball und Unterhaltung zu ziehen". Für die Fans bedeutet der Autonomieverlust der Vereine eine weitere Beschneidung ihrer Einflußmöglichkeiten.

7. Generell läßt sich feststellen, daß die Führerstände des nationalen und internationalen Fußballs mehr und mehr von sogenannten Marketingstrategen okkupiert werden. Dabei ist gegen eine bessere Vermarktung des Fußballs an sich nichts einzuwenden. Das Problem ist vielmehr, daß viele dieser Strategen nicht verstehen, was die besondere Faszination des Fußballs ausmacht und daß Fußball ein Business mit besonderen Gesetzen ist. Wer versucht, dem Fußball die Marktwirtschaft pur überzustülpen oder aber ihn aus kommerziellen Erwägungen kalkulierbarer zu machen, betreibt die Zerstörung des Spiels und seiner Faszination, sofern er nicht – was glücklicherweise immer wieder der Fall ist – vorzeitig scheitert und den Rückzug antreten muß. Der Fußball ist ein wertvolles Gut, das eine pflegliche Behandlung verlangt – kein „Business as usual".

Seit einiger Zeit existiert die Tendenz – nicht nur im Sport, sondern auch auf dem Kultursektor –, für unterstützenswert nur noch zu erklären, was sich marktgerecht präsentiert, womit sich Geld machen und das Image verbessern läßt. Sponsoring nicht aus Idealismus, sondern nur noch als „Geschäft auf Gegenseitigkeit". Diese Tendenz wird sich nicht nur für die Kultur, sondern auch für den Fußball als schädlich erweisen. Fußball benötigt nicht nur seine Sponsoren, sondern auch die authentische Fußballiebe des klassischen Mäzenes. Denn Kultur und Fußball wachsen von unten. Die Politik der Marketingstrategen führt jedoch zu einer totalen Entkoppelung der großen Fußballereignisse von der Basis des Spiels.

■ Was tun?

Vom Spieler unterscheidet den Fan zweierlei. Erstens kann der Fan nicht einfach das Weite suchen, wenn es bei seinem Klub nicht läuft. Natürlich haben auch Spieler ihre Lieblingsvereine, aber Äußerungen wie „Es war schon immer mein Traum, für diesen Verein zu spielen", sind in der Regel nur taktisch motivierte

Lippenbekenntnisse. Dies ist nicht als Vorwurf zu verstehen. Fußballspielen ist halt ihr Beruf, und wer kann sich seinen Arbeitgeber schon frei aussuchen? Von daher befinden sich Spieler in einem anderen Loyalitätsverhältnis zu „ihrem" Verein als die Fans. Die Spieler sind in erster Linie gegenüber sich selbst loyal, in zweiter Linie gegenüber ihren Arbeitgebern. Die Fans spielen in ihrem Denken nur die dritte Geige.

Zweitens werden die Fans für ihre „Arbeit" nicht bezahlt. Die Fans sind damit – neben den ehrenamtlichen Funktionären, die aber immer weniger werden – der einzige nicht bezahlte Teil des Spiels. Und nicht nur das: Sie müssen dafür, daß sie ihre Mannschaft anfeuern und zum Vermarktungswert ihres Vereins beitragen, auch noch bezahlen. Selbst wenn Spieler und Funktionäre davon überzeugt sind, daß der Sieg ihrer Mannschaft der großartigen Unterstützung der Fans zu verdanken ist, gibt es dafür keine Punktprämie.

Die Professionalisierung und Kommerzialisierung hat eine weitgehende Auflösung der traditionellen Beziehung Fan-Spieler bewirkt. Gut dotierte Spieler kommen und gehen, die ehrenamtlich arbeitenden Fans bleiben, ohne dafür auch nur Treueprämien zu kassieren. Bestenfalls erhalten sie für ein einzelnes Spiel, bei dem die Hütte anders nicht zu füllen ist, einen Preisnachlaß. Aber eigentlich müßten die Fans auch an den TV-Geldern beteiligt werden, wofür sich eine Senkung der Eintrittspreise anbieten würde. Denn schließlich sind sie ein wesentlicher Teil des Produkts, das an die Anstalten verkauft wird.

Das Problem der Fans ist, daß sie weder reine Konsumenten sind, noch ein voll akzeptierter Teil der Veranstaltung. Dies hängt mit der Geschichte des Spiels zusammen. Noch verpönter als das Spiel und die Spieler waren diejenigen, die „nur" zuschauten, anstatt sich selbst sportlich zu betätigen. Anders als die Zuschauer sind die Spieler heute nicht mehr nur Angestellte, sondern – da ein großer Teil der Einnahmen direkt auf ihre Konten fließt – Sub-, wenn nicht gar Mitunternehmer. Letzteres gilt zumindest für die Millionäre der großen Klubs, die in Europa spielen und in einem hohen Umfang TV-Gelder beziehen.

Trotz aller Statusunterschiede kann es durchaus zu Koalitionen von Spielern und Fans kommen, da Fans und Spieler sich manchmal in der Ablehnung bestimmter Funktionärstypen einig sind. Fans sind oft sehr anhänglich. Und ihre Anhänglichkeit bezieht sich keineswegs nur auf die Stars. Spieler, deren Namen Funktionäre schon längst vergessen haben, bleiben Fans aufgrund irgendeines Ereignisses stets in Erinnerung. Und sei es, weil sie nur einen einzigen Einsatz absolvierten, diesen aber bravourös. Fans sind erheblich dankbarer als viele Funktionäre und Sponsoren und interessieren sich auch für die menschliche Seite des Fußballers. Der Ex-Bremer Wynton Rufer über seine Jahre in der Bundesliga: „Es gibt hier Leute, die haben dich immer nur als Fußballer geschätzt. Und jetzt bin ich für sie nichts mehr wert." Von Sponsoren werde der Kicker „umschleimt", der Mensch in ihm gleichzeitig aufs Kreuz gelegt.

Aus England gibt es mittlerweile einige positive Beispiele für gemeinsame Aktionen von Spielern und Fans. In Deutschland sieht es diesbezüglich schlechter aus, was sicherlich auch mit dem im Vergleich zur traditionsreichen englischen PFA deutlich ärmeren Niveau der „Spielergewerkschaft" vdv zusammenhängt, die sich mit Fragen, die die Zukunft des Spiels betreffen, kaum beschäftigt, in der „Ära Lottermann" zuweilen mithin mehr einem Versandhaus für Fußballprofis als einer bewußten Interessensvertretung glich.

Um größeren Einfluß auszuüben, benötigen Fans allerdings möglicherweise eine neue, zusätzliche Form der Interessensvertretung. Einige der offiziellen Fan-Projekte, die im übrigen fälschlicherweise gemeinhin als einzige Formen von Fan-Aktivitäten und -Organisationen ausgegeben werden, agieren lediglich als Erfüllungsgehilfen des jeweiligen Vorstands. Sie sind somit mehr Interessensvertretungen des Vorstands gegenüber den Fans als umgekehrt. Des weiteren sind sie in der Regel stark sozialarbeiterisch orientiert. Als Beschäftigungsmaßnahme für arbeitssuchende Sozialarbeiter mögen sie ihren Sinn haben, nur sollte man dies nicht mit einer authentischen Fan-Vertretung verwechseln. Da sich die kritischen Fans in der Regel nicht prügeln und sie auch ansonsten keine spezifischen persönlichen Probleme plagen – von der unerschütterlichen Liebe zu ihrem Verein und ihrem Leiden als Fans abgesehen –, bieten sie ihnen rein gar nichts.

Das Problem vieler Sozialarbeiter in der Funktion von Fan-Vertretern ist, daß sie vom „Gewaltproblem" in existentieller Weise abhängig sind. Keine Gewalt, kein Job. Deshalb muß die gesamte Argumentation der Sozialarbeiterschiene verworfen werden, die Finanzhilfen stets mit dem armseligen Argument einzuklagen pflegt, daß es ohne sie zur Randale kommen würde und ihre Dotierung erheblich billiger kommen würde als das Herankarren von Polizei-Hundertschaften. Das allein kann nun wirklich nicht Gegenstand von Fanarbeit sein. Fans haben ein Recht auf Finanzierung ihrer Arbeit – ganz gleich, ob es unter ihnen ein „Gewaltpotential" gibt oder nicht. Das bestehende System der Finanzierung kann jedoch bedeuten, daß sie für die Nicht-Existenz eines Gewaltproblems auch noch bestraft werden.

Fans benötigen also zusätzlich unabhängige Fan-Organisationen (so wie auch die Spieler ihre eigene Organisation haben), die nicht einfach nur Transmissionsriemen der Klubvorstände sind und ihre Aufgabe darauf reduzieren, für Ordnung im Stadion zu sorgen. Außerdem sollten diese Organisationen einer größeren Rechenschaftspflicht gegenüber den Fans unterworfen werden als viele der bestehenden Projekte. Dabei wäre allerdings zu überlegen, diese mit einer Klubmitgliedschaft zu verbinden. Auf diese Weise könnte eine Doppelstrategie verfolgt werden. Das deutsche Vereinswesen bietet hier etwa gegenüber dem englischen System (noch) erhebliche Vorteile. Ideal wäre die Besetzung von drei Ebenen – Mitgliedschaft im Klub, Mitgliedschaft in einer auf den Klub bezogenen unabhängigen Fan-Organisation sowie Mitgliedschaft in einem nationalen Dachverband, einer Art „Fan-Gewerkschaft". Auch wäre zu überlegen, ob Fans nicht einen offiziellen Vertreter im Vorstand oder Aufsichtsrat ihres Klubs – ausgestattet mit vollem Stimmrecht – fordern sollten.

Schließlich sollten Fans erwägen, eine Beteiligung am finanziellen Kuchen einzuklagen. Hier bietet sich insbesondere die

„Marktbrücke" Fan-Artikel an, die eine immer größere Bedeutung bekommt. Bayern München bezeichnet diesen Bereich mittlerweile als drittes Standbein (neben den Zuschauer- und TV-/Sponsoren-Geldern) und visiert einen Jahresumsatz von zehn Mio. DM an (aktuell sind es immerhin bereits acht Mio. DM). Bei Manchester United macht der Verkauf von Fanartikeln bereits 30% des Umsatzes (= 34 Mio. DM!) aus. Der Fan-Shop wird täglich von über 2.000 Fans besucht.

Bislang dient der Vertrieb von Fan-Artikeln vor allem dazu, den Fans noch mehr Geld aus der Tasche zu ziehen. Fans bezahlen in Deutschland pro Saison 100,- DM und mehr, um als Litfaßsäule für den Sponsor herumzulaufen. Der Sponsor bezahlt für die Trikotwerbung, aber die Fans partizipieren nicht daran. Im Gegenteil: Die Fans zahlen einen meist überhöhten Trikotpreis und nehmen für die Werbung nicht einen Pfennig. In England wechselte Manchester United das Trikot innerhalb von nur drei Jahren gleich fünfmal. Die Trikots kosten umgerechnet jeweils 133 DM und werden etwa 500.000 mal im Jahr verkauft. Bei Bayer Leverkusen muß man für einen Satz Autogrammkarten 15,- DM hinlegen. Da sich die Spieler von den Fans immer mehr abschotten oder durch die Vereinsführung abgeschottet werden, ist der Kauf eines kompletten Kartensatzes für viele oft die einzige Möglichkeit, um an die begehrte Unterschrift des Idols zu gelangen. Früher nahmen die Vereine nicht einen Pfennig für Autogrammpost. Heute muß beispielsweise ein Fan 50,- DM zusätzlich zahlen, wenn er seinen Werder-Ball mit Spieler-Unterschriften verziert haben will.

Gegen die „Marktbrücke" Fan-Artikel ist an sich überhaupt nichts einzuwenden. Was stört, ist die neppartige Form, in der diese praktiziert wird. Artikel, auf denen der Name des Sponsors steht, sollten generell stark verbilligt abgegeben werden. Korrekt wäre es, den Fans zwei Trikots anzubieten: ein Trikot mit der Aufschrift des Sponsors sowie ein „unverfälschtes". Das mit der Sponsoraufschrift müßte natürlich erheblich preisgünstiger sein. So hätte der Fan die freie Wahl. Will er nur den Verein unterstützen, oder will er außerdem noch für den Sponsor Reklame laufen? Autogrammkarten, die in der Regel ebenfalls das Logo von mindestens einem Sponsor verunziert, sollten kostenlos erhältlich sein. Der Nepp, der mit den Fan-Artikeln betrieben wird, ist ein Nebenprodukt des Bundesligabooms. Niemand will ernsthaft bestreiten, daß die Bundesliga erheblich an Attraktivität gewonnen hat. Aber die Folge des Booms ist, daß sich die „Kundenbetreuung" für die Masse der Fans verschlechtert hat, indem sie teurer geworden ist.

Fans sollten eine Beteiligung an der Organisation des Vertriebs von Fan-Artikeln und der hier getätigten enormen Einnahmen fordern, um ihre „Show", die dem Verein und den Sponsoren finanziell und der Mannschaft sportlich nützt, zu „finanzieren". Auch sollten sie an der Entscheidung darüber, was an Fan-Artikeln produziert und vertrieben wird, beteiligt werden. Vielleicht käme dann weniger Schrott auf den Markt. Besonders ärgerlich sind solche Artikel, bei denen der Schriftzug des Sponsors das Vereinsemblem bereits übertrumpft. Die Liebe der Fans zu ihrem Verein wird hier hemmungslos ausgebeutet. Nicht umsonst sind die Fan-Artikel beim FC St. Pauli wohl das Beste, was der Markt bietet. Denn ein erheblicher Teil dieser Artikel wird von den Fans in eigener Regie hergestellt. Die Artikel sind originell, und man muß bei ihnen nicht das Gefühl haben, von einem Sponsor, mit dem man eigentlich kaum etwas verbindet, mißbraucht zu werden.

Seit einiger Zeit gibt es von Seiten der Vereinsführungen Tendenzen, gegen die „illegalen" Händler und Produzenten von Fan-Artikeln stärker vorzugehen. Sofern sich dies gegen jene Geschäftemacher richtet, die vor den Stadiontoren ihr Unwesen treiben und von den Fans horrende Preise für ihre Artikel verlangen, ist dies durchaus in Ordnung. Unakzeptabel wird dies aber, wenn hiervon auch Fan-Initiativen betroffen werden, die durch den Verkauf von Eigenproduktionen ihre Fan-Arbeit finanzieren. Politisch und moralisch betrachtet haben diese das gleiche Recht, mit dem Emblem ihres Vereins Geld einzunehmen wie der Vereinsvorstand. Schließlich sollte der Fußball und der Verein allen gehören.

Die Forderung nach einer Umsatzbeteiligung dürfte allerdings vielen Fans arge Bauchschmerzen bereiten. Denn es gehört

Kreatives Potential: BVB-Fans auf der Südtribüne im Dortmunder Westfalenstadion.

zum Ethos des Fans, daß er ehrenamtlich agiert und keine Kosten scheut, wenn es um die Unterstützung seiner Mannschaft geht. Wiederholt sind Fans sogar auf die Straße gegangen, um für ihre von finanziellen Nöten geplagten Vereine zu sammeln. Was Fans oft an Kosten und Strapazen auf sich nehmen, ohne dafür auch nur ein Dankeschön seitens der Vereinsführung zu hören, ist unglaublich. Mittlerweile sind die Fans wohl die letzten authentischen Mäzene des Spiels, ohne deren Engagement der Fußball nicht auskommt.

Vor dem Hintergrund, daß sich die Vereine immer mehr am Fan bereichern, während gleichzeitig ihr Einfluß auf die Verwendung der Einnahmen sinkt, und daß die Sponsoren ihn als kostenlosen Werbeträger mißbrauchen, soll es hier vorwiegend darum gehen, den Status der Fans im Millionenspiel Profifußball überhaupt erst einmal zu problematisieren. Natürlich wäre genau zu überlegen, ob die Fans bei einer Beteiligung nicht auch etwas zu verlieren hätten: ihren Ethos, möglicherweise aber auch ihre Autonomie, denn ihre Integration als dotierte „Jubelperser" ist keine Alternative zum unbefriedigenden Status quo.

Ein weiteres Feld ist die Fußballliteratur. Das Niveau vieler offizieller Vereins- und Stadionzeitungen bewegt sich zwischen „Fußball-Bravo" und „Klub-Prawda". Die Publikationen sind inhaltlich flach, extrem unkritisch und humorlos. Das alles wäre nicht weiter problematisch, wenn man den Fans gestatten würde, im und um das Stadion herum ihre eigenen Produkte zu vertreiben. Eine Mischung aus Raffgier und Dummheit veranlaßt allerdings einige Vereine dazu, dies zu unterbinden. Mal werden finanzielle Argumente strapaziert (das Fanzine steht in Konkurrenz zum offiziellen Organ und könnte Anzeigenkunden abwerben), mal frank und frei erklärt, daß Kritik unerlaubt sei. Der Manager von Borussia Mönchengladbach befand es für notwendig, ehemalige Spieler anzuweisen, einem Journalisten, der an einem Buch über die „Fohlen" recherchierte, kein Material und keine Interviews zu geben. Schließlich stünde dessen Produkt in Konkurrenz zur geplanten hauseigenen Publikation. Derartiges Verhalten ist ein weiteres Indiz für den fortschreitenden Privatisierungsprozeß im Profifußball.

Tatsächlich handelt es sich bei den Fanzines und anderen „alternativen" Fußballpublikationen auch um eine Serviceleistung. Ihre Verkaufszahlen belegen, daß an ihnen großes Interesse besteht. Aber die Vereine sind selbst nicht dazu in der Lage, diesen Markt abzudecken. Klügere Funktionäre und Sponsoren erkennen dies und empfinden „alternative" Fußballpublikationen deshalb als – wenn auch unbequeme – Bereicherung. Als in England die ersten Fanzines auftauchten, liefen einige Funktionäre geradezu Amok. Mittlerweile inserieren im auflagenstärksten aller Fanzines, dem an keinen Klub gebundenen „When Saturday Comes", das sich gegenüber den Fußballoberen äußerst respektlos gibt, selbst prominente Klub- und Ligasponsoren. Bleibt zu hoffen, daß man sich in Deutschland bald in ähnlicher Weise aneinander gewöhnt und die Funktionäre und Sponsoren auch die Vorteile der kritischen Literatur erblicken, die u.a. darin besteht, Defizite aufzuzeigen.

■ Bündnispartner

Bei aller Kritik an den Verwaltern und Gestaltern des gegenwärtigen Fußballsystems: Auch unter ihnen befinden sich möglicherweise Bündnispartner, obwohl dies in der Regel nur für Einzelfragen zutrifft. Da der Fußball heute eine extrem teure Angelegenheit ist, können Fans in den meisten Fällen die Politik ihrer Klubs nur beeinflussen, nicht aber bestimmen. Fans verfügen nicht über die finanziellen Mittel, die notwendig wären, um ihren Verein zu kaufen. Dennoch sind die Mitgestaltungsmöglichkeiten aktuell noch größer als etwa in England, wo sich die Vereine in privaten Händen befinden.

Trotzdem sind Fans darauf angewiesen, mit einem Teil der Funktionäre und Sponsoren zusammenzuarbeiten.

Aktuell lassen sich im deutschen Fußball – grob betrachtet – vier Kategorien von Funktionären ausmachen, wobei es zu Überlappungen kommt.

1. Die biederen „Konservativen", vornehmlich im Amateurbereich und beim DFB anzutreffen. Hier und dort wirkt ihr Agieren ganz sympathisch. Weil sie sich dem Fußball als Ganzem – d.h. den Profis wie den Amateuren – verpflichtet fühlen, setzen sie dem Ausverkauf und der Kommerzialisierung des Fußballs gewisse Grenzen. Allerdings vermischen sich ihre Appelle an „traditionelle Werte" immer wieder mit einem miefigen und reaktionären Gedankengut.

2. Die eitlen Selbstdarsteller/Profilneurotiker ohne Ahnung vom Wesen des Fußballs. In diese Kategorie gehören insbesondere die kleinen Wichtigtuer mit Versandhausfrisur und Popelbremse wie etwa der Riesenstaatsmann Möllemann. Sie unterwerfen die Klubs ihren persönlichen Interessen. Ihre Politik wird oft von kurzfristigen Erwägungen bestimmt, gegenüber den neuen Herausforderungen, mit denen sich der Fußball konfrontiert sieht, sind sie nicht gewappnet, strategische Visionen sind ihnen völlig fremd oder fallen unausgegoren und halbseiden aus.

3. Die hemmungslosen Trendsetter und Verkäufer, die zwar kaufmännisch durchaus qualifiziert sein mögen, aber beim Verkauf der „Ware Fußball" nicht die geringsten Skrupel kennen.

Mit Eingriffen in das Regelwerk (weniger Spieler, größere Tore, Drittel statt Halbzeiten etc.) haben sie nicht die geringsten Probleme. Jede Modernisierung, wie bescheuert sie auch ausfallen mag, wird enthusiastisch begrüßt und nachgeäfft. Getan wird, was die Sponsoren wünschen, auch wenn dies bedeutet, daß sich die „Ware Fußball" dabei austauschbar macht und ihre kulturelle Verankerung preisgibt.

4. Die Balancierer, die sich im Spagat zwischen Tradition und Moderne üben. Sie akzeptieren, daß Fußballklubs heute mittelständische Unternehmen und Spieler autonome Subunternehmer sind. Gleichzeitig sind sie darauf bedacht, die Kluft zwischen ihren Klubs und den Fans nicht unüberbrückbar werden zu lassen. Sie wissen, daß auch ein modernes Fußballunternehmen einer gewissen Bodenhaftung bedarf, und im Gegensatz zu den hemmungslosen Verkäufern verstehen sie etwas von den besonderen Gesetzen des Fußballs als Business. Sie überlassen gestalterische Eingriffe in das Fußballsystem nicht fußballfremden Marketingstrategen, sondern geben selbst die Richtung an. Ihre Klubs sind erfolgreiche Unternehmen, die allerdings bemüht sind, ihre Unabhängigkeit zu bewahren. Nur die Balancierer sind dazu in der Lage, aus dem Fußball ein Business zu machen, das auch längerfristig seine Faszination ausübt und somit sportlich wie finanziell überlebt.

Was die Selbstdarsteller und Verkäufer anbelangt, so sollten Fans tunlichst die Finger von ihnen lassen. Zwar sind die Selbstdarsteller aus populistischen Erwägungen zuweilen durchaus bereit, den Schulterschluß mit den Fans zu praktizieren, aber ihre Amtszeit ist in der Regel relativ kurz, und viel Boden gewinnen Fans im Bündnis mit ihnen nicht. Eher ist das Gegenteil der Fall. Noch mehr Vorsicht ist gegenüber den Verkäufern/Trendsettern angebracht. Die meisten punktuellen Übereinstimmungen gibt es mit den Balancierern, sind sie doch noch am ehesten dazu in der Lage, die Träume der Fans – die sportlichen wie die sozialen/kulturellen – zu realisieren. Aber auch ihnen gegenüber sollte das Prinzip der eigenen Autonomie nicht aufgegeben werden. Hier und dort kann es auch zu einer Kooperation mit den Konservativen kommen, vorausgesetzt natürlich, daß deren politische Ansichten nicht ein grundsätzliches Hindernis darstellen.

Natürlich birgt eine Zusammenarbeit erhebliche Gefahren in sich, denen nur mit dem Bestehen auf Autonomie begegnet werden kann. Fans können instrumentalisiert werden, wie die Diskussion um die Versitzplatzung zeigt. Mittlerweile ist jeder einigermaßen intelligente Bundesliga-Funktionär für den Erhalt der Stehkurven, weil er um die Bedeutung dieser für die Vermarktung seines Stadions weiß. In der Regel bleibt jedoch nur ein Teil der Stehplätze erhalten, weil ansonsten zu große finanzielle Einbußen drohen. Es besteht die Gefahr, daß die verbleibenden Stehplätze zu Reservaten verkommen, in denen die Fans nicht mehr ihre eigene Show inszenieren, sondern für die Unterhaltung der Haupttribüne und VIPs zu sorgen haben, die den Besuch eines Fußballstadions mit dem eines Spaßbads verwechseln. So würden die Fans zu Clowns degradiert. Versuche der Funktionäre, die Inszenierungen der Fans zu beeinflussen oder gar komplett zu organisieren, sind unübersehbar. So zum Beispiel die riesigen „Fan-Fahnen", die über die Kurven abgerollt werden – vom Sponsor großzügig gestiftet, aber noch großzügiger mit seinem Logo versehen. In einigen Stadien bestehen diese nicht einmal aus den Vereinsfarben. Vor dem Pokalfinale 1994 ließ Willi Lemke „großzügig" Fähnchen verteilen, auf denen allerdings nicht „SV Werder" stand, sondern „DBV".

Die Kurven werden immer stärker darum kämpfen müssen, ihre Show in eigener Regie und ohne manipulierende Fremdeinmischung zu organisieren. Dies bedeutet nicht, daß Vorstand und Fans nicht hier und dort gemeinsame Ideen entwickeln können. Aber Fans haben das Recht, dem Vorstand mitzuteilen, daß sie dieses und jenes nicht so, sondern anders wollen und deshalb auch anders machen werden.

■ Problemkind DFB

Der DFB ist seit seiner Gründung stets auch eine politische Organisation gewesen. Die besondere Geschichte des Fußballs in Deutschland bedingte eine weitgehende Anpassung des Verbands an die ideologischen Vorgaben der extrem nationalistischen und militaristischen Turnerbewegung. Der DFB zeigte sich bemüht, ein von seinen Ursprüngen her nicht-deutsches Spiel („englischer Aftersport") zu „verdeutschen". Liberale und kosmopolitaner ausgerichtete Pioniere und Funktionäre wurden bereits vor 1933 kaltgestellt.

Mit der nationalistischen Geschichte des DFB korrespondiert ein noch heute gültiger stark ideologisch beladener Amateurismus, obwohl der Verband und seine Funktionäre für eine „schnelle Mark" immer zu haben sind.

In der Zeit der NS-Diktatur praktizierte der DFB bedingungslose Loyalität gegenüber dem Regime. Die führenden Funktionäre des DFB waren keine sogenannten „Mitläufer", sondern überzeugte und aktive Nazis. Eine Entnazifizierung des Verbands hat nach 1945 nicht stattgefunden. Im Gegenteil: bis 1962 wurde der DFB mit Peco Bauwens von einem Rechtsradikalen geführt, für den der WM-Sieg von Bern 1954 eine Art Revanche für den 8. Mai 1945 war. Und Bauwens war keineswegs der einzige „alte Kamerad" in der Funktionärsetage. Der DFB und andere Sportverbände wurden zu Sammelbecken von Ewiggestrigen. Die Geschichte der rechtsextremen Verstrickungen des DFB muß erst noch geschrieben werden. Stoff dafür gibt es genug, z.B. die dubiose Südamerika-Connection des Verbands, Neubergers Bekanntschaft mit dem prominenten Alt-Nazi und DVU-Propagandisten Rudel etc..

Von den Fans wird stets politische Zurückhaltung verlangt, da der Sport angeblich politisch unabhängig sei. Dies entspricht allerdings (leider) nicht den Tatsachen. Im DFB regiert unverändert das CDU-Parteibuch (rechts davon darf es auch sein). Es geht hier nicht darum, eine Unvereinbarkeit zwischen der Mitgliedschaft in der CDU und im DFB zu fordern. Ob ein Funktionär gut oder schlecht ist, läßt sich im Fußball kaum am Parteibuch festmachen. Es gibt Funktionäre, die der CDU angehören, aber nichtsdestotrotz ausgesprochen gut sind, auch ihr Verhältnis zu den Fans betreffend. Kritisiert wird vielmehr, daß einige Funktionäre mit dem DFB bewußt Partei- und Regierungspolitik betreiben. Jüngstes Beispiel: die Beteiligung des DFB an der regierungsfreundlichen Optimismus-Kampagne und die Wahlhilfe für die CDU/CSU während der WM in den USA. Der rechte Medienmulti Leo Kirch und sein Sender SAT.1 ließen für 250.000 DM den Kanzler und 80 weitere ausgewählte Persönlichkeiten (in der Regel Gesinnungsgenossen wie der FOCUS-Herausgeber Markwort) zum WM-Eröffnungsspiel nach Chicago fliegen, damit sich Kohl im Glanz (?) der Nationalmannschaft sonnen konnte (korrekt wäre es gewesen, sich eine derartig dreiste Einmischung und Instrumentalisierung zu verbitten). Der Oggersheimer war der erste, dem der Korschenbroicher seine Aufstellung verriet. Schon vorher hatten der Bundestrainer und der Bundeskanzler fleißig Doppelpaß gespielt, während Pater Braun vergnügt zuschaute und erklärte, daß er nichts dagegen habe, wenn sich der Bundestrainer im Bundestagswahlkampf für die Union engagieren würde (korrekt wäre gewesen, dies zur rein persönlichen Angelegenheit von Vogts zu erklären und den überparteilichen Charakter des Verbands zu betonen).

Man fragt sich in solchen Situationen, warum die (wenigen) Sozialdemokraten und parteipolitisch Unabhängigen unter den DFB- und Liga-Funktionären nicht einmal kräftig auf den Tisch hauen. Schließlich könnten sie mit Recht darauf verweisen, daß ein nicht unerheblicher Teil der Fußballer und Fußball-Fans keine Parteigänger der CDU/CSU sind. Lediglich der eine oder andere Trainer gestattet sich schon mal ein offenes Wort. So zum Beispiel Volker Finke, der gegenüber der Zeitschrift „SPORTS" äußerte: „Ich weiß auch, unter welchen Gesichtspunkten Leute in den Vorstand des DFB gekommen sind und wie sich die Verbandsstrukturen zwischen 1975 und 1990 entwickelt haben. Da spielt, wie in anderen Bereichen, das Parteibuch eine große Rolle."

Das Agieren des DFB vor und während der WM in den USA war eine unerträgliche Mischung aus Abzocker-Mentalität, spießigem Amateurismus, gnadenlosem Dilettantismus und aufdringlichem CDU-Wahlkampf. Jeder Aspekt war für sich ein Skandal und Grund genug, den Rücktritt einiger Funktionäre zu fordern. Es begann mit der Ansetzung eines Länderspiels für den 20. April, Hitlers Geburtstag – ausgerechnet im Berliner Olympiastadion und ausgerechnet gegen England. Im Vorfeld begleitet von anti-semitischen Äußerungen des DFB-Pressesprechers. Dank massiven Fan-Protesten und dem (allerdings späten) Einspruch der englischen Seite wurde daraus nichts. Um der puren Kohle wegen griff der DFB dann in das Bundesliga-Finale ein, indem er die Nationalmannschaft zu einem zwar sportlich sinnlosen, aber finanziell lukrativen Freundschaftsspiel in die Vereinigten Arabischen Emirate schickte. Zum WM-Auftakt gestattete man dem Kanzler und dessen Gesinnungsfreunden, mit der Nationalelf und dem Bundes-Berti Wahlkampf zu treiben. Als Stefan Effenberg pöbelnden deutschen Zuschauern seinen Stinkefinger zeigte, keineswegs akzeptabel, aber aus der Situation heraus erklärbar, gerierten sich die DFB-Oberen als Wächter über Sitte und Moral und schickten den Spieler vorzeitig nach Hause. Nur einige Monate zuvor hatte DFB-Präsident Braun rassistische und sexistische Äußerungen von Kapitän Lothar Matthäus wie Kavaliersdelikte behandelt und erklärt, der Kapitän sei für ihn eine „Respektsperson". Zurück in Deutschland, ging es munter weiter, indem sich der Präsident im Kompetenzbereich verirrte und zur Torwart-Frage äußerte. Andreas Köpcke, im Gegensatz zu vielen anderen Starspielern ein echter Vorzeige-Profi, mußte in der Zeitung lesen, daß der zurückgetretene (!) Konkurrent Illgner unverändert ein Thema sei. Wie kann man den Spielern ernsthaft vorwerfen, sie verhielten sich unprofessionell und seien nur auf Kohle aus, wenn die Funktionäre um keinen Deut besser sind?

Die Distanz wischen dem DFB und den Fans ist noch erheblich größer als die zwischen den Klubs und deren Fans. Ob es um den Abbau der Zäune geht, um den Widerstand gegen den Abbau der Stehterrassen oder Anti-Rassismus: Eine Reihe von Klubs ist hier erheblich zugänglicher als der DFB.

Jene Sorte Fans, die sich vorwiegend in der Kurve trifft, existiert in den Köpfen einiger DFB-Funktionäre überhaupt nicht. Hierfür gibt es drei Gründe: Erstens ist in keinem Profiklub das deutsche Funktionärsdenken so ausgeprägt wie beim DFB. Zweitens sind im Gegensatz zum DFB die Klubs Tag für Tag mit den Fans direkt konfrontiert. Für den DFB sind die Fans hingegen schlichtweg nicht existent. Der DFB kennt nur sich selbst, nicht aber die Bedürfnisse der Fans. Das einzige Korrektiv ist die Boulevardpresse, die allerdings mehr die Stimmung unter den „Kegelklub-Gesichtern" wiedergibt. Und drittens: Da die Klubs auf die Fans stärker angewiesen sind als der DFB und stärker nach Marktgesetzen funktionieren, können sie die Fans nicht so einfach links liegen lassen.

Es ist nicht auszuschließen, daß es in der nächsten Zeit zu einer verschärften Auseinandersetzung zwischen dem DFB und den professionelleren Klubs der Bundesliga kommen wird, mit dem Ergebnis einer gewissen Abkoppelung der Liga vom Verband. Die Kontroverse um das idiotische Länderspiel in den Vereinigten Arabischen Emiraten lieferte diesbezüglich einen Vorgeschmack.

Wie sollen sich Fans in einer derartigen Situation verhalten? Sollen sie gegen eine Abkoppelung der Liga kämpfen, da dies die Durchlässigkeit von ganz unten nach ganz oben erheblich beeinträchtigen würde? Sollen sie sich einfach passiv verhalten und die Dinge auf sich zukommen lassen? Oder sollen sie gar das Bündnis mit Beckenbauer, Hoeneß und Co. suchen und den Trennungsprozeß forcieren helfen? In der Hoffnung, dann als Kunden wie als Teil des Spiels besser behandelt zu werden als bislang? Bei allen Vorbehalten: Hoeneß, Beckenbauer oder der Dortmunder Meier sind sicherlich allemal fähiger als die augenblickliche DFB-Führung. Das Problem ist allerdings, daß gerade die Bayern in einem sehr starken Maße in kommerzielle Interessen eingebunden sind, was ihr Beurteilungsvermögen trübt.

Eine totale Abkoppelung der Liga muß verhindert werden, da sie die Substanz des Fußballs berühren würde. Eine geschlossene Gesellschaft ist eine ziemlich furchtbare Vorstellung. Der Fußball würde vollends zum bloßen Showgeschäft mutieren. Schon jetzt hat die neue Form der TV-Aufbereitung zur Folge, daß viele Zuschauer als Fußball nur noch wahrnehmen, was die Medienkonzerne als solchen inszenieren. Unterhalb des glamourösen Fernsehfußballs sind deutlich weniger Zuschauer zu registrieren als noch in den 60ern und 70ern. Wer jedoch „For the Good of the Game" agieren will, muß wissen: Ob im Dortmunder Westfalenstadion oder in der verrotteten Kampfbahn des STV Horst-

Emscher – es ist und bleibt das *eine* Spiel, betrieben nach den gleichen Regeln, umrahmt von den gleichen Konventionen, verfolgt mit der gleichen Leidenschaft. Fußball und Kultur wachsen von unten. Der Amateurfußball in den unteren Klassen bleibt die Basis des professionellen Spiels.

Außerdem lebt die Faszination des Fußballs auch und gerade von dessen Durchlässigkeit zwischen oben und unten. Ruhmreiche Traditionsklubs, die einst in der 1. Bundesliga kickten, bereichern heute die Regionalligen, während ein „Nobody" wie der SC Freiburg in der Belletage für Furore sorgt. Eine Abkoppelung der Bundesliga, von der sich ihre Befürworter erhebliche höhere Einnahmen versprechen, würde aber diese Durchlässigkeit gefährden. Selbst unter der Voraussetzung, daß es unverändert Auf- und Absteiger geben sollte. Denn der finanzielle Vorsprung der ehemaligen Erstligisten wäre so groß, daß der Wiederaufstieg in der Regel kein Problem sein dürfte.

Was in der Bundesliga unter „zentraler Vermarktung" diskutiert wird, ist lediglich eine allzu plumpe Kopie amerikanischer Vorbilder, ohne deren spezifische Bedingungen zu analysieren. Ein gemeinsames Logo und eine gemeinsame Erkennungsmedolie werden diskutiert – aber lebt der Fußball denn nicht auch von den unterschiedlichen Charaktere seiner Vereine? Besteht ein Grund für das Scheitern der Deutschen Eishockey-Profiliga (DEL) nicht auch darin, daß die Klubs ihrer spezifischen, traditionell gewachsenen Identität beraubt wurden – bis hin zum Namen? Die kommerzielle Entwicklung des US-Sports scheint auf einige der hiesigen Macher eine noch unkritischere Faszination auszuüben als vor einigen Jahren die mittlerweile der Korruption und Mißwirtschaft überführte italienische „Serie A". Zuweilen nimmt dies schon peinliche Formen an, wenn Funktionäre und Trainer vom Gehaltsniveau des amerikanischen Sports schwärmen. Als ob der Sinn und Zweck eines Fußballvereins nicht im Betreiben und Fördern des Fußballsports, sondern nur noch im Erzielen möglichst hoher Gewinne und Gehälter bestünde.

Selbst Beckenbauer, der ansonsten vorschlägt, den Zuschauern eine weitere Kommerzialisierung per „Salamitaktik" näherzubringen („Man darf nicht zu schnell schneiden und nicht zu dicke Scheiben. Lieber eine Zeit warten und dann die nächste Scheibe..."), scheint es bisweilen etwas mulmig zu werden: „Die Gefahr ist sicher, daß man nur noch in wirtschaftlichen Dimensionen denkt und dabei das Spiel vergißt. Wenn der Zuschauer sich getäuscht fühlt, dann kommt er nimmer. Dann helfen dir auch die schönsten Marktanalysen nicht mehr."

Eine gute Vermarktungsstrategie zeichnet sich aber dadurch aus, daß sie die spezifische Identität des zu vermarktenden Produkts berücksichtigt und diese offensiv herausstellt, anstatt sie zu verletzen. Football und Baseball sind andere Spiele als Soccer, so wie sich auch das amerikanische Zuschauerverhalten fundamental vom europäischen unterscheidet. Der Geschäftsführer des 1. FC Kaiserslautern möchte seinen Kunden ein „Rundum-sorglos-Paket" anbieten. Aber mit „Rundum-sorglos" haben der Fußball und seine Kultur nichts zu tun, wie schon der legendäre englische Trainer Bill Shankly erkannte. Als pures Unterhaltungsprogramm verliert der Fußball seine Faszination und wird austauschbar. Auch dies kann kaum im Interesse seiner Vermarktung sein. Wie die Zeitschrift „Sports" richtig anmerkt: „Zwischen Vision und Fiktion, aber auch zwischen Reform und Seelenverkauf ist insbesondere im Sport nur ein schmaler Grat."

Für die Sichtweise vom „gemeinsamen Haus" ist der DFB sicherlich empfänglicher als mancher Bundesligamanager, für den der Konzentrationsprozeß kein Thema ist, solange nur sein Verein zu den Profiteuren zählt. Das Problem ist, daß die Fans vom DFB in seiner gegenwärtigen Verfassung wenig erwarten können. Möglicherweise wird sich dies nur ändern, wenn der DFB eine personelle Erneuerung erfährt – unter politischen wie fußballpolitischen Aspekten. Wer so etwas fordert, den wird man der „Politisierung" des Fußballs bezichtigen. Aber wir würden die politische Zusammensetzung der DFB-Spitze nicht problematisieren, wenn diese nicht ihrerseits den Fußball ständig politisch mißbrauchen würde.

Sicherlich gibt es auch beim DFB Ausnahmen von der Regel (unter rein professionellen Gesichtspunkten ist hier vor allem der Liga-Sekretär Straub zu nennen), aber insgesamt betrachtet verfügt die Liga über das qualifiziertere Personal. Meier, Hoeneß und Co. verstehen sicherlich erheblich mehr vom modernen Fußballmanagement als viele „DFB-Manager", wenngleich sie mit ihren Vorstellungen nicht selten im Widerspruch zu den Fans stehen. Norbert Thines, Präsident des 1. FC Kaiserslautern, ist sicherlich der glaubwürdigste Vertreter eines Profifußballs, der sich seiner sozialen Verantwortung vollauf bewußt ist. Und niemand versteht die Bedeutung der Tradition für die Gestaltung der Moderne so gut wie Borussia Dortmunds Präsident Gerd Niebaum.

■ Fans: „For the Good of the Game"

Die kommerzielle Revolution, die der Fußball erfahren hat, bedingt, daß Fans längst nicht mehr nur für ihre eigenen Interessen zu kämpfen haben. Fans haben sich heute, aufgrund des Versagens vieler Funktionäre, vielmehr um das Wohl des Spiels insgesamt zu kümmern. Die relativ kleine Gruppe der kritischen Fans sind aktuell die einzigen, die sich wirklich mit allen Aspekten des Spiels befassen. Das eigentliche Dilemma des gegenwärtigen Fußballs lautet, daß es die Matt Busbys und Bill Shanklys, von einem schier unglaublichen Pflichtgefühl gegenüber dem Fußball und seinen Fans geprägte Revolutionäre und Modernisierer, kaum mehr gibt. Die eigentliche „Lichtgestalt" des deutschen Fußballs ist deshalb nicht der „Kaiser" aus München, sondern der Freiburger Volker Finke, der sich nicht einkaufen läßt und das Spiel wieder seiner eigentlichen Bestimmung zuführt.

Ein großes Problem ist sicherlich die Zersplitterung der Fans, weshalb sie ihre eigentliche Macht nicht voll entfalten können. Zur Zersplitterung in konkurrierende Vereins-Loyalitäten könnte in Zukunft auch noch die in unterschiedliche Kulturen hinzukommen. Die Entwicklung einer Zwei-Klassen-Gesellschaft im Profifußball und die größer werdende Kluft zwischen Profi- und Amateurfußball bleibt auch auf die Fans nicht ohne Auswirkungen. Eine Reihe von Problemen, die hier erörtert wurden, betreffen nur die Fans einiger Klubs. Dortmund und Schalke wurden viele Jahre zwar als rivalisierende, aber letztlich doch ziemlich ähnliche Klubs betrachtet, halt Klubs aus dem

Revier. Heute kann davon kaum mehr die Rede sein. Der BVB zählt zu den „Großen", die auch in Europa mitmischen und auf dem Bildschirm ständig präsent sind. Schalke hingegen gehört zu den „Kleinen", zu den Klubs ohne „Millionarios", die nur darauf spekulieren können, dem einen oder anderen „Großen" eins auszuwischen. Der unterschiedliche Status beider Klubs prägt auch das Bewußtsein der jeweiligen Fan-Kultur. Noch krasser ist dies sicherlich im Verhältnis des VfL Bochum zum BVB, da die Bochumer der geradezu klassische Underdog sind. Die Gefahr einer Zwei- bzw. Drei-Klassen-Gesellschaft im Profi-Fußball wird in Dortmund mittlerweile sicherlich ganz anders diskutiert als in Schalke und Bochum. Vom Glamour der „schönen, neuen Fußball-Welt" ist in Gelsenkirchen und Bochum deutlich weniger zu spüren als beim BVB. Es ist durchaus denkbar, daß sich auch innerhalb des Profi-Fußballs eine „zweite Kultur" etabliert; und zwar an solchen Orten, wo Marketing und Glamour die traditionelle Atmosphäre und die traditionellen Werte noch nicht völlig erschlagen.

Außerdem verhält sich die Masse der Fans gegenüber der Politik ihrer Vereine eher passiv. Solange es sportlich einigermaßen stimmt, sieht die Masse der Fans keinen Anlaß für ein kontinuierliches Engagement, das über die Anfeuerung des Teams hinausgeht. Ein weiteres Hindernis für kritische und bewußte Fan-Politik ist die oft bedingungslose Loyalität der Fans gegenüber ihrem Verein. Fans trifft der Vorwurf, sich „vereinsschädigend" zu verhalten, ungleich härter als Funktionäre und Spieler. Fans sind an ihren Verein „gefesselt", Funktionäre und Spieler in der Regel nicht. Die Eichbergs, Voacks und Hunkes kommen und gehen; die Fans bleiben, auch weil sie keine andere Möglichkeit haben. Und weil dem so ist, müssen sie sich gegen den Prozeß der Entfremdung und alle Versuche ihrer Enteignung entschieden zu Wehr setzen.

Letztendlich geht es für den Fußball und seine Fans um nichts anderes als im „richtigen Leben": Nämlich sich den penetranten Versuchen von Ausbeutung, Instrumentalisierung und der Manipulation durch kommerzielle Interessen erfolgreich zu widersetzen, um seine eigene Identität zu bewahren.

Anhang

Fan-Projekte und Fan-Läden

■ Überregional:

Bündnis Antifaschistischer
Fußball-Fan-Initiativen/-clubs
(B.A.F.F.)
c/o Fan-Laden St. Pauli
Thadenstraße 94
22767 Hamburg
Tel. 040/4396961
Fax: 040/4305119

Koordinationsstelle Fan-Projekte
(KOS) bei der Deutschen
Sportjugend
Otto-Fleck-Schneise 12
60528 Frankfurt
Tel. 069/6700276
Fax: 069/673835

■ Regional

Fanbeirat des 1.FC Kaiserslautern
c/o 1.FC Kaiserslautern
Fritz-Walter-Stadion
67653 Kaiserslautern
Tel. 0631/12008
Fax: 0631/18020

Fan-Projekt Bremen e.V.
Auf dem Peterswerder
28205 Bremen
Tel. 0421/491780
Fax. 0421/4984787

Fan-Projekt Bochum
Rathausplatz 2-6
44787 Bochum
Tel. 0234/9101133
Fax: 0234/9101131

Fan-Projekt Dortmund
Dudenstraße 4
44137 Dortmund
Tel. 0231/7214292
Fax. 0231/7214292

Fan-Projekt Düsseldorf
Jugendring Düsseldorf
Willi-Becker-Allee 7
40227 Düsseldorf
Tel. 0211/8995489
Fax: 0211/9920008

Verein Jugend und Sport
Stresemannstraße 162
22769 Hamburg
Tel. 040/431495
Fax: 040/4322344

Fan-Projekt Göttingen
Projekt Jugendkulturen
Godehardstr. 19-21
37081 Göttingen
Tel. 0551/61745

Fan-Projekt Hannover
Dieckbornstr. 8
30499 Hannover
Tel. 0511/442296
Fax: 0511/441147

Fan-Projekt Jena
FC Carl-Zeiss Jena
Postfach 07705 Jena
Tel. 03641/23707
Fax: 03641/56511

Fan-Projekt Karlsruhe
Moltkestraße 2a
76133 Karlsruhe
Tel. 0721/26528
Fax: 0721/1335609

Fan-Projekt Frankfurt
Hanauer Landstr. 18
60314 Frankfurt
Tel. 069/4960547
Fax: 069/4950414

Fan-Projekt Magdeburg
Halberstädter Str. 94
39112 Magdeburg

Fan-Projekt Mainz
DGB-Jugend Rheinl.-Pfalz
Kaiserstr. 26-30
55116 Mainz
Tel. 06131/281628
Fax: 06131/225739

Fan-Projekt Leipzig
Friedrich-Ebert-Str. 105
Mehrzweckgebäude, Eingang G
04105 Leipzig
Tel. 0341/1258320
Fax: 0341/1258320

Fan-Projekt Oldenburg
Bahnhofstr. 23
26122 Oldenburg
Tel. 0441/2489767
Fax: 0441/2489768

Fan-Projekt Leverkusen
Postfach 100626
51306 Leverkusen
Tel. 0214/41906

Fan-Projekt 1.FC Köln
Cluballee 1-3
50937 Köln

VfL Borussia Mönchengladbach
Fan-Beauftragter
Holger Spiecker
Bökelstr. 165
41063 Mönchengladbach
Tel. 02161/21616

Fan-Ini Dresden
1.FC Dynamo Dresden
Andreas Weiniger
Lennestr. 1
01069 Dresden

Fan-Laden ANSTOSS/
Antifaschistische Fan-Initiative
c/o Theo Weiß
Brunnenstr. 6/7
10119 Berlin (Mitte)

Fan-Laden FC St. Pauli
Thadenstraße 94
22767 Hamburg

Fanzines
■ Eine Liste für Einsteiger

Die folgende Liste will nicht vollständig sein. Sie soll lediglich einen kleinen Überblick bieten. Bei allen, die (ungerechterweise) vergessen worden sind, entschuldigt sich der Autor, bei den anderen nicht. Die aufgeführten Zines bittet er eventuelle Korrekturen (Adressenänderungen etc.) bekanntzugeben. Beim Bestellen bitte grundsätzlich genügend Porto beilegen.

Thomas Lötz

Berlin, Türkiyemspor:
■ VICTORY, Skalitzer Str.6, 10999 Berlin

Bochum, VfL:
■ VfOUL, Richardstr.17, 44809 Bochum (1,50 DM)

Bochum, SG Wattenscheid 09:
■ 09 FANS INTEAM, c/o Andreas Staak, Hohensteinstr. 15, 44866 Wattenscheid oder c/o Andreas Jungbluth, Gartenstr. 41, 44869 Wattenscheid

Bremen, Werder:
■ HORNSBY'S FAN NEWS, Alekestr. 2, 26386 Wilhelmshaven

Dortmund, BvB:
■ SUBTRIBÜNE, c/o Aller Welt Haus, Potthofstr. 22, 58095 Hagen (im Aufbau befindlich)
■ BUDE, c/o Volker Rehdanz, Dortmunder Str. 60, 58453 Witten/Ruhr (1 DM)

Düsseldorf, Fortuna 95:
■ COME BACK, c/o Stefan Diener, An der Ochsenkuhle 27, 40699 Erkrath

Duisburg, MSV:
■ FAN-TASTISCH, c/o MSV Fan-Club „Die Zebras", Westenderstr. 36, 47138 Duisburg

Erfurt, Rot-Weiß:
■ KICK OFF, Glockengasse 12, 99084 Erfurt (2 DM)

Frankfurt, Eintracht:
■ FAN GEHT VOR, Hanauer Landstr. 18, 60314 Frankfurt (2 DM)

Gelsenkirchen, Schalke:
■ SCHALKE UNSER c/o Schalker Fan-Initiative e.V. (Schalker gegen Rassismus), Postfach 10 24 11, 45824 Gelsenkirchen (99 Pfennig)

Hamburg, HSV:
- HSV-REPORT, c/o Verein Jugend und Sport e.V., Stresemannstr. 162, 22769 Hamburg (2 DM)

Hamburg, St. Pauli:
- DER ÜBERSTEIGER Thadenstr. 94, 22767 Hamburg (1 DM)
- UNHALTBAR!, Nernstweg 32, 22765 Hamburg (1,50DM)
- FAN-MAG c/o Maik Waldow, Horner Landstr. 372, 22111 Hamburg
- PIPA MILLERNTOR c/o Jan Müller-Wiefel, Pepers Diek 8, 22587 Hamburg (80 Pfennig)

Karlsruhe, KSC:
- VOLL DANEBEN c/o Tobias Behle, Rentweg 1a, 76327 Pfinztal

Köln, 1.FC:
- KÖLSCH LIVE, Fan-Projekt 1.FC Köln '91, c/o Redaktion, Cluballee 1-3, 50937 Köln (2 DM)
- HENNES, c/o Thomas Lötz, Erftstr.12, 50672 Köln (1 DM)

Leipzig, VfB:
- FAN-REPORT, c/o Reinhold Teschner, Postf. 53, 04181 Leipzig

Mönchengladbach VfL Borussia (Profis):
- NORDKURVE, c/o Fanprojekt Mönchengladbach e.V., Postfach 102031, 41020 Mönchengladbach (2 DM)

VfL Borussia (Amateure):
- ALM-REPORT, Bökelstr.165, 41063 Mönchengladbach

München, TSV 1860:
Löwenzahn, c/o Fan-Initiative TSV 1860 München, Kulturladen Westend, Ligsalzstr.20, 80339 München (nur Portokosten)

Rostock, Hansa:
- FRÖSI, c/o Veit Spiegel, Lessingstr.11, 18209 Bad Doberan (1 DM)

Wuppertal, WSV:
- TNT c/o Jürgen Friedrich, Hedwigstr.2, 42105 Wuppertal (2 DM)

Zu den AutorInnen

Bodo Berg, Jg. 1954, ist Gründungsmitglied der Schalker Fan-Initiative und Mitarbeiter des Schalke-Fanzines „Schalke Unser".

Christoph Biermann, Jg. 1960, lebt und arbeitet als freier Journalist in Köln. Mitarbeiter des VfL Bochum- Fanzines „VFouL".

Bruno Engelin (Pseudonym) arbeitet als Journalist.

Hagen Glasbrenner, Jg. 1964, ist Mitarbeiter des 1860 München-Fanzines „LöwenZahn".

Volker Goll, Jg. 1961, ist Begründer des Kickers Offenbach-Fanzines „Erwin", B.A.F.F.-Aktivist und E-Jugendtrainer.

Hardy Grüne, Jg. 1962, lebt als freier Autor in Göttingen. Verfasser der Fußballbücher: „Enzyklopädie der europäischen Fußballvereine", „Who's who: Die deutschen Vereine seit 1903" und „90 Jahre deutscher Liga-Fußball", Kassel.

Martin Krauß, Jg. 1964, leitet das Sportressort der Tageszeitung „junge welt" und kann es sich als nicht organisierter Fan leisten, sowohl den 1.FC Köln als auch Schalke 04 zu verehren.

Thomas Lötz, Jg. 1966, war/ist Mitherausgeber des 1.FC Köln-Fanzines „Hennes" und hat mit Christoph Biermann die Fußballquizbücher „Wer ist am Ball?" und „Wer ist am Ball 1994/95" veröffentlicht.

Hendrik Lüttmer, Jg. 1966, Mitarbeiter des FC St.Pauli-Fanzines „Der Übersteiger".

Andreas Pfahlsberger, Jg. 1963, ist freier Journalist u.a. für „taz" und „junge welt". Cholerischer, aber friedliebender Kicker.

Claudia Pöhland, Jg. 1969, studiert z.Zt. Sozial- und Wirtschaftsgeschichte und ist ehemalige Mitarbeiterin der FC St.Pauli-Fanzines „Millerntor Roar!" und „Der Übersteiger".

Günther Rohrbacher-List, Jg. 1953, arbeitet als Diplom-Sozialarbeiter und freier Sportjournalist u.a. für die „tageszeitung". Verfaßte u.a. das Quizbuch „Alles klar mit dem 1.FCK!".

Florian Schneider, Jg. 1967, ist Mitarbeiter des 1860 München-Fanzines „LöwenZahn".

Dietrich Schulze-Marmeling, Jg. 1956, ist Autor einiger Fußballbücher und Fan von Borussia Dortmund.

Mike Ticher, Jg. 1963, ist Mitbegründer der alternativen englischen Fußballzeitung „When Saturday Comes"

Katrin Weber-Klüver, Jg. 1966, lebt und arbeitet als freie Journalistin in Köln.

Bildnachweis

Horst Müller: S. 15, 49, 63, 93, 105, 249

Herbert Perl: S. 37, 112, 221

Martin Helmbrecht: S. 7, 177, 205, 235

Sven Simon: S. 109

Hardy Grüne: S. 191

Hürgen Stroscher: S. 87

DIETRICH SCHULZE-MARMELING

Der gezähmte Fußball

Zur Geschichte eines subversiven Sports

VERLAG DIE WERKSTATT

Die politische, soziale und natürlich spielerische Geschichte des Fußballsports: von seine Anfänge als dörfliches Raufspiel über seinen Mißbrauch durch die Nazis bis zum Angestelltenkick von heute. Die taz urteilte: „Manchmal schlägt man ein Buch auf und fragt sich am Ende einer durchlesenen Nacht, warum es das nicht schon vorher gegeben hat."
336 Seiten mit zahlreichen Fotos, DM 32,–, ISBN 3-923478-68-2

VERLAG DIE WERKSTATT LOTZESTR. 24A . 37083 GÖTTINGEN

Ein neuer Fußball-Taschenkalender von Fans für Fans: frech, witzig und aktuell. Mit kritischen Beiträgen zum Profifußball, mit historischen Rückblenden, mit Sprüchen, Fotos, Karikaturen... Und mit ausführlichen Statistiken: Meister, Pokalsieger, Europacup-Gewinner, Weltmeister etc., alles seit anno dunnemals. Adressen jede Menge, und natürlich ein Kalendarium. Erscheint jährlich im September und kostet 14,– DM.

Über das Fußballbücher-Programm im Verlag Die Werkstatt gibt es einen eigenen Verlagskatalog. Bitte kostenlos bestellen:

VERLAG DIE WERKSTATT LOTZESTR. 24A . 37083 GÖTTINGEN